Antje Bostelmann, Michael Fink

Pädagogische Prozesse im Kindergarten – Planung, Umsetzung, Evaluation

Antje Bostelmann, Jahrgang 1960, Erzieherin, bildende Künstlerin und Geschäftsführerin bei der KLAX GmbH in Berlin, zu der 20 Kindergärten, zwei Malschulen und eine freie Grundschule gehören.

Michael Fink, Jahrgang 1967, Kunstpädagoge, ist Referent für Pädagogik bei der KLAX GmbH.

Frühe Kindheit | Pädagogische Ansätze

Antje Bostelmann, Michael Fink

Pädagogische Prozesse im Kindergarten – Planung, Umsetzung, Evaluation

2. komplett überarbeitete und aktualisierte Auflage

Cornelsen
SCRIPTOR

Ihre Wünsche, Kritiken und Fragen richten Sie bitte an:
Cornelsen Verlag Scriptor, Redaktion Frühe Kindheit,
Willy-Brandt-Platz 6, 68161 Mannheim

Ihre Bestellungen und Anfragen richten Sie bitte an:
Marketing, 14328 Berlin, Cornelsen Service Center,
Servicetelefon 030/89 785 89 29

ISBN 978-3-589-24551-2

2. Auflage 2007

07 08 09 10 11 5 4 3 2 1

Redaktionsleiterin: Ulrike Bazlen, Mannheim
Lektorat: Eva Killmann von Unruh, München
Herstellung: Erik Störmer, Mannheim
Layout: Claudia Adam Graphik-Design, Darmstadt
Satz: Markus Schmitz, Büro für typographische Dienstleistungen, Münster
Druck und Bindung: Druck Partner Rübelmann GmbH, Hemsbach
Umschlaggestaltung: Claudia Adam Graphik-Design, Darmstadt
Titelfotografie: KLAX gGmbH, Berlin

Printed in Germany

Weitere Informationen finden Sie im Internet unter
www.cornelsen.de

Inhalt

Vorwort

Wie kann die **Qualität der pädagogischen Arbeit** in Kindertageseinrichtungen gesichert und weiterentwickelt werden? Dieses Buch aus der Praxis der KLAX-Kindergärten in Berlin wendet sich an alle Erzieherinnen und Erzieher, die Lust und Mut haben, sich der Frage nach der Qualität der eigenen Arbeit kritisch zu stellen, an Pädagoginnen und Pädagogen, die bereit sind, ihre Arbeitsmethoden zu überdenken und gegebenenfalls zu verändern – im Interesse der Kinder und deren Bildungserfolg.

Die **Steuerung und Überwachung von pädagogischen Prozessen** in Kindergärten und Schulen ist nach wie vor ein strittiges Thema. Das merken wir, wenn wir unsere Erfahrungen in der Fachöffentlichkeit weitergeben. Wo wir auch auftreten, teilt sich das Publikum in zwei Gruppen: Die eine Gruppe kann die Erleichterung und Klarheit nachvollziehen, mit der Erzieherinnen und Erzieher, Lehrerinnen und Lehrer arbeiten, wenn Rahmenbedingungen festgelegt und Ziele definiert sind, wenn eine gemeinsame Einigung auf pädagogische Grundwerte erfolgt ist. Der anderen Gruppe kommt ein solches Vorgehen wie Ketzerei vor.

Qualitätsmanagement zielt auf die **ständige Verbesserung der pädagogischen Qualität** und will sie steuerbar machen. Das funktioniert jedoch nur, wenn alle pädagogischen Mitarbeiterinnen und Mitarbeiter in möglichst hohem Maße daran beteiligt werden. Beteiligung meint dabei nicht, dass Vorhaben aus Rücksicht auf Widerstände einzelner Mitarbeiter fallen gelassen werden. Beteiligung muss stattdessen ermöglichen, dass – vor dem Hintergrund der gemeinsamen Zielstellung – die guten Ideen aller Beteiligten Eingang finden. Qualitätsmanagement kann genau diesen partizipativen Prozess steuerbar machen. Wenn Evaluationssysteme verabredet werden, die an der Basis ansetzen, wenn Kinder- und Elternbefragungen Standard sind, wenn es ein klar geregeltes Verbesserungswesen gibt, dann sind dem demokratischen Lauf der Dinge kaum Grenzen gesetzt.

So gesehen, ermöglicht ein die **Beteiligung aller Hierarchieebenen** beinhaltendes Qualitätsmanagement erst das Entstehen einer **neuen Form pädagogischer Freiheit:** Statt der Insellösung, bei der die einzelne Erzieherin in ihrer Gruppe ein tolles pädagogisches Konzept umsetzt, das von der reformmüden Kollegin in der Nachbargruppe bestenfalls toleriert wird, ist es nun möglich, eigene Visionen in die gemeinsame Sache, den Gesamtzusammenhang einzubringen. Pädagogischen Ideen versickern nicht, bleiben keine Einzelaktionen mehr, sondern werden aufgegriffen, weiter gesponnen und führen unter dem Motto „Aus der Praxis für die Praxis" zur Fortentwicklung des gemeinsamen Konzepts.

Voraussetzung ist, dass es gelingt, **Qualitätsmanagement** von einem Zauberwort für Eingeweihte zu einer **selbstverständlichen und hinterfragbaren Arbeitshilfe** werden zu lassen. Das ist leicht postuliert, aber nicht ganz so leicht realisiert. Qualitätshandbücher sind nicht davor gefeit, im Regal zu verstauben, während die pädagogische Arbeit nach anderen Regeln abläuft. Nach unserer Erfahrung kann sich bei der Umsetzung der Qualitätsstandards schnell der Sonntagsreden-Effekt einstellen: Inhalte werden mit Überzeugung unterstützt, aber ihre Umsetzung lässt auf sich warten, erscheint den einen nicht nötig, den anderen nicht realisierbar: „In der Theorie klingt das alles ganz gut, aber in der Praxis verlasse ich mich doch lieber auf mein gewohntes Handwerkszeug ..." Ursache dafür, dass Mitarbeiterinnen und Mitarbeiter die Umsetzung der Standards versäumen, ist in den meisten Fällen weniger Unwille und Verweigerung. Oft liegt es an ungelösten Widersprüchen und nicht zu Ende gedachten Details im Qualitätshandbuch. Erweisen sich Einzelheiten als nicht umsetzbar, wird die Solidität des Gesamtwerks schnell in Frage gestellt.

Wer Standards festlegt und Handbücher vorgibt, muss sich daher zur Konkretisierung zwingen. Es macht wenig Sinn, sich auf allgemein akzeptierte Grundforderungen zu beschränken. Deshalb beschreibt das vorliegende Handbuch viele Prozesse sehr detailliert. Erst wenn **Standards als konkret umsetzbare Richtlinien** formuliert worden sind, erweist es sich, ob sie in der Praxis tatsächlich umgesetzt werden können. Je konkreter die Vorgaben sind, umso zielgenauer können sich die Teams in den Einrichtungen mit ihren Vorschlägen und Änderungswünschen in den Fortschreibungsprozess der Standards einbringen.

Das pädagogische Handbuch

Die Grundlage des pädagogischen Qualitätsmanagements bei KLAX bildet das **pädagogische Handbuch.** Es beschreibt im Leitbild und in Standards unsere gemeinsame Sichtweise auf pädagogisches Handeln, definiert, wie pädagogische Prozesse zu planen und zu gestalten sind, und hält Rahmenbedingungen fest: Räume und Materialien, die Öffnungszeiten, die Kinderanzahl und die Altersstruktur, den Personalschlüssel sowie die Zusammenarbeit im Team, die Aufgaben von Leitung, Fachanleitung und pädagogischem Personal. Darüber hinaus ist im Handbuch festgelegt, wie die geleistete Arbeit überprüft, wie der Entwicklungsstand jedes einzelnen Kindergartens festgestellt wird, um daraus Verbesserungsaufträge abzuleiten sowie durch Fortbildung, Fachanleitung und Hilfe externer Profis Unterstützung zu geben.

Schluss mit der pädagogischen Beliebigkeit

Notwendige Hilfestellungen, Interventionen, Haushaltsfestlegungen und Personalentwicklungskonzepte orientieren sich an messbaren Ergebnissen, und erfolgreiche Entwicklungsschritte werden durch ebenso messbare Ergebnisse belegt. Warum erscheint uns das so wichtig? Weil sich in Deutschland bundesweit hartnäckig gewehrt wird, einheitliche Qualitätsstandards für Kindergarten- und Schulbildung festzulegen. Dieser Verzicht von Politik und Praxis auf Zielvorgaben und Steuerung führt zu einer „Vielfalt“, die weder im Interesse der Kinder und Eltern liegt, noch im Interesse der Gesellschaft. Die Ergebnisse von Vergleichsstudien belegen, dass Bildungschancen in Deutschland höchst unterschiedlich sind – je nachdem, welche Einrichtung das Kind besucht und je nachdem, in welchem Bundesland es aufwächst.

Ein Gemeinwesen, dem es nicht recht gelingen will, seinen Bürgern eine positive Grundhaltung gegenüber Familien und Kindern (und deren Betreuung außerhalb von Familien!) zu vermitteln, muss schon an dem Versuch scheitern, Standards und Ziele für die Bildungs- und Entwicklungscurricula von Kindern festzulegen. Aber ohne eine Einigung auf Werte, ohne eine gemeinsame Vision können Qualitätsstandards nicht mit Leben erfüllt und in die Praxis übertragen werden. Sie verkommen zu Makulatur und verstauben in Schränken. Die Folge sind pädagogische „Inseln der Seeligen“ in einem Meer der pädagogischen Beliebigkeit. Leider werden die Biografien der meisten deutschen Kinder durch das Meer geprägt, die Inseln erreichen nur wenige.

Freiräume brauchen Festlegung

„Kann man Erzieherinnen vorschreiben, ob sie die Kinder zum Mittagsschlaf verdonnern dürfen oder nicht?“ Mit dieser provozierenden Frage wollen wir gleich zu Beginn des Buches einem Problem nachgehen: Qualitätsmanagement stößt in den wenigsten pädagogischen Einrichtungen von Anfang an auf Gegenliebe. Wenn auf einmal verbindliche Standards die Handlungen der Pädagoginnen und Pädagogen leiten sollen, ist damit immer ein Eingriff in ihren Handlungsspielraum verbunden. So etwas nimmt kaum jemand vorbehaltlos hin. Wie kann der Prozess der Einführung von Qualitätsstandards nun gestaltet werden, um Reibungsverluste auf ein Mindestmaß zu reduzieren?

Pädagogische Freiheit – freie Kinder?

„Kindern muss man noch sagen: Mach das so und nicht so. Erwachsenen muss man nichts mehr vorschreiben, und genau deswegen wollen Kinder erwachsen werden.“ Was die sechsjährige Jamira da sagt, trifft ziemlich genau die Probleme, die mit der Umsetzung von verbindlichen Qualitätsstandards einhergehen: Wenn Träger nachprüfbare Festlegungen in Bezug auf die Umsetzung wohlklingender Konzepte fordern, lässt sich nicht nur eine Erzieherin so oder ähnlich vernehmen: „Ich habe das immer so gemacht. Meine Kinder und Eltern waren immer damit zufrieden. Wo bleibt denn mein Freiraum als Pädagogin, wenn auf einmal alles festgelegt und reglementiert wird?“ Pädagogische Freiheit – ein guter Gedanke, der oft fatale Auswirkungen hat.

„Freie Menschen kann man nur erziehen, wenn die Pädagogen Freiraum haben.“ „Eine verregelte Pädagogik bewirkt eng und kleingeistig denkende Kinder." „Kreative Kinder brauchen eine kreative Pädagogik, und der einzelne Pädagoge braucht entsprechenden Freiraum." „Um pädagogisch gut arbeiten zu können, muss ich ganz ich selbst sein dürfen, statt mich zwischen Regeln und Vorschriften zu bewegen, die mir fremd sind." So sympathisch diese oft gehörten Statements erscheinen, sie vernebeln den Blick auf das eigentliche Problem und stellen letztlich nichts weiter dar als die Kehrseite folgenden Spruchs: „Als Mutter habe ich die freie Entscheidung, meinem Kind eine Schelle zu verpassen, wenn es nicht pariert."

Wird der Freiraum der Pädagogen mit dem Freiraum der Kinder gleichgesetzt, setzt man zwei Altersgruppen, zwei Gruppen von Menschen im Kindergarten einander gleich, die auf den ersten Blick zwar viel, auf den zweiten Blick aber wenig miteinander zu tun haben: Kinder und Erzieherinnen. „Wir erleben ganz viel miteinander, wir haben Spaß miteinander, wir haben heute einen Regenwurm entdeckt." Im Kindergarten wird sie sprachlich oft heraufbeschworen, die Einheit von Kindern und Erwachsenen. Leider ist sie so unsinnig wie der Spruch vom Oberarzt bei der Visite: „Na, wie geht es uns denn heute?" Erzieherinnen und Kinder haben, so banal das klingt, zwei völlig verschiedene Sichten auf den gemeinsamen Kindergartenalltag: Die einen steuern den Ablauf, legen Freiräume und Grenzen fest, die anderen profitieren von der Steuerung, indem sie gesicherte Abläufe vorfinden, Freiräume, die sie nutzen können, und Grenzen, die ihre Sicherheit gewährleisten. Das Verhalten der Kinder verändert sich durch das Verhalten der Erzieherinnen – und umgekehrt. Denn auf das, was die Kinder tun, müssen die Pädagoginnen eingehen. Trotzdem sind diese Einflussnahmen unterschiedlicher Natur, denn die eine Seite reagiert, während die andere vorgibt. Kinder tragen gegenüber den Pädagoginnen keine Verantwortung. Die Pädagoginnen hingegen haben hohe Verantwortung für die Kinder, für ihre Entwicklung, für ihre Sicherheit. Aufgabe der Erzieherinnen und Erzieher ist es, den Kindern Freiheit zu ermöglichen, Freiraum mit ihnen zu gestalten, statt den ohnehin vorhandenen Freiraum gemeinsam mit ihnen auszufüllen.

Die Angst vor dem Wandel

Ist es überhaupt ein real erlebbarer Verlust an pädagogischer Freiheit und damit einhergehender Arbeitszufriedenheit, der die Unlust auf Festlegungen schürt? Unsere Erfahrung nach der Einführung von Qualitätsstandards sieht anders aus: Wenn in den KLAX-Kindergärten langjährige und neue Mitarbeiterinnen und Mitarbeiter zusammentreffen, verstehen die neuen die Probleme und Ängste der alten bezüglich mancher Umstellungen nicht mehr. „Ihr dachtet wohl, gruppenoffenes Arbeiten wäre nicht möglich?", fragen die einen. Und die anderen antworten: „Ich könnte gar nicht mehr zurück, so viel Spaß macht mir das Arbeiten jetzt." Das lässt darauf schließen, dass die Quelle der Hemmnisse beim Einführen von Qualitätsstandards nicht in der Angst vor der Beschneidung des Freiraums zu finden ist, sondern in der Angst vor dem Wandel.

„Wandel ist in Deutschland einfach nicht sexy", formulierte es einmal der Trendforscher Matthias Horx im Zusammenhang mit der geringen Bereitschaft zu Veränderungen im Bildungsbereich. Für den Kindergarten trifft das oft genug zu: Mit der pädagogischen Arbeit, wie sie bisher unhinterfragt geleistet wurde, hat jeder seine Erfahrungen – und die geben Sicherheit. Die Vorstellung, nun unter anderen Prämissen arbeiten zu müssen, macht Angst. Es wird befürchtet, dass Vertrautes verloren gehen könnte, und es ist ungewiss, ob dafür ein attraktiver Ersatz zu erwarten ist.

Kurioserweise, so zeigen Alltagserfahrungen wie wissenschaftliche Zufriedenheitsmessungen, wird der Umbruch im Nachhinein nicht mehr problematisiert, denn inzwischen gilt ja eine andere Realität. So banal es klingt: Die Angst vor Veränderung bewältigt man, indem man die Veränderung hinter sich bringt und die neue Realität erlebt. Auch Erwachsene sollen den Anspruch und die Chance haben, durch das Bewältigen von hohen Klippen zu wachsen, indem sie mit Angst besetzte Veränderungen durchleben. So gesehen, wäre es Augenwischerei, im Zusammenhang mit der Standardisierung pädagogischer Arbeit ein Plädoyer für die Macht der Überzeugung und des Aushandelns zu halten. Wenn es so ist, dass uns vor allem unsere Angst vor Veränderungen im Wege steht und weniger die tatsächlichen Schwierigkeiten neuer pädagogischer Anforderungen, dann sollten wir nicht „im Interesse der Mitarbeiterinnen und Mitarbeiter" aus Reformen

Reförmchen machen, um dem Wandel die Brisanz nehmen. „Geht nicht gibt's nicht" – dieser Berliner Spruch muss das Handeln motivieren. Und um auf Jamira zurückzukommen: Wir sollten den Kindern nicht nur im Bedürfnis nach Freiraum nacheifern, sondern auch in der Bereitschaft, Grenzen im Interesse der Gemeinschaft zu akzeptieren.

Darf man Erwachsenen vorschreiben, dass sie Kindern nicht vorschreiben dürfen, ob sie schlafen sollen oder nicht? Diese Frage können wir jetzt beantworten: Um den Kindern ein Aufwachsen in Freiheit zu ermöglichen, muss die scheinbare pädagogische Freiheit des Erwachsenen zu Gunsten klarer Richtlinien über den Umgang mit Kindern reduziert werden. Dabei muss gezeigt werden, welche Chancen in einer solchen Grenzziehung liegen: Erst durch gemeinsame Regelungen entsteht die Grundlage, auf der innovative Ideen gemeinsam entwickelt werden können. Und wieder einmal gilt, was auch für Kinder gilt: Je klarer die Grenzen abgesteckt sind, desto mehr Freiraum kann innerhalb des abgegrenzten Gebiets entstehen.

Den Wunschzustand anvisieren

Unser Plädoyer: Wer Qualitätsstandards im Kindergarten setzt, sollte sich weniger am scheinbar Realistischen orientieren als vielmehr an der Vision, die in Bezug auf den Umgang mit Kindern besteht. Das Wort „Standard" weckt unterschiedliche Assoziationen. Landläufig versteht man darunter das Normale: Das Gegenteil von Luxus ist die Standardausstattung. Eigentlich meint das Wort – es stammt übrigens aus dem Militärbereich – aber etwas anderes: Rückt die Armee vor, rammt ihre Vorhut eine Standarte in den Boden, um den Nachfolgenden die Richtung anzugeben. Ähnlich ist es auch bei den Qualitätsstandards. Sie müssen Visionskraft ausstrahlen, statt den Punkt zu markieren, an dem man losgegangen ist. Qualitätsstandards sind also nur dann sinnvoll, wenn gewagt wird, nicht den Ist-Zustand zu fixieren, sondern den Wunschzustand anzuvisieren, um ihm in Form von Handlungsanweisungen zur Realität zu verhelfen.

Wir bedanken uns bei all unseren Mitarbeiterinnen und Mitarbeitern in den KLAX-Kindergärten, die sich mit uns auf diesen Weg gemacht haben, die täglich um die Verbesserung ihrer pädagogischen Arbeit ringen und die mit ihren uns zur Verfügung gestellten Praxiserfahrungen dieses Buch erst ermöglicht haben.

Antje Bostelmann & Michael Fink

Berlin, im Juni 2007

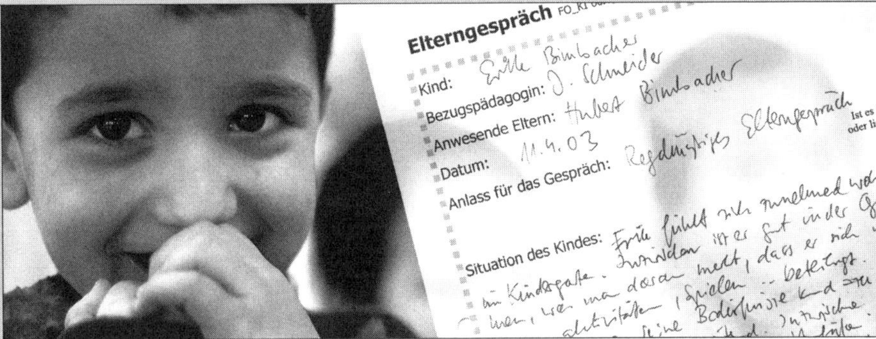

Leitbild, pädagogische Standards und Bildungsauftrag

Was wollen wir auf welche Weise tun? Wer zusammen etwas unternehmen, ein gemeinsames Ziel erreichen will, muss sich vorab einig sein, denn sonst behindern gegenseitiges Missverstehen und Uneinigkeit über Wege und Ziele das Vorankommen. Was bei einem gemeinsamen Ausflug einer Wandergruppe selbstverständlich ist, wird in Organisationen bisweilen vergessen: Erst losgehen, wenn sich über das Ziel verständigt wurde!

Welche Instrumente gibt es, um sich einig zu werden über Ziele und Wege? Während die Gesamtorganisation ein **lebendiges Leitbild** braucht, hilft den Pädagoginnen und Pädagogen eine **konzeptionelle Klarheit,** die in **Standards** konkret erläutert wird. Und es ist unverzichtbar, über einen **gemeinsamen Bildungsauftrag** zu sprechen: Was wollen wir dem Kind mitgeben? In welchen Punkten wollen wir es fördern?

Basis der Zusammenarbeit: das Leitbild

Bevor Qualitätsstandards in detaillierter Form ausgearbeitet und im Handbuch festgehalten werden, muss die Zielrichtung klar sein: das **Leitbild** und die damit einhergehende Vision des Trägers.

Was ist ein Leitbild?
Ein Leitbild formuliert die strategischen Ziele einer Organisation – eines Unternehmens oder einer Bildungseinrichtung. Im Leitbild werden die wesentlichen Orientierungen sowie die Art und Weise ihrer Umsetzung kurz und prägnant benannt. Ziel ist, dass alle Beteiligten eine einheitliche Orientierung für ihr Verhalten in der Organisation haben und sich so mit ihr identifizieren können. Das Leitbild ist ein wesentliches Element der Corporate Identity.

Die **Klärung folgender Fragen** gehört zum typischen Inhalt:

Wofür sind wir da?
Was tun wir für wen?
Wie tun wir es?
Wie gehen wir mit unseren Partnern um?
Wie gehen wir miteinander um?

Ein Leitbild ist knapp und einprägsam formuliert, beinhaltet eine klare und ehrliche Stellungnahme zu Problemen; Zielkonflikte dürfen nicht verschleiert werden, keine unerfüllbaren Idealvorstellungen enthalten sein. Es muss operationalisierbar sein, das heißt, es sollte bestimmbar sein, ob die Forderungen des Leitbildes eingehalten werden oder nicht. An der Entwicklung eines Leitbildes werden die verschiedenen Hierarchieebenen beteiligt. Und Leitbilder müssen umgesetzt werden: durch konsequente Einführung, Pflege, Überprüfung und Weiterentwicklung.

Wie viele andere Träger hatte sich auch KLAX zur Erarbeitung eines Leitbildes entschieden, um sich in einem größer werdenden Unternehmen über gemeinsame Grundüberzeugungen zu verständigen: Über welche Visionen, Ziele, Arbeitsweisen besteht zwischen uns Einigkeit? Über welche Punkte müssen wir noch intensiver nachdenken? Inzwischen haben die

Mitarbeiterinnen und Mitarbeiter das Leitbild mehrfach überarbeitet. Auch das Motto des Leitbildes, also die „Titelzeile" des Unternehmens, wurde dabei einige Male verändert. Wozu dieser Aufwand? Spielt ein Leitbild im pädagogischen Alltag wirklich eine Rolle? Muss jede Änderung in der Ausrichtung des Unternehmens in einer Leitbild-Überarbeitung Niederschlag finden?

Die Erfahrung zeigt: Es lohnt, in regelmäßigen Abständen sein Leitbild kritisch zu betrachten und über die Aktualität zu diskutieren. Erstens bleiben auf diese Weise die darin festgehaltenen Auffassungen lebendig und in der Diskussion. Zweitens können so auch neu hinzugekommene Mitarbeiter für die Gedanken des Leitbildes aktiviert werden und sich einbezogen fühlen. Drittens ist festzustellen, dass sich pädagogische Überzeugungen heute sehr schnell weiterentwickeln können. Es wäre kontraproduktiv, diesen Fortschritt in das Leitbild, das die Basis für alle pädagogischen Ziele und Konzepte darstellt, nicht einfließen zu lassen.

Wie wird ein Leitbild erarbeitet und überprüft? Zur Entwicklung und Aktualisierung von Leitbildern und Visionen bieten sich, je nach Unternehmensgröße, verschiedene Wege an:

- In einem Open Space treffen alle Mitarbeiterinnen und Mitarbeiter der Organisation für ein oder zwei Tage zusammen, um in thematisch festgelegten Kleingruppen gemeinsam das Leitbild zu erarbeiten.
- Zu einem Workshop werden Vertreterinnen und Vertreter aller Hierarchieebenen des Unternehmens eingeladen, um hier stellvertretend für die gesamte Belegschaft einen Leitbildentwurf zu erarbeiten, der dann später der Gesamtheit vorgestellt und diskutiert wird.
- Durch eine Mitarbeiterbefragung auf Fragebögen oder durch Interviews werden im gesamten Unternehmen Inhalte für das Leitbild zusammengetragen.

Alle im Unternehmen Beschäftigten müssen sich im Resultat wiederfinden und es akzeptieren können, um es am Ende mit Leben zu füllen. Ein unumgänglicher Schritt ist dafür die Einberufung einer Belegschaftsversammlung, auf der allen Mitarbeitern der entwickelte Entwurf des Leitbildes vorgestellt wird und alle Teams beauftragt werden, miteinander darüber zu diskutieren, ob der Vorschlag ihren Auffassungen entspricht. Erst wenn nach einer angemessenen Frist Änderungswünsche angebracht und gegebenenfalls eingearbeitet werden konnten, macht es Sinn, das neue Leitbild als verbindlich auszugeben.

Wie ein Leitbild entsteht – ein Beispiel

Auf dem Boden liegen Karten – über 100 Stück – mit aufgedruckten Werten. In der Gruppe, die nun damit beginnt, sich einzelne davon auszuwählen, treffen unterschiedliche Funktionsträger aus der Unternehmensführung zusammen: Pädagoginnen und Pädagogen, Verwaltungsleute, Geschäftsführerin und Geschäftsführer. Die Aufgabe, die die Moderatorin verkündet hat, lautet: „Wähle acht Werte aus, die dir am wichtigsten sind!“

Während diese Aufgabe noch in Einzelarbeit erledigt wird, kommen bei der folgenden gemeinsamen Arbeit schnell Diskussionen auf: „Legt nun eure Karten aus und wählt aus allen ausgelegten Kärtchen acht gemeinsame Werte aus!“ Während es der heterogenen Gruppe bei manchen Werten überraschend leicht fällt, sich darauf zu einigen, werden andere Karten kontrovers diskutiert. Bedingt durch unterschiedliche Ausbildung und Arbeitsaufgaben unterscheidet sich die individuelle Bedeutung mancher Werte gravierend: „Kontrolle“ ist für den Verwaltungschef ein hoher Wert, ebenso „Korrektheit“. Für die Pädagogen scheinen Werte wie „Vertrauen“ und „Beweglichkeit“ viel wichtiger. An dieser Stelle geschieht es fast automatisch, dass die Diskutierenden den Blick von ihrer persönlichen Sicht auf die des Gesamtunternehmens lenken: „Meine private Auffassung einmal beiseite gelassen: Was ist für unser gemeinsames Ziel, Kinder zu betreuen und zu bilden, der wichtigste Wert?“

Nicht nur die Unternehmensführung wählt auf diese Weise schließlich acht gemeinsame Werte aus. In separaten Workshops arbeiten an den Folgetagen alle Kindergartenteams auf gleiche Weise „ihre“ gemeinsame Wertebasis aus. Spannend ist der Moment, wenn zwei Wochen später Unternehmensführung und Einrichtungsleiterinnen zusammengerufen werden, um die Ergebnisse zu vergleichen: „Welche acht Karten habt ihr gewählt?“ – „Die habt ihr auch ausgesucht?“ Es zeigt sich, dass viele Werte schon eine gemeinsame Basis sind, ohne dass dies vorab explizit formuliert wurde. Das gemeinsame Konzept und die alltäglichen Erfahrungen in der Zusammenarbeit bewirken, dass sich viele Teams über Grundwerte intuitiv einig sind. „Kreativität“ und „Vertrauen“ scheinen für ein Unternehmen, dessen Zielgruppe Kinder sind, zentrale Bedeutung zu haben. Als die Gruppe nun vor der Aufgabe steht, sich auf acht Karten für das Gesamtunternehmen zu einigen, fällt es gerade bei diesen Werten nicht schwer. Bei anderen Karten bedarf es mehrfacher Diskussionen, bis sich Teamleiterinnen und Unternehmensführung auf einen gemeinsamen Nenner einigen können. Manchmal muss „übersetzt“ werden: „Wir haben den Begriff ‚Vertrauen‘ etwas andere interpretiert ...“

Immer noch sind die acht ausgewählten Werte reine Schlagworte. Um aus Begriffen Überzeugungen zu entwickeln, um Idealvorstellungen zur Herzenssache zu machen, müssen Mitarbeiter und Leitung ein klares Vorstellungsbild von den Begrifflichkeiten entwickeln. Ein sinnvoller Weg ist die Ausformulierung in Leitsätzen. Dabei muss ein weiteres Mal diskutierend erläutert werden, was genau unter dem jeweiligen Wert zu verstehen ist. Aus dem knappen Wort „Vertrauen“ wird zum Beispiel auf diese Weise nach mehreren Formulierungsversuchen und Diskussionen der Leitsatz: „Unsere Zusammenarbeit wird von Vertrauen geprägt, welches durch die Erfüllung gemeinsam definierter Ziele entsteht.“ Der Satz erläutert und konkretisiert nun, was mit Vertrauen gemeint ist und wo der Wert an Grenzen stößt.

Das Leitbild ist nun fertig, kann gedruckt und ausgehängt werden. Reicht das, erreichen die Leitsätze wirklich die Herzen aller Mitarbeiterinnen und Mitarbeiter? Können sie einen Bezug zwischen ihren alltäglichen Mühen und diesen hehren Zielen herstellen? Fieberhaft wird nach Wegen gesucht, die Sache auf den Punkt zu bringen. Um es in der Sprache der Werbung zu benennen: Die Werte brauchen ein „Branding“, sie müssen zur unverwechselbaren Eigenmarke werden. Eine Idee ist da, und sie gefällt: T-Shirts werden mit kontroversen Begriffen bedruckt, die beschreiben, welche Eigenschaften Menschen brauchen, die nach diesem Leitbild arbeiten. „Durchbeißer“ ist ein solches Schlagwort, gerade richtig als Aufschrift auf knallblauem Untergrund. „Querdenker“ heißt ein anderes Shirt, ein drittes plakatiert „Grenzüberschreiter“. Die Shirts werden auf der nächsten Belegschaftsversammlung verschenkt, und auch neue Mitarbeiterinnen lassen sich gerne ein solches Mottohemd als Begrüßungsgabe aushändigen.

Im pädagogischen Alltag getragen, provozieren die Aufschriften auf den Hemden Fragen und Anmerkungen von Kindern, Eltern und anderen Leuten: „Was ist ein Durchbeißer und warum bist du einer?“, fragt Lisa ihre Erzieherin. Und die erklärt, dass sie in ihrer pädagogischen Arbeit oft nicht den leichtesten Weg gehen kann, um ihrem Anspruch an Bildung und Förderung der ihr anvertrauten Kinder umzusetzen. Die Aufschrift „Querdenker“ bewirkt, dass einige Eltern mit neuer Wertschätzung auf die Erzieherin ihres Kindes blicken, die ein innovatives und nicht von jedermann sofort verstandenes Konzept im Alltag umsetzt. In den kurzen Gesprächen, die sich aus den Botschaften auf den T-Shirts ergeben, werden aus den hehren Wertbeschreibungen des Leitbildes plötzlich alltagsnahe und greifbare Sichtweisen und Ziele, die den beruflichen Alltag der Pädagogen immer wieder prägen.

Das KLAX-Leitbild – bei uns lernt die Zukunft

Die KLAX-Pädagogik geht davon aus und lebt davon, dass sie von vielen Menschen getragen und weiterentwickelt wird. Wir schätzen und fördern die Unterschiedlichkeit der Menschen, weil sie den einzelnen stärkt und für die Gruppe nutzbringend eingesetzt werden kann. Unser Konzept lebt davon, dass es von allen Mitarbeiterinnen mitgestaltet wird. Dafür brauchen wir eine hohe Bereitschaft zur Verantwortungsübernahme. Unsere Zusammenarbeit wird von Vertrauen geprägt, welches durch die Erfüllung gemeinsam definierter Ziele entsteht. Wir sind innovativ und zukunftsorientiert, denn wir suchen die besten Ideen und Instrumente der Branche, prüfen diese und setzen sie neu zusammen, mit dem Ziel Kinder optimal in ihrer Entwicklung zu fördern. Mittels unserer Kreativität stellen wir uns Herausforderungen und finden immer Wege, um unsere Ideen und Aufgaben umzusetzen. Es macht uns erfolgreich, dass wir aus unseren Fehlern lernen, in einem motivierten und kompetenten Team zusammenarbeiten und unsere Angebote ständig auf ihren Nutzen für den Kunden hin überprüfen. Die Grundlage für die Stabilität unseres Unternehmens ist die Absicherung des operativen Tagesgeschäftes. Dabei akzeptieren wir zeitweise Instabilität und nutzen diese immer produktiv im Sinne der Weiterentwicklung von KLAX.

Unsere Regeln sind gemeinsam ausgehandelte Werkzeuge zum Erreichen der Unternehmensziele, deren Sinn von uns ständig überprüft und hinterfragt wird. Wir denken bei allem was wir tun über die Bedürfnisse von Kindern nach, richten unser Handeln konsequent daran aus und messen daran den Erfolg unserer Arbeit.

Gemeinsame Arbeitsgrundlage: Konzept, Bild vom Kind und pädagogische Standards

Nach dem Leitbild, das für alle Mitarbeiterinnen und Mitarbeiter der Organisation gilt, richten sich die folgenden Abschnitte des Handbuchs explizit an die pädagogischen Fachkräfte: Die **Konzeption** wird vorgestellt und in **pädagogischen Standards** konkretisiert. Der Anspruch besteht darin, von allen Handlungsvorschlägen und -anweisungen, die das pädagogische Handbuch in Bezug auf die pädagogische Arbeit macht, einen klaren Bezug zu den hier formulierten Standards herzustellen.

Zu Beginn der Konzeption steht ein kurzer, sehr bildhafter Text: das **Bild vom Kind.** Die Zeilen wurden bewusst emotional verfasst, statt den Leser der Konzeption schon im ersten Satz mit Fachsprache zu überfallen. Der Text stimmt so auf die pädagogische Grundidee ein, die in den darauf folgenden Kapiteln detailliert erläutert wird.

Das Bild vom Kind

Stellt man sich die kindliche Persönlichkeit als eine Quelle vor, kann man verfolgen, wie sie sich den ihr gemäßen Weg sucht. Am Beginn dieses Weges ist die Lebensquelle zwar an bestimmte Voraussetzungen gebunden, prinzipiell aber stehen ihr alle Wege offen, sie kann sich in alle Richtungen ausbreiten, wenn ihrem Fluss keine Hindernisse in den Weg gelegt werden.

Niemand ist in der Lage, auf alle Hindernisse, die sich dem Quellwasser in den Weg stellen könnten, Einfluss zu nehmen. Keiner kann die gesamte Umgebung eines solchen kleinen Flusses umgestalten, damit er nirgendwo anstößt. Aber man kann ihn stärken, dafür sorgen, dass auf dem Weg der Lebensquelle keine neuen Hindernisse aufgebaut werden, zwischen denen sich das Wasser staut.

Würde jemand einer Flussbegradigung zustimmen? Nein. Durch die Arbeit mit den Kindern wollen wir ihr „Lebenswasser“ mit „Spurenelementen“ oder „Mineralstoffen“ anreichern, ohne es zu „überdüngen“ oder seinen eigenen „Geschmack“ zu verfälschen.

Was beschreibt das Bild vom Fluss? Kinder bringen von Anfang an große Potenziale mit. Um diese Anlagen zu entfalten, brauchen sie vielfältige Anregung durch ihre Umwelt. Nur wenn die Individualität jedes Kindes berücksichtigt und es unterstützt wird, seinen eigenen Weg zu finden, können sich die Potenziale des Kindes optimal entfalten. Um sich optimal zu entwickeln, braucht das Kind jedoch vielfältige Anregung zur Auseinandersetzung mit der Welt. Entwicklung zu fördern, bedeutet also auch, Kindern bewusst Erfahrungen zugänglich zu machen, ihnen anspruchsvolle Bildungsangebote zu erschließen und ihnen Wege des Lernens aufzuzeigen.

Das Ziel der pädagogischen Arbeit

Die Vorstellung von selbstbestimmten, sensiblen und handlungsfähigen Individuen, die mit wachen Sinnen ihre Umwelt wahrnehmen und sich als Teil der Gesellschaft begreifen, prägt das Ziel der pädagogischen Arbeit. Die Förderung der kindlichen Persönlichkeit setzt an mehreren Grundannahmen an: Kinder brauchen Ausdrucksmöglichkeiten, mit denen sie sich selbst und der Umwelt ihre Sicht auf die Welt zeigen können. Durch die gezielte Förderung der kindlichen Ausdrucksmöglichkeiten und der damit verbundenen Einsichten, Erkenntnisse und Fertigkeiten werden gestalterische Fähigkeiten im weitesten Sinne und nicht allein auf künstlerischem Gebiet unterstützt. Damit wird die Fähigkeit gefördert, sich selbst gestaltend in die Welt einzubringen, sich selbst im gestalterischen Schaffen zu erkennen und sich seiner Persönlichkeit bewusst zu werden.

Kinder haben Rechte: das Recht, ihren Alltag zu gestalten; das Recht, Verantwortung für sich selbst tragen zu können; das Recht, über eigene Angelegenheiten mitbestimmen zu können. Indem Kindern Wege aufgezeigt werden, ihre Interessen wahrzunehmen, und sie andererseits Grenzen erfahren, werden sie ertüchtigt, für ihre Interessen einzustehen und dabei die Bedürfnisse anderer Menschen wahrzunehmen. Kindern wird geholfen, ihre Bedürfnisse selbst zu erkennen. Sie werden in der Entwicklung sozialer und emotionaler Kompetenzen gefördert, indem ihnen ein vielgestaltiges soziales Erfahrungsfeld geschaffen wird, auf dem sie in größeren und kleineren Gruppen jüngeren und älteren Kindern sowie unterschiedlichen Erwachsenen begegnen.

Kinder wollen von sich aus lernen. Von sich aus und nicht erst auf Betreiben Erwachsener möchten sie sich die Welt handelnd aneignen. Jedes Kind kann dabei seinen eigenen Lernweg finden, jedes Kind kann sich in eigene Lernthemen vertiefen. Dieses natürliche Aneignungsbedürfnis wird gefördert, indem Kindern ein reichhaltiges Experimentier- und Erfahrungsfeld für alle Wege des Lernens bereitgestellt wird, indem Räume gestaltet werden, die dem Bedürfnis, sich neue Welten zu erobern, gerecht werden. Und indem jede Einflussnahme von Seiten Erwachsener eingeschränkt wird, die den Lernwillen der Kinder durch übertriebene und falsche Ansprüche versiegen lassen könnte.

Aus all dem folgt, dass die Erwachsenen ihre Rolle in Bezug auf die Kinder überdenken müssen. Erwachsene können Kindern Begleiter sein, indem sie dem Kind helfen, seinen eigenen Weg finden zu können. Indem sie das Kind da abholen, wo es stehen geblieben ist, weil es allein nicht mehr weiterkommt. Erwachsene können dem Kind Orientierung geben, indem sie ihm die Dinge vorleben, von denen sie überzeugt sind, ohne zu versuchen, ihm ihre Überzeugungen aufzudrängen.

Die pädagogischen Standards

Aus dem Bild vom Kind (→ S. 23) und den Zielen der pädagogischen Arbeit (→ S. 24) werden die folgenden Prinzipien abgeleitet:

Individualitätsprinzip: Kinder sind individuelle Persönlichkeiten, die in der Entwicklung und Entfaltung ihrer individuellen Eigenschaften gestärkt werden müssen. Kinder sind keine unfertigen Erwachsenen und bringen unterschiedliche Erfahrungen, Lebensgeschichten und Umfeldsituationen mit. Sie begreifen sich als Individuen, machen als Individuen Gruppenerfahrungen, haben individuelle Bedürfnisse, Wünsche und Ideen. Sie haben ihren eigenen Rhythmus, eigene charakterliche Eigenschaften, Veranlagungen und sind durch unterschiedliche familiäre Situationen geprägt. Die Kinder werden dort abgeholt, wo sie sich befinden. Sie werden darin unterstützt, ihre Persönlichkeit zu entfalten, ohne durch überkommenes Rollenverständnis eingeengt zu werden.

Selbstständigkeit und Selbstbestimmung: Die Selbstständigkeit der Kinder wird als Ziel des pädagogischen Bemühens gesehen. Im Prozess der pädagogischen Arbeit bedeutet dies, die Selbstbetätigung der Kinder in Lernprozessen zu ermöglichen, ihren Mitgestaltungswillen zu fördern und die notwendigen Rahmenbedingungen dafür zu schaffen. So gewinnen die Kinder Vertrauen in ihre eigenen Fähigkeiten und Kräfte und gelangen zu neuen Erfahrungen bis hin zur Überwindung eigener Grenzen. Selbstbestimmung schließt ein, für sich selbst zu sorgen, sich abzugrenzen, aber auch Grenzen zu akzeptieren und einzuhalten.

Gesellschaftliche Handlungskompetenz: Kinder werden darin unterstützt, sich in gesellschaftlichen Zusammenhängen zurechtzufinden. Sie werden ermutigt, ihre Bedürfnisse und Interessen wahrzunehmen und dafür einzustehen. Ihre Wahrnehmungsfähigkeit wird gefördert und mit den Kindern werden Erlebnisse in der Gruppe sowie Erfahrungen, die sie aus ihrem unmittelbaren Umfeld mitbringen, reflektiert. Kreative Denkprozesse, die die Entwicklung von eigenen Ideen und Strategien vorantreiben und die Kinder darin unterstützen, ihren eigenen Lebensplan zu entwerfen und zu behaupten, werden gefördert – und weiter, dass die Kinder Verantwortung für sich und für andere übernehmen.

Soziale und emotionale Kompetenz: Kinder werden darin gefördert, hohe soziale und emotionale Kompetenz zu entwickeln. Um in der Gemeinschaft miteinander gut auszukommen, brauchen Kinder Verständnis für die eigenen Emotionen wie für die Gefühle ihrer Mitmenschen. Nur wenn Kinder fähig sind, ihre Gefühlszustände selbst regulieren zu können, können sie selbstbewusst und selbstbestimmt handeln. Die Aufgabe ist es also, Kinder darin zu unterstützen, dass sie ihre eigenen Gefühle wahrnehmen und reflektieren können. Es geht darum, ihnen Wege zu zeigen, heftige Gefühlslagen bewältigen zu können, um nicht davon überrannt zu werden.

Lernen: Lernen ist ein lebenslanges Grundbedürfnis des Menschen. Es ist eine Aufgabe, bei Kindern die Eigenmotivation zum Lernen zu erhalten und zu fördern. Kinder lernen begeistert, wenn sie dabei ihre eigene Neugier stillen können. So geht es darum, Kinder bei der Entwicklung eigener Fragestellungen zu unterstützen und spannende Bildungsangebote für sie zu entwickeln, in denen ihre Neugier Nahrung findet. Lernen bereitet Lust, wenn auf eine Weise gelernt werden kann, die dem eigenen Charakter entspricht: Kinder müssen unterstützt werden, ihre optimale Weise des Lernens kennen zu lernen. Es sind Bedingungen zu schaffen, die es Kindern ermöglichen, alle Sinne einzusetzen. Lernen muss ganzheitlich sein. Lernfreude bleibt erhalten, wenn jeder sich dabei als handlungsfähig erleben und für das Erlernte Stolz entwickeln kann. Es ist eine wichtige Aufgabe, bei Kindern ein Bewusstsein für ihren eigenen Weg des Lernens aufzubauen und sie zu befähigen, ihre Lernprozesse reflektieren zu können. Indem Kinder erfahren, wie sie lernen und was sie schon gelernt haben, können sie eine sichere positive Haltung zu allen kommenden Lernaufgaben aufbauen.

Problemlösendes Denken: Beim Entdecken der Welt entwickeln Kinder eine Vielzahl verschiedener Fragen. Um ihr problemlösendes Denken anzuregen, reicht es nicht aus, diese Fragen nach bestem Wissen und Gewissen zu beantworten. Vielmehr sollen die Kinder dabei unterstützt werden, selbst nach Antworten zu suchen. Dies kann im Gespräch zwischen der Pädagogin und dem Kind geschehen oder in einer Gruppendiskussion. Eine Kinderfrage kann ein Experiment, eine Expertenbefragung oder eine Recherche in den Medien zur Folge haben. Auf diese Weise lernen Kinder, dass sie weitgehend eigenständig in der Lage sind, Lösungen zu finden, und dass dies im Zusammenwirken mit anderen oft leichter ist. Fragen der Kinder an die Welt – spannende, drängende Fragen – werden nicht mit einer knappen Antwort beschieden. Sie haben Bedeutung und erfordern Beachtung.

Kreatives Gestalten: In der kreativen und gestalterischen Tätigkeit wird eine Methode gesehen, mittels der sich die Menschen aktiv und bewusst mit ihren Erlebnissen und ihrer Umwelt auseinandersetzen. Im kreativen Tun können Verständnisprozesse durchlaufen werden, die noch nicht sprachlich gefasst werden können. Kinder finden im Gestalten Ausdrucksformen, um ihre verschiedenen Interessen, Ansprüche und Bedürfnisse zu artikulieren. Sie können Bedürfnisse oder Erlebnisse, die nicht in sprachlicher Form zu fassen sind, in Bildern oder im Tanz umsetzen. Kreatives Gestalten ermöglicht es, zu reflektieren und auf sich selbst zu schauen. Durch Anregungen und Bereitstellen unterschiedlicher Materialien wird dieser Prozess gefördert. Dabei wird die Verschiedenheit der Kinder akzeptiert, die sich auch in ihren jeweiligen Ausdrucksformen widerspiegelt. Wichtig ist nicht das fertige Produkt, sondern das Ausprobieren, das Wiederholen, das Auflösen und Neubeginnen.

Partnerschaftliche Zusammenarbeit mit Eltern: In der Erziehung und Bildung jedes Kindes müssen Pädagogen eng mit den Eltern zusammenarbeiten, um eine optimale Förderung bieten zu können. Partnerschaftliche Zusammenarbeit ist eine Verpflichtung, zwischen Eltern und Pädagogen offen und konstruktiv für das Wohl des jeweiligen Kindes zu arbeiten. Das verlangt Eltern wie Pädagogen viel ab: ehrlichen und offenen Umgang, aktive Zusammenarbeit, regelmäßige Gespräche. Von Pädagogen und Eltern wird erwartet, dass sie in fachlichen Austausch über die Entwicklung des Kindes treten und Zeit investieren, um das gemeinsame Ziel der Erziehung und Bildung optimal zu unterstützen. Mit der Betreuung in Kindereinrichtungen wird für Kinder ein Freiraum geschaffen, in dem sie losgelöst von ihrer Familie selbstständige Erfahrungen machen können. Es geht darum Eltern zu überzeugen, diesen Freiraum der Kinder zu respektieren und zu unterstützen.

Pädagogisches Ziel: der Bildungsauftrag

KLAX ist sich über Ziele einig, über deren Erreichung Kinder gefördert werden: den **Bildungsauftrag.** Bei den Wegen, um diese Ansprüche zu erreichen, handelt es sich vor allem um **Rahmenbedingungen,** die den Kindern geboten werden. Im Diagramm (→ S. 30) wird bildlich ausgedrückt, in welchem Spannungsfeld an Zielen sich die gemeinsame Arbeit bewegt. Anschließend wird stichpunktartig erläutert, was jeweils unter den Zielen und Rahmenbedingungen zu verstehen und an welcher Stelle die pädagogische Arbeit davon geprägt ist.

Um selbstgesteuert lernen zu können, brauchen Kinder Einsicht in ihren **individuellen Weg des Lernens.** Kindern werden die Ziele ihres Lernens aufgezeigt und sie werden befähigt, ihr Lerntempo, ihre Potenziale und ihre individuellen Lernbedürfnisse genau kennen zu lernen. Im Zentrum steht die Aufgabe, Kinder an der Dokumentation ihrer Lern- und Entwicklungsprozesse aktiv teilhaben zu lassen, um ihnen Einblick in ihre eigene Entwicklung zu geben. Kinder sind die besten Experten für ihre eigene Entwicklung, also sollen sie bei allen Gesprächen über ihre Entwicklung zu Wort kommen. Sie erfahren, wie sie ihre eigene Entwicklung selbst aktiv vorantreiben – unterstützt von Pädagogen und Eltern.

Praktische Umsetzung: Entwicklungsbücher, Portfolios und Logbücher, Kurstagebücher, Feedbackgespräche mit den Kindern

Die Kinder werden unterstützt, ihre **Rechte** zu erkennen und wahrnehmen zu können: Rechte, ihren Alltag zu gestalten; Rechte, Verantwortung für sich selbst tragen zu können; Rechte, über eigene Angelegenheiten mitbestimmen zu können. Indem Kindern Wege gezeigt werden, ihre Interessen wahrzunehmen, und sie andererseits Grenzen erfahren zu lassen, werden sie ertüchtigt, für ihre Interessen einzustehen und dabei die Bedürfnisse anderer Menschen zu erkennen. Kindern wird begreifbar gemacht, welche Bedürfnisse in einer Gruppe zusammentreffen und wie jeder sich dort mit den eigenen Wünschen und Interessen einbringen kann. **Beteiligung** wird auch als Aufgabe für die Pädagoginnen und Pädagogen begriffen: An der

Der Rahmen

Reflexion — **Beteiligung** — **Respekt**

Authentizität — **Begleitung**

Der Auftrag

Lernbewusstheit Wir fördern, dass Kinder ihr eigenes Lernen selbst reflektieren und damit aktiv steuern können.	**Kooperationsfähigkeit** Wir fördern Kinder darin, zu anderen solidarisch zu sein, kooperieren zu können und sich an gemeinsame Regeln zu halten.	**Empathie** Wir fördern Kinder darin, die Gefühle anderer zu sehen und mitfühlen zu können.
Forschergeist Wir fördern Kinder darin, ihre Welt aktiv und voll Entdeckerlust zu erforschen.		**Individualität** Wir fördern Kinder dabei, ihre individuellen Eigenschaften zu kennen und selbstbewusst agieren zu können.
Wissenshunger Wir fördern, dass Kinder wissenshungrig und neugierig auf Lernen sind.		**Ausgeglichenheit** Wir fördern Kinder darin, ihre Gefühle zu kennen und selbstständig regulieren zu können.
Kreative Denkprozesse Wir fördern Kinder darin, für alle Fragen und Probleme selbst Lösungen zu suchen.	**Ausdrucksfähigkeit** Wir fördern Kinder darin, sich beim Malen, Bewegen, Musizieren mit ihren Empfindungen und Gefühlen ausdrücken zu können.	**Mut und Anstrengungsbereitschaft** Wir fördern Kinder darin, sich mutig auf neue Erfahrungen einlassen und für die Erreichung eines Ziels anstrengen zu können.

Bildung — **Sicherheit**

Material — **Raum** — **Freiraum**

Die Ziele der pädagogischen Arbeit bei KLAX und was dafür getan werden muss

Entwicklung der pädagogischen Arbeit wirken alle Mitarbeiterinnen und Mitarbeiter aktiv mit und bringen ihre Erfahrungen und Ideen ein.

Praktische Umsetzung: Kinderkonferenzen, Kinderbefragungen, Morgenkreise und Abschlusskreise

Kinder werden mit ihrer Weltsicht, ihren Bedürfnissen und Ideen **akzeptiert** und **respektiert.** Sie stoßen damit genauso auf Akzeptanz, wie es bei Erwachsenen selbstverständlich ist. Für die Pädagogen besteht immer wieder die Aufgabe, den eigenen Umgang mit Kindern daraufhin zu überprüfen, ob diese eine konsequente Wertschätzung in ihrem Tun erfahren. Kinder dürfen nicht beschämt werden. Sie werden bei Entscheidungen, die ihren Alltag und ihr Leben betreffen, gehört. Für Kinder werden Foren geschaffen, in denen sie sich aktiv zu Wort melden können. Manchmal müssen eigene Bedürfnisse zurückgesteckt werden, um die der Kinder zu respektieren – manchmal sind Bedürfnisse der Erwachsenen mit denen der Kinder auszuhandeln.

Praktische Umsetzung: Kinderkonferenzen, Kinderbefragungen, Morgenkreise und Abschlusskreise, kindgeführte Elterngespräche, Lernen mit Zielen, eigenständige Planung von Lernwegen

Die Erwachsenen verstehen sich als **Begleiter der Kinder.** Sie brauchen diese Begleitung, um sich sicher zu fühlen, um zu wissen, dass jemand da ist, der einem bei Bedarf verlässlich zur Seite steht und dem man sich anvertrauen kann. Mit dem Ziel, Kindern große Freiräume zu geben, setzt Begleitung oft Zurückhaltung voraus. Als Begleiter stehen die Pädagogen einerseits in regelmäßigem direktem Austausch mit den ihnen anvertrauten Kindern, darüber hinaus verfolgen sie kontinuierlich deren Wohlbefinden und ihre Entwicklung durch Beobachtungen und Einschätzungen. Aufgabe ist es, den individuellen Weg jedes Kindes zu verfolgen, um planen zu können, mit welchen Anreizen seine Entwicklung unterstützt werden kann.

Praktische Umsetzung: Bezugspädagogensystem, offene Arbeit, Technik der Beobachtung, Dokumentation von Entwicklungsschritten, Entwicklungskonferenzen, Portfolioarbeit, Logbucharbeit

Um selbstständig zu werden, brauchen die Kinder **Freiräume,** in denen sie außerhalb des Blicks Erwachsener untereinander und alleine Erfahrungen machen können. Kinder brauchen den Freiraum, um Risiken und Folgen ihres Verhaltens selbst austesten zu können, ohne dass dies von Erwachsenen vorweggenommen wird. Die Pädagogen gewähren den Kindern solche Freiräume, indem sie in selbstgesteuerte Aktionen der Kinder nur im Notfall eingreifen und bewusst auf übertriebene Aufsicht verzichten. Es gilt darauf zu achten, Kinder nicht zu stören. Freiraum braucht Regeln: Indem die Pädagogen mit den Kindern klare und von jedem akzeptierte Grenzen verabreden, wird ihnen großer Freiraum für selbstbestimmtes Handeln ermöglicht.

Praktische Umsetzung: Offene Arbeit mit Freispiel, offene Angebote, Freiarbeit, Rückzugsräume, Technik der Beobachtung, eigenständige Planung von Lernwegen

Durch Rituale und vertraute Strukturen wird Kindern Verlässlichkeit signalisiert. Die Aufgabe besteht darin, im Alltag der Kinder für **Orientierung, Sicherheit** und **Geborgenheit** zu sorgen. Durch eine verlässliche und erkennbare Gestaltung des Tagesablaufs wird eine Atmosphäre geschaffen, in der sich Kinder gut aufgehoben fühlen. Kinder möchten Erfahrungen ohne Angst vor Gefahren machen können: Durch umsichtigen Blick wird dafür gesorgt, dass die Kinder eine Umgebung vorfinden, in der die Gefahr von Verletzungen gering ist. Kinder werden darin gefördert, ein kritisches, aber angstfreies Risikobewusstsein zu entwickeln.

Praktische Umsetzung: Rituale, geschlossene Phasen, Kreise, gemeinsames Essen in der Bezugsgruppe, Sicherheitsstandards für Möbel und Materialien, Sicherheitsverantwortliche

Kindern werden **Räume** geboten, die sie als ästhetisch ansprechend, wohnlich, aber auch spannend und anregend empfinden können. Die bewusste Gestaltung der Kinderräume ist eine wesentliche Voraussetzung für die Umsetzung der pädagogischen Prinzipien. Kinder sollen ihre Räume selbstständig erfahren und benutzen dürfen, die wichtigsten Materialien ohne Hilfe Erwachsener benutzen und selbstständig Ordnung darin halten können. Die Pädagogen sorgen dafür, dass die Kinder zu den überwiegenden Zeiten des Tages selbst entscheiden können, in welchem Raum sie sich mit wem aufhalten.

Praktische Umsetzung: Raumrichtlinien, Raumverantwortung, offene Angebote, offene Phasen, offene Materialauslage

Den Kindern wird **Material** angeboten, mit dem sie sich gerne auseinandersetzen mögen. Die Pädagogen haben die Aufgabe, Kindern ansprechendes und anregendes Material bereitzustellen, für ein gutes Materialangebot in den Räumen zu sorgen und zu entsprechenden Projekten und Lernangeboten faszinierendes, viele Handlungsmöglichkeiten eröffnendes Material zu präsentieren und die Kinder in einen intensiven Auseinandersetzungsprozess damit zu führen. Bei allen Materialien gilt der Grundsatz: Es soll ernsthaften Charakter für die Kinder haben – denn: es repräsentiert für sie die Welt. Kinder haben das Recht auf „echte" Materialien, wie sie auch Erwachsene nutzen: hochwertige Stifte, hochwertige Bücher mit anspruchsvollen Themen, hochwertige Experimentiermaterialien.

Praktische Umsetzung: Materialrichtlinien, offene Materialauslage, Raumverantwortung

Lernen und Bildung gehören zu den kindlichen Grundbedürfnissen. Die Kinder werden darin unterstützt, indem die Pädagogen zeigen, wie man sich Wissen aneignet, indem neue Anstöße geben und die Kinder beim Entwickeln von Fragen und Antworten unterstützt werden. Die Rolle der Pädagogen in den **Bildungsprozessen** ist es, die Lust der Kinder beim Entwickeln und Untersuchen von Fragen an die Welt zu entfachen. Für Kinder erscheinen die Erwachsenen mit ihrem reichhaltigen Erfahrungsschatz fast allwissend. Der Fokus wird deshalb darauf gerichtet, dem Forschergeist und dem Wissenshunger der Kinder hohe Wertschätzung zu beweisen, um sie zu ermuntern, weiter viele Fragen zu stellen. Ebenso wichtig ist es, für die Fragen und Untersuchungsvorhaben der Kinder Neugier zu entwickeln, statt die nach der Erwachsenen-Einschätzung vermutlich richtige Antwort zu geben. Aufgabe ist es, den Kindern neue, spannende Wissensgebiete zu zeigen, bei denen sich für sie viele Fragen eröffnen werden. Dazu gehört auch, den Kindern vermeintlich schwierige, komplexe Themen zuzumuten, wenn sie Interesse dafür zeigen.

Praktische Umsetzung: Projektarbeit, geschlossene und offene Angebote, Fachspezialistensystem, Dokumentation von Bildungsprozessen in Entwicklungsbüchern und Portfolios

Die Aufgabe der Pädagogen besteht darin, Kinder zu prägen, indem sie ihnen ihre Begeisterung für bestimmte Dinge vorleben und weitergeben. Sie eröffnen den Kindern Freiräume, sich für selbstgewählte Themen zu interessieren. Gleichzeitig wird den Kindern **authentisch** vorgelebt, welche Welten es kennen zu lernen gibt. Es ist gut für die Entwicklung der Persönlichkeit der Kinder, wenn sie Erwachsene erleben, die unterschiedliche Dinge besonders gerne mögen und besonders gut beherrschen. Deswegen sind auch Pädagogen für einen bestimmten Fachbereich spezialisiert. Die Pädagogen begreifen es als ihre Aufgabe, die eigene Fachlichkeit stets weiter zu vervollkommnen. Werte erfahren Kinder über Menschen, die ihnen nahe sind. Als wichtige Bindungspersonen sind sich die pädagogischen Fachkräfte der Aufgabe bewusst, Vermittler von Überzeugungen und Werten für die Kinder zu sein.

Praktische Umsetzung: Bezugspädagogensystem, Fachspezialistensystem

Vom Bedarf zur Überprüfung – Planung der pädagogischen Arbeit

Das folgende Kapitel widmet sich der **Planung der pädagogischen Arbeit** und beschreibt, auf welche Weise der pädagogische Alltag in den Kindergärten ausgerichtet wird, um folgenden zwei Grundgedanken gerecht zu werden: Der Anspruch des pädagogischen Konzepts, jedes einzelne Kind ausgehend von seinen Potenzialen zu fördern, muss sich in der Methodik der Planung niederschlagen. Der Grundgedanke des Qualitätsmanagements, bei jedem Vorhaben auch Überprüfungsmethoden und Verbesserungsmöglichkeiten einzuplanen, wird umgesetzt.

Pädagogische Planung nach dem Qualitätskreis

Im Qualitätsmanagement wird mittels des **Qualitätskreises** dargestellt, in welchen Stufen welche Leistungen erbracht werden. Das Schema zeigt, wie pädagogische Planung nach dem Qualitätskreis strukturiert ist.

Pädagogische Planung beginnt mit der **Erhebung des „Bedarfs“:** Wo stehen die Kinder? Welche Anforderungen muss die Bildungsarbeit erfüllen? Beim Arbeiten nach dem Qualitätskreis steht im Mittelpunkt, was die Pädagogen nach der Durchführung der Angebote tun. Statt auf das gute Gelingen und Erreichen der Ziele zu vertrauen, besteht nun die Aufgabe

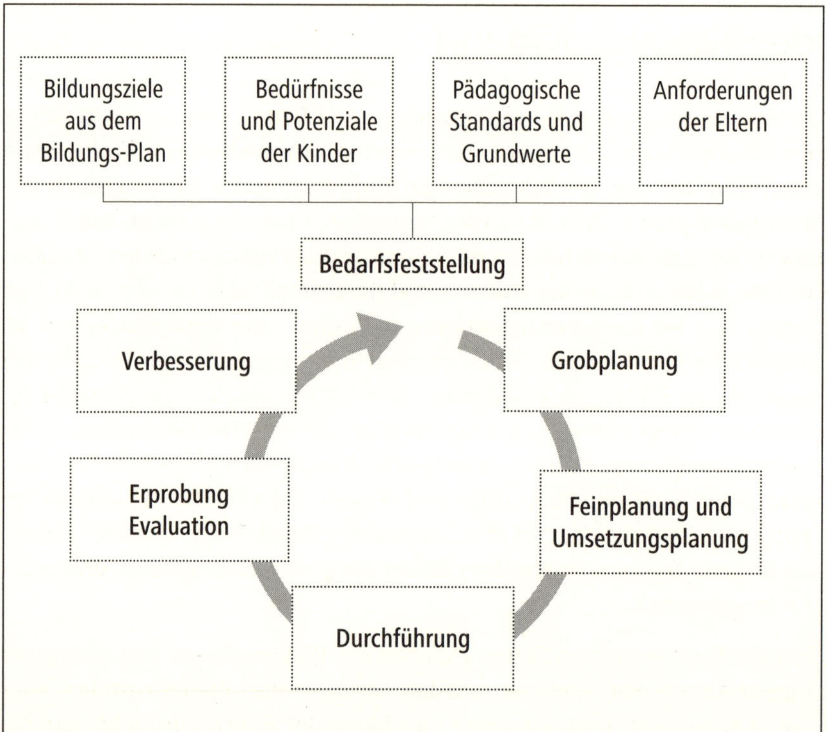

Qualitätskreis

darin, den Erfolg der Arbeit zu überprüfen. Dafür müssen die Pädagogen die Durchführung intensiv dokumentieren und anschließend reflektieren, was daran gut funktioniert hat. Sie evaluieren, werten also aus, welche Ziele das Kind konkret erreicht hat.

Erst wenn feststeht, welche Ziele das Kind und die Gruppe insgesamt erreicht haben, kann der Schritt „Verbesserung“ angegangen werden. Hier lautet die Frage: Welche neuen Ziele kann das Kind nun, nachdem es vorangekommen ist, anstreben? Die Frage kann auch heißen: Wie kann die Bildungsarbeit verbessert werden, um die angestrebten Ziele besser, effektiver, sicherer zu erreichen?

Instrumente und Methoden der Bildungsplanung

In der Praxis können die Pädagoginnen und Pädagogen für jeden Schritt im Qualitätskreis auf darauf zugeschnittene **Methoden und Instrumente** zurückgreifen: Bei der **Bedarfsermittlung** stellen die Pädagoginnen und Pädagogen fest, welche Anforderungen ihre Planung erfüllen muss, welche Potenziale sie dabei nutzen können. Dafür wird zunächst ermittelt, welche Bildungsziele für das betreffende Kind aktuell angestrebt werden sollen. Auf der **Zielplanungssitzung** zu Beginn jedes Halbjahres (→ S. 39) wählen die Fachkräfte deshalb für alle Altersgruppen ab den Dreijährigen anhand des Bildungsplans pädagogische Ziele aus, die im kommenden Jahr angestrebt werden sollen. Dafür wird vorher durch Beobachtung und Dokumentationen ermittelt, über welche Kompetenzen aus dem Bildungsplan jedes Kind bereits verfügt und welche individuellen Potenziale genutzt werden können. Auf der Checkliste „Zielplanungssitzung“ werden diese Ziele festgehalten, aufgegliedert für jede Bezugsgruppe und jeden Bildungsbereich.

Bei der Festlegung von Zielen gleichen die Pädagoginnen und Pädagogen immer ab, ob das Geplante mit den Grundwerten übereinstimmt. Auch die Sichtweisen, Anforderungen und Ideen der Eltern dürfen bei der Planung nicht außer Acht gelassen werden. Für die Nestkinder und die Bezugsgruppe der Zweijährigen gibt es keine Bildungsplan-Ziele. Für diese Altersgruppen werden die Ziele alleine durch Beobachtung ermittelt – bei den Zweijährigen ist das wichtigste Ziel ohnehin die Eingewöhnung in den offenen Betrieb.

Auf der **Monatsplanungssitzung** (→ S. 41) wird auf der Grundlage der ausgewählten Bildungsziele, die auf der Zielplanungssitzung festgelegt wurden, die konkrete Planung ausgearbeitet. Hier wird entschieden, welche der für dieses Jahr angestrebten Ziele im kommenden Monat verfolgt werden. Es wird festgelegt, mit welchem konkreten Monatsthema die ausgewählten Ziele erreicht werden sollen. Dieses Thema wird immer aufgrund aktueller Bedürfnisse und Ideen der Kinder ausgewählt, die durch Beobachtungen ermittelt wurden: Welche konkreten Angebote können wir zum gewählten Monatsthema durchführen, um die angestrebten Ziele zu erreichen?

Die **Feinplanung** liegt hauptsächlich in der Hand der einzelnen Fachspezialisten. Sie entscheiden, wann und auf welche Weise sie ihre Angebote durchführen, beachten aber den auf dem **Lotusplan** (→ S. 42) festgelegten Rahmen. Für die Abstimmung der Planung untereinander findet mindestens einmal wöchentlich, bei Bedarf täglich, die **Planungsabsprache** (→ S. 43) statt.

Für die **Evaluation** der pädagogischen Planung (→ S. 230 ff.) kommt es zunächst darauf an, die durchgeführten Angebote so zu dokumentieren, dass alle Beteiligten, also Pädagoginnen und Pädagogen, Kinder und Eltern, auch noch später ablesen können, welche Ziele damit erreicht wurden. Wichtigstes Dokumentationsmedium ist das **Kindergarten-Portfolio** (→ S. 47), welches für jedes Kind angelegt wird. Für Kinder, Eltern, Pädagoginnen und Pädagogen wird hier festgehalten, welches Ziel jedes einzelne Kind erreicht hat. Zur Dokumentation werden außerdem eingesetzt: **Dokumentationsplakate** (→ S. 45), auf denen die aktuelle Arbeit in den Bildungsbereichen und die damit erreichten Ziele gezeigt werden, sowie die Seiten des **pädagogischen Tagebuches** (→ S. 46), die Eltern einen kurzen Einblick in den zurückliegenden Tag ihres Kindes in der Kindertageseinrichtung erlauben.

Entscheidend für den weiteren Erfolg ist, mit den Dokumentationen im Sinne einer Grundlage für neue Planungen weiter zu arbeiten: Auf der

pädagogischen Entwicklungskonferenz (→ S. 57) entwickelt das Team aufgrund der Dokumentationen und weiterer **Beobachtungen** (→ S. 50) die angestrebten Ziele und Fördermöglichkeiten für das jeweilige Kind. Im **Entwicklungsgespräch** (→ S. 179 f.) stellt die Bezugspädagogin den Eltern diese Ziele vor. Um einen Gesamteindruck über das Befinden des Kindes zu haben, wird zusätzlich zur Entwicklungskonferenz eine **Entwicklungseinschätzung** (→ S. 56) für jedes Kind vorgenommen.

Verantwortlich für das **Dokumentieren der Entwicklung** jedes Kindes sind alle Fachspezialisten. Die Bezugspädagogin oder der Bezugspädagoge überblickt für die Bezugskinder (→ S. 63 ff.), ob deren Entwicklung in allen Bildungsbereichen umfassend dokumentiert ist.

Die Zielplanungssitzung

Zweimal im Jahr treffen alle Mitarbeiter und Mitarbeiterinnen des Teams zur **Zielplanungssitzung** zusammen, um dort zu beschließen, welche Ziele im neuen Halbjahr in den jeweiligen Altersgruppen angestrebt werden sollen. Ziel dieser Sitzung ist es, für das Vorgehen im nächsten halben Jahr Zeit zu haben für die **zentrale Planungsfrage:** Wo stehen die Kinder, welche Projekte und kleinere Angebote sind für sie im nächsten Halbjahr besonders förderlich, sinnvoll und interessant? Dazu gewinnen die Pädagoginnen und Pädagogen zunächst einen Überblick, wie weit die Kinder der einzelnen Altersgruppen sind, welche Kompetenzen sie schon erreicht haben und was folglich als nächstes für sie interessant werden kann.

Aufgabe ist dann, für jede Altersgruppe und jeden Bildungsbereich Ziele festzulegen. Diese **Bildungsziele** sind die **Basis für die Monatsplanung** (→ S. 41): Checklisten, auf denen die Ziele aufgelistet sind, helfen, in den kommenden Monaten eine zusammenhängende, Bildungsbereich übergreifende Planung zu erstellen.

Ablauf der Zielplanungssitzung

Eine Woche vorher: Ermitteln, was wir erreicht haben.

Bevor neue Ziele ausgewählt werden, wollen wir wissen, welche Ziele im vergangenen Halbjahr erreicht wurden. Dafür ruft sich das Team in Erinnerung, welche Projekte und wichtigen Angebote im vergangenen Halbjahr stattgefunden haben.

Nun nimmt sich jede Fachspezialistin die Ziellisten ihres Bildungsbereichs für alle Altersgruppen vor. Sie überprüft, was sie erreichen wollte und was sie erreicht hat. Ziele, die sicher erreicht wurden und keiner weiteren Bearbeitung bedürfen, werden in der Zielliste markiert. Dieser Schritt dient dazu, die alten Ziele abzurechnen. Gleichzeitig haben wir durch diesen Abgleich wertvolle Erfahrungen gewonnen, welche Ziele wir gut ausgewählt haben, was dagegen zu hoch oder zu niedrig angesetzt war.

Zu Beginn der Sitzung: Die Richtung ausmachen.

Wo soll es im nächsten Halbjahr ungefähr hingehen? Als ersten Schritt bei der Auswahl neuer Ziele übernimmt jede Fachspezialistin und jeder Fachspezialist die Aufgabe, für den eigenen Bildungsbereich eine Vorauswahl an geeigneten Zielen zu treffen. Dafür nimmt jede Mitarbeiterin und jeder Mitarbeiter die Listen des eigenen Bildungsbereichs und markiert unverbindlich, welche Ziele sie für geeignet halten. Diese Einschätzung stellt sich das Team nun gegenseitig vor. Schließlich müssen die Ziele aller Bildungsbereiche zueinander passen.

Konkret werden: Ziele festschreiben.

Sind wir uns einig? Wenn die Ziele miteinander diskutiert wurden, kann in Einzelarbeit das Werk zu Ende gebracht werden: Jede Fachspezialistin und jeder Fachspezialist schreibt nun für jede Altersgruppe konkrete Bildungsziele aus dem Bildungszielplan ab. Weil sie die Richtung kennen, in die es inhaltlich gehen soll, ist die eigentliche Aufgabe bei diesem Schritt, die Ziele an das Alter der Kinder anzupassen. Bei manchen Zielen empfiehlt es sich, Mindestziele zu definieren: Welche Kompetenzen möchten wir allen Kindern mindestens vermitteln? Ein Beispiel: Das Ziel „Die Rechte der Kinder kennen und sich dafür einsetzen" ist sehr global. Natürlich sollen die Kinder nicht alle Kinderrechte auswendig kennen, und nicht jedem liegt es, sich dafür einzusetzen. Also formulieren wir ein Mindestziel – wie: „Jedes Kind weiß, dass es Kinderrechte gibt und kann zwei nennen." Trotzdem gehen wir davon aus, dass viele der Kinder weitaus mehr zu diesem Thema erfahren wollen.

Überprüfungsfragen

- Findet halbjährlich die Zielplanungssitzung zu Beginn des Kindergarten(halb)jahres mit allen Kolleginnen im offenen Bereich statt?
- Wird für jede Altersgruppe durch die Fachspezialisten ermittelt, welche Kompetenzen diese bereits erreicht hat?
- Legt jede Fachspezialistin für ihren Bildungsbereich fest, welche Ziele sie im kommenden Halbjahr mit jeder Altersgruppe anstrebt? Wird dieses Ergebnis auf dem Blatt „Zielplanungssitzung" festgehalten?
- Stellen in der Zielplanungssitzung die Fachspezialisten ihre Planung für jede Altersgruppe vor und diskutieren mit den Kollegen, ob daraus eine sinnvolle Gesamtplanung entstehen kann?
- Wird für die Zielplanungssitzung der Kindergarten einen Tag geschlossen?

Dokumentation

Formular: Zielplanungssitzung

Die Monatsplanungssitzung

Die **Monatsplanungssitzung** wird einmal im Monat für die Dauer von zwei Stunden außerhalb der Anwesenheitszeit der Kinder angesetzt. Hier findet die Planung für die Gesamtgruppe statt. Es wird ausgewählt, welche Kompetenzen als nächstes gefördert werden sollen, um daraus ein geeignetes Monatsthema auszuwählen.

Wie konkret können Angebote voraus geplant werden? Im Sinne des Grundsatzes der „rollenden Planung“ geht es bei der Monatsplanungssitzung nicht darum, einen genauen, zeitlich festgelegten Plan über alle im Monat stattfindenden Angebote zu machen. Wichtig ist aber, sich in der Monatsplanungssitzung auf konkrete Ziele zu einigen, die im Zusammenhang mit dem gewählten Monatsthema in jedem Spezialisierungsbereich angestrebt werden sollen.

Für die Planung empfiehlt sich die **Lotusplan-Methode:** Dafür verwenden die Pädagoginnen und Pädagogen ein großes Planungsposter, in dessen Mitte sie das Monatsthema notieren. Die wichtigsten Unterthemen, die innerhalb dieses Monatsthemas erreicht werden sollen, werden dann im großen Kreis um das Oberthema eingetragen. Ist „Afrika“ das Oberthema, könnten „Ernährung“, „Tierwelt“, „Menschen anderer Hautfarbe“ geeignete Unterthemen sein. Blütenförmig um diese Unterthemen herum – daher rührt auch der Name „Lotusmethode“ – können nun Ziele eingetragen werden, die zu jedem Unterthema erreicht werden sollen. Es empfiehlt sich, zu jedem Unterthema ein Ziel für jeden Bildungsbereich zu finden: Auf dieser Basis kann das Spezialisten-Team an einem Thema in einem inhaltlichen Zusammenhang gut miteinander arbeiten.

Überprüfungsfragen

- Findet die Monatsplanungssitzung zum Ablauf jeden Monats statt?
- Werten die Fachspezialisten vor der Monatsplanung aus, welche Ziele aus der Checkliste „Zielplanungssitzung“ als nächstes verfolgt werden können?

- Legen sie fest, welche Ziele im kommenden Monat angestrebt werden sollen?
- Führen sie im Vorfeld der Monatsplanungssitzung Gruppenbeobachtungen durch, um daraus Informationen über die Interessen der Kinder zu gewinnen?
- Finden auf der Monatsplanungssitzung für einzelne Kinder verabredete Maßnahmen aus der Entwicklungskonferenz Eingang in die gemeinsame Planung?
- Legt das Team bei jeder Monatsplanung ein oder mehrere Monatsthemen fest?

Die Planungsabsprache

Die eigentliche Planung ist seit der Monatsplanungssitzung klar. Eine **pädagogische Planungsabsprache,** die je nach den aktuellen Erfordernissen täglich oder nur einmal wöchentlich stattfindet, dient dem kurzen Austausch über die pädagogischen Aktivitäten des Tages und der daraus hervorgehenden Planung des oder der nächsten Tage.

Diese Zusammenkunft aller Pädagoginnen und Pädagogen sollte höchstens eine halbe Stunde dauern. Empfehlenswert sind Tageszeiten, in denen die Kinder wenig Betreuung brauchen, etwa die Mittagszeit oder die Zeit vor dem Frühstück. Mit den Kindern vereinbaren die Pädagoginnen und Pädagogen, dass sie sich in dieser Zeit selbst beschäftigen. Für alle wichtigen Anliegen der Kinder während dieser Absprache wird ein zuständiger Erzieher oder eine Erzieherin benannt.

Überprüfungsfragen

- Findet mindestens einmal wöchentlich eine Planungsabsprache statt?
- Planen die Pädagoginnen und Pädagogen auf der täglichen Planungsabsprache Angebote und Verantwortlichkeiten für den nächsten Tag und vermerken sie im Wochenkalender?

- Findet die Planungsabsprache in Phasen intensiver Projektarbeit deutlich häufiger statt?
- Dauert die Planungsabsprache etwa eine halbe Stunde?
- Ist während der Planungsabsprache eine Kollegin oder ein Kollege als Betreuungsperson für die Kinder eingeplant?

Der Wochenkalender

Im Eingangsbereich des Kindergartens, gut sichtbar für Kinder, Eltern und Pädagoginnen, hängt der **Wochenkalender** (→ S. 268). Er dient dazu, zeitlich festgelegte Planungen für Pädagoginnen und Pädagogen, Eltern und Kinder festzuhalten. Damit ergänzt der Wochenkalender den Lotusplan, auf dem nur eine ungefähre Abfolge an Themen festgehalten wird. Der Kalender soll Eltern sowie Pädagoginnen und Pädagogen Erinnerungsstütze für anstehende Vorhaben sein (geplante Ausflüge, Geburtstage, Mitzubringendes). Auch das Thema der Angebote wird hier kurz vermerkt, um Kollegen und Kolleginnen Übersicht zu verschaffen.

Gleichzeitig soll der Kalender den Eltern einen Einblick in die Tagesorganisation erlauben, weswegen auch die Abwesenheit von Mitarbeitern und Mitarbeiterinnen aufgrund von Urlaub oder Krankheit vermerkt wird, außerdem die Lage von längeren Vorbereitungszeiten. Dabei ist darauf zu achten, dass nur Angaben möglich sind, die Eltern ohnehin mitbekommen (wenn z. B. jemand fehlt), während betriebsinterne oder personenbezogene Informationen strikt vermieden werden (Negativ-Beispiele: „Personalgespräch Eva“, „Hüft-OP Vera“).

Überprüfungsfragen

- Vermerken die Pädagoginnen und Pädagogen im Wochenkalender das Monatsthema?
- Tragen sie das Thema der Angebote täglich ein, korrigieren sie es bei erklärungsbedürftigen Änderungen?

- Vermerken sie das Fehlen von Mitarbeitern und Mitarbeiterinnen aufgrund von Urlaub, Krankheit sowie Vorbereitungszeit im Kalender?
- Hängt der Wochenkalender an einer für Eltern, Kinder sowie Pädagogen und Pädagoginnen gut sichtbaren Stelle aus?
- Ist sichergestellt, dass keine vertraulichen Informationen auf dem Wochenkalender vermerkt sind (keine innerbetrieblichen Termine, keine personenbezogenen Informationen)?

Dokumentation

Wochenkalender

Die Dokumentationsplakate

Während das pädagogische Tagebuch (→ S. 46) eher einen knappen, anekdotenhaften Einblick in das aktuelle Tagesgeschehen ermöglichen kann, dienen **Dokumentationsplakate** dazu, einen intensiven Einblick in die aktuelle Bildungsarbeit und die damit verbundenen angestrebten Ziele zu geben. Es ist sinnvoll, für jeden Bildungsbereich ein eigenes Plakat über die aktuelle oder gerade abgeschlossene Arbeit auszuhängen. Neben Fotostrecken und Arbeitsproben oder Zeichnungen der Kinder sollten immer die mit dem Projekt verbundenen Ziele aus dem Bildungsplan auf dem Poster benannt werden.

Auch für Standardsituationen im Kindergartenalltag empfiehlt es sich, ab und an ein Dokumentationsplakat auszuhängen. Gerade bei der Gestaltung von Ausflügen, der Ruhezeit oder dem selbst organisierten Freispiel ist Eltern oftmals der pädagogische Wert nicht auf Anhieb klar. Hier können Plakate helfen, die Eltern auf den pädagogischen Hintergrund solcher Situationen aufmerksam zu machen, indem diese dann auch klar benannt werden.

Überprüfungsfragen

- Hängen die Pädagoginnen und Pädagogen für jeden Bildungsbereich regelmäßig Dokumentationsplakate über die aktuelle Arbeit und deren Zielsetzung aus?
- Hängen sie regelmäßig Dokumentationsplakate über Standardsituationen im Kindergartenalltag und deren pädagogischen Hintergrund aus?
- Verbinden sie auf den Plakaten Fotos oder Arbeitsproben mit klar benannten Zielsetzungen?
- Vermeiden die Pädagoginnen und Pädagogen im Schreibstil allzu kindertümelnde oder aussagelose Kommentare – wie z. B.: „Die Kinder hatten Spaß“, „Hoppla, hier komme ich“?

Dokumentation

Wochenkalender

Das pädagogische Tagebuch

Um das Geschehen im gesamten Kindergarten festzuhalten und zu dokumentieren, wird von den Bezugspädagogen und -pädagoginnen ein **pädagogisches Tagebuch** geführt. Hier finden sich Dokumentation über den Tagesablauf der Gruppe, also Informationen darüber, welche Angebote stattgefunden haben und wie die Resonanz der Kinder war. Das pädagogische Tagebuch ist ein kurzer Einblick in das zurückliegende Tagesgeschehen. Eltern können über die Informationen des Kalenders mit ihrem Kind oder den Pädagogen und Pädagoginnen ins Gespräch kommen.

Neben kurzen Texten (keine Stichwörter!) sollte das pädagogische Tagebuch auch Kinderbilder und Fotos enthalten. Damit kann es auch für Kinder höchst interessant sein, um darin zu blättern und sich an vergangene Zeiten zu erinnern. Das Buch wird an zentraler Stelle gelagert, sodass es Eltern und Kindern jederzeit zugänglich ist. Als Ergänzung zu dem Tagebuch können an gleicher Stelle Projektmappen und andere Dokumentationen pädagogischer Aktionen aufbewahrt werden.

Überprüfungsfragen

- Führen die Bezugspädagoginnen und -pädagogen in der Einrichtung ein pädagogisches Tagebuch?
- Halten sie darin kurze Informationen über Inhalte des Morgenkreises, das Angebot sowie weitere prägende Ereignisse des Tages fest?
- Achten sie darauf, dass im pädagogischen Tagebuch Bilder, Fotos, Souvenirs enthalten sind, die auch den Kindern einen interessanten Einblick in die zurückliegenden Zeiten erlauben?
- Ist das pädagogische Tagebuch für alle Eltern und Kinder zugänglich, um Einblick in das zurückliegende Geschehen zu erhalten?
- Stellen die Pädagoginnen und Pädagogen sicher, dass keine vertraulichen Informationen im Buch stehen?

Die individuelle Entwicklungsdokumentation

Für jedes Kind wird eine **individuelle Entwicklungsdokumentation** als **Portfolio** geführt, um dessen Entwicklung in Text und Bild zu dokumentieren. Verantwortlich dafür ist jeweils die Bezugspädagogin oder der Bezugspädagoge. Im Portfolio finden sich alle Dokumentationen über den individuellen Entwicklungsverlauf des Kindes: Neben Beobachtungs- und Entwicklungsbögen eignen sich dafür vor allem Foto- und Textdokumentationen über Lernschritte, sortiert nach Bildungsbereichen.

Das Portfolio ist eine Dokumentation für Kind, Pädagogen und Pädagoginnen sowie Eltern. Das Größerwerden, der Erwerb von Kompetenzen und das Lernen des Kindes werden anschaulich gemacht, damit schon kleinere Kinder verstehen, wie sie sich verändern und Stolz darüber entwickeln. Fotodokumentationen werden durch knappe, aber das Wesentliche beschreibende Kommentare ergänzt.

Gestaltung und Gebrauch des Portfolios

Für das Portfolio verwenden wir Aktenordner mit von Kinderhand zu bedienender Mechanik. Der Vorname soll auf dem Ordnerrücken in Großbuchstaben angebracht sein, damit das Kind sein Buch erkennt. Den Ordner gliedern wir nach allgemeinen Zielen und Bildungsbereichen. Die Dokumentationen zu diesen einzelnen Bereichen werden jeweils hintereinander geheftet, damit jeder sich von vorne nach hinten durch die Entwicklung des Kindes „hindurchblättern" kann. Wichtige Schriftstücke wie Entwicklungsbögen, Elterngesprächsprotokolle oder allgemeine Beobachtungen werden am Ende des Ordners abgeheftet. Vertrauliche erzieherinterne Informationen, die für Kinder und Eltern irritierend sein könnten, sowie auch ärztliche Bescheinigungen gehören nicht ins Portfolio. Sie werden in der Kinderkartei aufbewahrt.

Was enthält das Portfolio? Neben „Ich-Blättern", auf denen sich das Kind selbst mit seinen individuellen Eigenheiten vorstellt, enthält das Kindergarten-Portfolio Lernbeweise, auf denen erworbene Kompetenzen sowie die individuelle Entwicklung des Kindes durch Foto und Text dokumentiert werden. Immer, wenn eine neue (bedeutsame) Kompetenz hinzugekommen ist, wird dies auf einem solchen Lernbeweis-Blatt durch Text und Foto bewiesen: Das können bei älteren Kindern gezielt angestrebte Kompetenzen sein (die Erzieherin hat mit den Kindern Rolle vorwärts geübt, und nun beherrscht Jenny das ...), aber auch scheinbar „nebenher" erworbene Kompetenzen, wie es gerade für kleinere Kinder typisch ist (Sarah hat plötzlich stehen gelernt ...). Das Erreichen der Kompetenz wird dokumentiert, um dies dem Kind, den Eltern sowie den Pädagogen und Pädagoginnen bewusst zu machen. Ein Foto oder ein Text soll die Erinnerung an die Situation wach halten. Auf dem Blatt werden dafür ein oder mehrere Fotos aufgeklebt, die mit Datumsangabe und kurzem Erläuterungstext beschrieben werden. Geeignet sind auch Vorher-Nachher-Aufnahmen, bei denen der Fortschritt besonders sichtbar wird. Auf dem Blatt wird das jeweilige Ziel in der „Ich-kann"-Form eingetragen und unter dem Foto beschrieben, wie es erreicht wurde, in welcher Situation und auf welche Weise. Fotos werden immer mit Text erläutert. Schließlich soll auch Jahre später erkannt werden, was das

Kind auf dem Bild gerade gelernt hat: Würde z. B. Sarah bei ihrem ersten Stehversuch abgebildet sein, ohne dies zu kommentieren, wäre es später kaum möglich, herauszufinden, welche Kompetenz eigentlich auf dem Bild zu sehen ist – Fotos von stehenden Kindern sind schließlich nichts besonderes; nur allein die Tatsache, dass dieses Stehen das erste in ihrem Leben war. Die Erzieherin unterschreibt das Blatt und hält das Datum fest.

Wann wird dokumentiert, dass das Kind über eine neue Kompetenz verfügt? Wenn die Situation der Zielerreichung noch gegenwärtig ist. Hat ein Kind gerade erst seine Schuhe zubinden gelernt, bedeutet es noch etwas besonders, dass es sich nun ganz alleine ankleiden kann. Würde die Kompetenz erst ein Jahr später dokumentiert, wenn alle Kinder Schuhe zubinden können, würde das den meisten von ihnen höchst banal und unbedeutend vorkommen.

Die Portfolios haben ihren sichtbaren Platz im Raum der Bezugsgruppe des Kindes, damit die Kinder sich ihren Ordner selbstständig nehmen können, um darin zu blättern. Die Checklisten, auf denen vom Kind erreichte Ziele kurz notiert werden, werden im Portfolio abgeheftet und sind damit den Eltern jederzeit zugänglich. Sie werden den Eltern erklärt, damit diese in der Begleitung der Entwicklung eine aktive Rolle einnehmen können. Wenn den Eltern das Prinzip der Dokumentation von Entwicklung durch Auswahl von „Belegen“ erklärt wurde, können sie selbst aktiv mitwirken: Sie können aufschreiben oder fotografieren, wenn sie bei ihrem Kind beobachtet haben, dass es etwas Neues dazu gelernt hat. Diese Portfolio-Beweis-Blätter heften wir in das Kindergarten-Portfolio des Kindes ein. In den Elterngesprächen erfahren oder verabreden die Eltern, welche Ziele für ihr Kind in nächster Zeit verfolgt werden. Sie können nun genau darauf achten, ob eines dieser Ziele erreicht wird.

Überprüfungsfragen

- Führen die Bezugspädagogen für jedes Bezugskind ein Kindergarten-Portfolio?
- Wird das Kindergarten-Portfolio im Raum der Bezugsgruppe aufbewahrt?
- Ist der Ordnerrücken mit dem Vornamen des Kindes beschriftet?
- Befinden sich alle kindbezogenen Dokumentationen (Beobachtungsbogen, Entwicklungsbogen, Elterngesprächs-Protokoll) im Kindergarten-Portfolio?
- Ist das Kindergarten-Portfolio sinnvoll strukturiert und geordnet (nach Bildungsbereichen, darin Unterteilung in Jahre)?
- Finden sich für jeden Bildungsbereich umfangreiche Dokumentationen der Bildungsprozesse des Kindes?
- Ist das Kindergarten-Portfolio für die jeweiligen Eltern zugänglich, um Einblick in die Entwicklung ihres Kindes zu erhalten?
- Haben die Eltern die Möglichkeit, eigene Einschätzungen, Beobachtungen etc. in das Buch einzubringen?
- Ist das Kindergarten-Portfolio für die Kinder zugänglich, um einen Einblick in die eigene Entwicklung nehmen zu können?
- Stellen die Pädagoginnen und Pädagogen sicher, dass keine Fremden Einblick in das Buch bekommen?
- Stellen sie sicher, dass keine vertraulichen Informationen, welche die jeweiligen Eltern nichts angehen, im Buch stehen?
- Dokumentieren sie den Erwerb von Kompetenzen im Portfolio durch Fotos und erläuternde Texte?
- Werden Kompetenzen in engem zeitlichem Zusammenhang mit der Erreichung dokumentiert?
- Wird die Form „Ich kann/Ich kenne" verwendet?
- Laden die Pädagoginnen und Pädagogen Eltern ein, an der Dokumentation von Entwicklungsschritten ihres Kindes mitzuwirken?

Beobachtung

Welche besondere Förderung brauchen die Kinder, welche Potenziale zeigen sich bei ihnen? Um über solche Fragen nicht zu spekulieren, sondern klare Einschätzungen zu haben, werden immer wieder einzelne Kinder gezielt beobachtet.

Formen der Beobachtung: Sowohl einzelne Kinder als auch die Gesamtgruppe werden beobachtet. Beobachtung sollte unter besonderen Schwerpunkten stehen, wenn etwa das Verhalten der Kinder beim Freispiel untersucht wird oder die Nutzung bestimmter Räume. Bei der Planung von Bildungsangeboten ist es wichtig, durch Beobachtung den Stand und das Interesse der Kinder vorab zu ermitteln. Manchmal ergeben Beobachtungen Hinweise auf Teilleistungsstörungen. Hier sind immer über die Eltern Fachleute hinzuzuziehen, da nur diese kompetente Diagnosen treffen können.

Beobachtungsfragen: Beobachtungen brauchen eine Ausgangsfrage, die durch die gewonnenen Erkenntnisse beantwortet werden kann. Ziellose Beobachtungen sind in der Regel wenig aussagekräftig. Vor jeder Beobachtung wird gefragt: Was will ich wissen? Dabei kann es sich um konkrete Fragen handeln (Warum gerät T. beim Anziehen so in Wut?) wie auch um weitreichende Untersuchungen (Nutzung des Materialangebots im Bauraum) oder um Fragestellungen zur Ermittlung des Entwicklungs- und Kenntnisstandes in Bezug auf einzelne Handlungsfelder (Regelbewusstsein in der Verkehrserziehung). Für die Beobachtung ihrer Bezugskinder ist die jeweilige Bezugspädagogin zuständig. Die Fachpädagoginnen und Fachpädagogen in bestimmten Bildungsbereichen beobachten zusätzlich die Kinder in ihren Angeboten.

Gestaltung von Beobachtungssituationen: Beobachtungssituationen werden bewusst gestaltet. Beobachtung kann nur sinnvolle Ergebnisse bringen, wenn sich die beobachtende Pädagogin oder der Pädagoge für einen Zeitraum aus der Gruppe zurückziehen kann und in keine pädagogische Aktion eingebunden ist. Bei der Erstellung der Wochenplanung sind deshalb die Beobachtungszeiten anzumelden. Es ist sinnvoll, den Kindern den Sinn der Beobachtung offenzulegen und zu vereinbaren, dass in dieser Zeit die beobachtende Pädagogin oder der Pädagoge nur eingeschränkt ansprechbar ist.

Verschriftlichung von Beobachtungen: Gezielte Beobachtungen werden schriftlich festgehalten, um so die Ergebnisse für die Planung der Pädagogen und Pädagoginnen weiter verwenden zu können. Würden gezielte

Beobachtungen nicht aufgeschrieben, könnte sich in der Erinnerung der Eindruck allzu leicht verfälschen. Das Aufschreiben der Beobachtung wie des daraus getroffenen Fazits bewirkt, dass die gewonnene Erkenntnis mehr Bedeutung und Verbindlichkeit erhält. Aus der Vielfalt von Eindrücken wird beim Aufschreiben das Wesentliche herausgearbeitet.

Häufigkeit von Beobachtungen: Wie häufig Beobachtungen stattfinden, ist abhängig von der aktuellen Situation eines Kindes oder der Gruppe und von den Fragen, die sich bei der Planung eines Vorhabens ergeben. In einer kritischen Entwicklungsphase oder unter emotional schwierigen Umständen muss ein Kind beobachtet werden, um zu erfahren, was mit ihm los ist. Nestraumkinder, die ihre Bedürfnislage noch undifferenziert mitteilen, bedürfen öfter der Beobachtung als ältere und sprachgewandte Kinder. Kinder in Eingewöhnungsphasen brauchen ein höheres Maß an Beobachtung als Kinder, die ihren sicheren Stand in der Gruppe gefunden haben.

Fazit der Beobachtungen: Wenn die Beobachtungsergebnisse aufschlussreich waren, wird ein Fazit gezogen und dokumentiert. Bei allen Feststellungen, die weitere Planungen erfordern, ist darauf zu achten, dass der Planungszusammenhang – Beobachtungsbogen, Kindergarten-Portfolio und Entwicklungskonferenz – sichtbar ist.

? Überprüfungsfragen

- Führen die Pädagoginnen und Pädagogen Beobachtungen mit einer vorab festgelegten Untersuchungsfrage durch?
- Erläutern sie den Kindern den Sinn der Beobachtung?
- Ziehen sie bei den Beobachtungen in der Regel ein verwendbares Fazit?
- Überblicken sie, ob das Fazit aus den Beobachtungen weiter bearbeitet wird?
- Entwickelt das Team auf der Entwicklungskonferenz Fragestellungen für Einzelbeobachtungen?
- Heften die Pädagoginnen und Pädagogen die Beobachtungen in den geforderten Unterlagen ab (Kindergarten-Portfolio, Bezugsgruppenordner)?

- Beobachten sie Kinder in „schwierigen“ Lebensphasen?
- Beobachten sie Kinder hinsichtlich ihres Entwicklungsstandes?
- Beobachten sie die Kinder bei der Teilnahme an Bildungsangeboten, um Erkenntnisse in Bezug auf die eigene Planung zu gewinnen?

Dokumentation

- Formular: Beobachtungsbogen
- Protokoll: Pädagogische Entwicklungskonferenz

Testverfahren

Neben Beobachtungen können auch die Ergebnisse von **Testverfahren** Einfluss in die Planung der Förderung eines Kindes finden. Insbesondere die Ergebnisse des im Jahr vor der Einschulung stattfindenden Sprachstandstests müssen, wenn Förderbedarf eines Kindes nachgewiesen wurde, zu nachweisbaren Fördermaßnahmen führen. Diese werden auf der Entwicklungskonferenz besprochen und ein Fazit wird festgehalten. Im Elterngespräch wird dann über die festgehaltenen Fördermaßnahmen berichtet.

Bei Tests wie dem Sprachstandstest, die durch die Mitarbeiter und Mitarbeiterinnen des Kindergartens durchgeführt werden, gibt es in der Regel eine genaue Anleitung zur Durchführung und Auswertung. Darüber hinaus trägt der oder die Testdurchführende Sorge, dass das jeweilige Kind auch wirklich in der besten Lage ist, ein seinem Stand angemessenes Ergebnis zu bringen. In keinem Fall darf das Kind Angst vor dem Test haben, weil es z. B. befürchtet, seine Einschulung oder die Wertschätzung durch Eltern und andere Kinder würde davon abhängen. Das bedeutet in der Praxis: Die Kinder sind genau über den Sinn des Tests zu informieren. Die Erzieherin oder der Erzieher – in der Regel die vertraute Bezugserzieherin – verabredet mit dem Kind, dass es den Test dann mitmachen soll, wenn es sich gerade wach, mutig und bereit dazu fühlt. Der Test findet in einer Situation statt, in der das Kind sich wohl fühlt und in der keine anderen Kinder zugegen sind, mit denen es sich möglicherweise in Vergleich setzen könnte. Aus dem gleichen Grund werden auch die Ergebnisse dem einzelnen Kind nur mit Bedacht mitgeteilt, während die anderen Kinder darüber nichts erfahren.

Standardisierte Testverfahren bergen immer die Gefahr, dass bei Kindern Defizite festgestellt werden, weil sie über Fehler und Schwierigkeiten im Testaufbau stolpern oder in der Testsituation verängstigt sind. Bevor aufgrund eines Testergebnisses für ein Kind Fördermaßnahmen überlegt werden, sollten diese immer noch einmal mit dem Eindruck der Erzieherinnen und der Eltern abgeglichen werden. Wenn sie das Gefühl haben, ein festgestelltes Defizit ist in der alltäglichen Situation nicht vorhanden, kann dies durch eigene gezielte Beobachtungen überprüft und gegebenenfalls widerlegt werden.

Überprüfungsfragen

- Ziehen die Pädagoginnen und Pädagogen die Ergebnisse von Testverfahren in die Fallbesprechung auf der Entwicklungskonferenz mit ein?
- Führen festgestellte Defizite eines Kindes zu Fördermaßnahmen, die auf der Fazitseite des Entwicklungsbogens dokumentiert werden?
- Führen die Pädagoginnen und Pädagogen einen Test immer nur dann mit einem Kind durch, wenn es aufgrund seines Wohlbefindens in der optimalen Lage dazu ist?
- Vermeiden sie konsequent Aussagen über den Sinn des Tests, die das Kind verunsichern könnten?
- Stellen sie sicher, dass bei der Testdurchführung und bei der Auswertung wirklich nur die vertraute Testdurchführerin (in der Regel die Bezugspädagogin) zugegen ist?
- Hinterfragen sie im Test festgestellte Defizite kritisch, indem sie mit dem sonstigen Eindruck von diesem Kind verglichen werden?
- Wird bei Abweichungen zwischen Testergebnis und Eindruck der Pädagogin bzw. des Pädagogen durch gezielte Beobachtungen überprüft, wie sich das Kind zu den getesteten Punkten in Alltagssituationen verhält?

Dokumentation

Formular: Entwicklungseinschätzung

Das jährliche Bildungsinterview

Zur Erfassung des Sprachstandes jedes einzelnen Kindes wird bei allen Kindern ab drei Jahren **jährlich ein Bildungsinterview** durchgeführt, bei dem die sprachlichen Äußerungen des Kindes wortgetreu erfasst und ausgewertet werden. In der Praxis ist es sinnvoll, dieses Gespräch im Rahmen der jährlichen Portfoliowoche stattfinden zu lassen. Hier setzt sich die Bezugserzieherin mit allen Kindern einzeln zusammen, um gemeinsam das Portfolio durchzublättern und über einzelne Seiten zu sprechen. Um das Gespräch im Nachhinein wortgetreu protokollieren zu können, wird ein Aufnahmegerät verwendet.

Die Erzieherin und der Erzieher können sich an bestimmten Fragen orientieren, aber auch völlig andere Punkte zum Portfolio mit dem Kind bereden. Es geht darum, wie mit den Ergebnissen des Gesprächs weiter gearbeitet wird: Über eventuell festgestellten Förderbedarf eines Kindes wird spätestens auf der nächsten Entwicklungskonferenz gesprochen, und es werden klare Fördermaßnahmen festgelegt. Bei einer weiteren Konferenz wie beim nächsten Bildungsinterview wird überprüft, wie weit diese Förderung Erfolge erbracht hat.

Überprüfungsfragen

- Führen die Pädagoginnen und Pädagogen mit jedem Kind ab drei Jahren ein jährliches Bildungsinterview durch?
- Findet das Bildungsinterview einzeln mit jedem Kind und dessen Bezugserzieherin statt?
- Ist die aktuelle Situation des Kindes und seine Entwicklung Thema des Interviews? Führen die Pädagoginnen und Pädagogen das Interview anhand des Portfolios durch?

- Protokolliert die Erzieherin oder der Erzieher während oder nach dem Interview alle Äußerungen des Kindes wortgetreu?
- Bespricht das Team festgestellten Förderbedarf und überblickt auf den Entwicklungskonferenzen, ob die Fördermaßnahmen Erfolg zeigen?
- Informieren die Erzieher die Eltern über einen festgestellten Förderbedarf, um sie in die Förderung des Kindes aktiv einbinden zu können?

Entwicklungseinschätzung

Einmal im Halbjahr werden bei jedem Kind dessen Entwicklung, sein Wohlbefinden und die aktuelle Bedürfnislage betrachtet. Dafür füllt die Bezugspädagogin des Kindes gemeinsam mit den Fachspezialisten den **Entwicklungsbogen** (→ S. 257 f.) aus. Die auf dem Blatt vorgegebenen Leitfragen dienen zur Orientierung. Bei allen Eintragungen ist zu bedenken, dass die Einschätzungen so aussagekräftig und verständlich sein müssen, dass sie auch noch mehrere Jahre später und auch von anderen Kollegen und Kolleginnen verstanden werden können. Es sollte mit Hilfe der Bögen möglich sein, die Entwicklung jeden Kindes auch über Jahre präzise zu erfassen, indem die Besonderheiten aus den Eintragungen deutlich werden.

Positiv-Formulierungen: Der pädagogischen Grundauffassung entspricht, mehr auf die Fähigkeiten und Potenziale des Kindes als auf dessen mögliche Defizite zu schauen. Diese Sichtweise sollte sich bei den Eintragungen niederschlagen. Positiv-Formulierungen („kann schon sicher krabbeln") sind auch deswegen angemessen, weil der Entwicklungsbogen im Kindergarten-Portfolio abgeheftet wird, das am Ende den Eltern auch als eine Art Erinnerung an die Kindergartenzeit mitgegeben wird.

Elterneinschätzung: Vor dem in Anschluss an die Entwicklungskonferenz erfolgenden Elterngespräch werden auch die Eltern eingeladen, einen solchen Bogen auszufüllen. So kommen unterschiedliche Einschätzungen von zwei Seiten zusammen, die sich entsprechen, ergänzen oder auch widersprechen können. Eltern sowie Erzieher und Erzieherinnen gehen beide vorbereitet in das Entwicklungsgespräch und haben eine klare Gesprächsgrundlage.

Fazitseite für die Entwicklungskonferenz: Die letzte Seite des Entwicklungsbogens ist für ein Fazit aus der Entwicklungseinschätzung bestimmt. Sie wird bei der Entwicklungskonferenz (→ S. 57) ausgefüllt, wenn für das Kind eine bestimmte Maßnahme oder ein „Augenmerk" verabredet wird. Diese Fazitseite dient als individuelles Protokoll für die kindbezogenen Verabredungen und kann in diesem Sinne einen Förderplan ersetzen.

Überprüfungsfragen

- Nutzen die Pädagoginnen und Pädagogen die jeweiligen altersabgestimmten Bögen für die Entwicklungseinschätzung?
- Sind die Eintragungen auf den Bögen auch im Nachhinein allgemein verständlich? Wird aus den Eintragungen die Besonderheit jedes Kindes deutlich?
- Beschreiben die Pädagoginnen und Pädagogen mit den Eintragungen überwiegend Potenziale und weniger Defizite?
- Laden sie die Eltern ein, vor dem Elterngespräch selbst einen Bogen auszufüllen? Wird ihnen im Voraus erklärt, wie der Bogen zu verwenden ist?
- Nutzen sie die dritte Seite des Bogens zum Festhalten des Fazits und verabredeter Maßnahmen zur speziellen Förderung?

Dokumentation

Formular: Entwicklungseinschätzung

Die Entwicklungskonferenz

Ziel der **Entwicklungskonferenz** ist es, allen Kolleginnen und Kollegen umfassende Kenntnisse über die Kinder zu vermitteln und dabei das pädagogische Vorgehen der Einzelnen im Team zu reflektieren. Im Regelfall findet die Sitzung im zeitlichen Zusammenhang mit der Entwicklungseinschätzung des Kindes und dem Elterngespräch statt. Jede Bezugspädagogin bereitet die Besprechung der eigenen Kinder durch das Ausfüllen der Entwicklungseinschätzung vor und ergänzt die Einschätzungen der Kollegen und Kolleginnen, insbesondere in Bezug auf deren Einschätzungen in den Bildungsbereichen.

Die Ergebnisse dieser Besprechung, die in der Regel neue Zielsetzungen, fördernde Maßnahmen oder Beobachtungen des Kindes unter bestimmten Aspekten beinhalten, werden auf dem Entwicklungsbogen als Fazit festgehalten.

Überprüfungsfragen

- Findet monatlich eine Entwicklungskonferenz statt, bei der aktuelle Problemlagen in den Gruppen besprochen werden?
- Werden auf der Entwicklungskonferenz jeweils genügend Fälle besprochen, so dass nach Ablauf eines halben Jahres alle Kinder vor dem Vorschulalter einmal thematisiert wurden?
- Werden vor der Entwicklungskonferenz die Pädagoginnen beauftragt, besonders dringliche Fälle zur Besprechung vorzuschlagen?
- Werden auf der Entwicklungskonferenz kindbezogene Feststellungen und Maßnahmen geplant, indem die Ergebnisse der Beobachtung systematisch genutzt werden?
- Werden die Fragestellung und Ergebnisse der Entwicklungskonferenz auf dem Entwicklungsbogen festgehalten und im Kindergarten-Portfolio abgeheftet?

Dokumentation

Formular: Entwicklungseinschätzung

Die Fachkonferenz

Inhalt der jährlich stattfindenden **Fachkonferenz** sind allgemeine pädagogische Fragestellungen, die mit der Entwicklung der pädagogischen Arbeit der Einrichtung zusammenhängen. Als Beispiele können gelten: Es muss ein neues Tagesablaufmodell entwickelt werden. Der Kindergarten möchte aufgrund der Evaluationsergebnisse den Schwerpunkt Sexualpädagogik intensiv bearbeiten. Die Umsetzung des Raumkonzepts bedarf einer generellen Überarbeitung.

Die Leiterin bereitet diesen Tag vor und legt das Thema fest, indem sie den Bedarf des Teams erfragt und mit der Jahresplanung/Evaluation wie auch unternehmensweiten Anforderungen abgleicht.

Überprüfungsfragen

- Findet die pädagogische Fachkonferenz einmal jährlich statt?
- Steht die Themenstellung der Fachkonferenz mit der Maßnahmeplanung des Kindergartens oder unternehmensweiten Anforderungen in Bezug?

Dokumentation

Sitzungsprotokoll

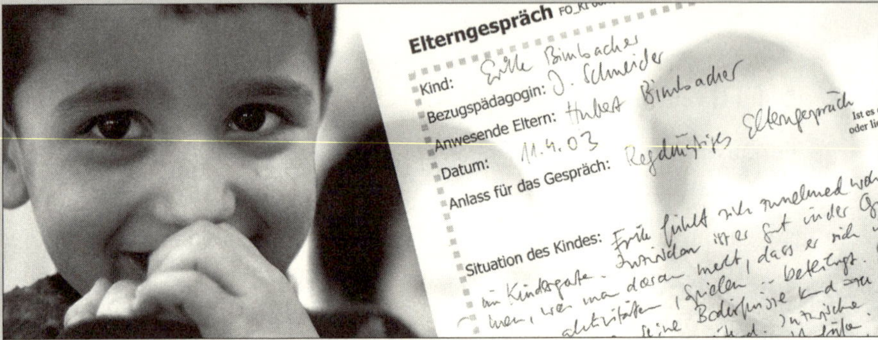

Die Kindergruppe als Grundbaustein pädagogischer Arbeit

Im folgenden Kapitel geht es um die **Organisation der Kindergruppen.** Es wird beschrieben, mit welchen Mitteln Freiräume für gruppenoffene Arbeit geschaffen und daneben verbindliche kleine Gruppen gefördert werden. Erläutert wird, wie die pädagogische Arbeit zu organisieren ist, damit sich jedes Kind in der Gruppe möglichst gut aufgehoben fühlt – egal, wie alt es ist, ob es zu auffälligem Verhalten neigt, eine Behinderung hat oder aus einem anderen Land kommt. Um diesen Anspruch zu erfüllen, geben die Pädagoginnen und Pädagogen eine Struktur vor: Wann treffen alle zusammen? Wann ist man in kleineren Gruppen unter sich? Die Kinder brauchen Begleitung, um sich in der Gruppe orientieren, einbringen, behaupten und wohl fühlen zu können.

Das Prinzip der gruppenoffenen Arbeit

In den KLAX-Kindergärten wird das Prinzip der **gruppenoffenen Arbeit** umgesetzt. Das heißt, dass es im Kindergarten keine ganztägige Einteilung in feste Gruppen gibt. Über weite Teile des Tages stehen alle Räume des Kindergartens jedem Kind offen, alle Pädagoginnen und Pädagogen bringen sich in die Betreuung jedes Kindes ein. Kerngedanke der gruppenoffenen Arbeit ist, dass es für Kinder ein wichtiges Übungsfeld und ein Bedürfnis ist, sich einer kleineren Gruppe zuzuordnen. Im gruppenoffenen Gesamtzusammenhang suchen sich Kinder „ihre" Gruppe selbst und entscheiden auch selbst, wann sie die Gruppe wieder verlassen möchten. Die Aufgabe der Gruppenbildung liegt also in der Verantwortung der Kinder und ist somit losgelöst von den Entscheidungen der Pädagoginnen und Pädagogen.

Der gruppenoffene Ansatz ermöglicht es, ein großzügiges und an die Bedürfnisse der Kinder angepasstes Raumprogramm anzubieten: Statt enger Ballung verschiedener Funktionen in einem Raum finden die Kinder in Funktionsräumen optimale Möglichkeiten zur Vertiefung in selbst gewählte Tätigkeiten. Es ist Ziel der gruppenoffenen Arbeit, Kinder zu befähigen, sich nach ihren Bedürfnissen tagtäglich für bestimmte Tätigkeiten selbst zu entscheiden. Trotzdem haben die pädagogischen Fachkräfte die Aufgabe, alle Kinder nicht nur in ihren Vorlieben zu stärken, sondern sie auch an Tätigkeiten heranzuführen, die sie von sich aus umgehen, weil sie möglicherweise damit Schwierigkeiten haben. Ein Beispiel: Ein in seiner motorischen Entwicklung verzögertes Kind benötigt besondere Förderung im Bewegungsraum, auch wenn es diesen Raum von sich aus meidet, weil es Misserfolgserlebnisse befürchtet. Aus diesem Grund wird gerade in der gruppenoffenen Arbeit im Team überblickt, welche Angebote ein Kind wahrnimmt und wo gezielte Förderung angebracht ist.

Überprüfungsfragen

- Suchen sich die Kinder ihre Ansprechpartner – pädagogische Fachkräfte und andere Kinder oder Kindergruppen – selbstständig und ohne Einschränkung aus?

- Können sich die Kinder im Rahmen der als Regeln festgelegten Verabredungen frei in allen Kinderräumen bewegen? Ausnahmen gelten für Nest- und Hortraum.
- Verfügen die Räume über Funktionen, die mit den Bedürfnissen der Kinder korrespondieren?
- Ist das Raumgefüge für Kinder eindeutig erkennbar? Drückt sich die Raumfunktion in Gestaltung und Ausstattung klar aus?
- Ist hinsichtlich der Aufsichtspflicht klar geregelt, wer täglich für welche Räume die Aufsicht übernimmt?
- Ist die Benutzbarkeit aller Räume für die Kinder gesichert? Die Aufsicht einer Pädagogin oder eines Pädagogen kann sich bei Bedarf auch über benachbarte Räume erstrecken. Die pädagogischen Fachkräfte müssen die Kinder nicht unbedingt sehen, aber wissen, wo sie sind und was sie tun.
- Haben die pädagogischen Fachkräfte Überblick, an welchen Angeboten jedes einzelne Kind vorzugsweise teilnimmt? Können sie im Abgleich mit den Entwicklungsbögen feststellen, in welchen Bereichen gezielter Förderbedarf besteht?
- Werden die Kinder im Sinne individueller Förderung eingeladen, an für ihre Entwicklung wichtigen Angeboten teilzunehmen? Wird ihnen erklärt, warum dies sinnvoll für sie ist?
- Haben die Kinder auch bei geschlossenen Angeboten für ihre Altersgruppe die Möglichkeit, nicht daran teilzunehmen?

Dokumentation

Formular: Entwicklungseinschätzung

Das Bezugsgruppensystem

Auch wenn der KLAX-Kindergarten weitgehend gruppenoffen arbeitet, ist es unumgänglich, **kleinere Bezugsgruppen** zu bilden. Viele Kinder haben das Bedürfnis, sich in einer überschaubaren Gruppe auszutauschen und eine verlässliche erwachsene Ansprechpartnerin zu haben. Deshalb bilden etwa zehn Kinder eine Bezugsgruppe, die von einem Erwachsenen betreut wird.

Das **Bezugspädagogensystem** sichert Kindern und Eltern die Ansprechpartner, legt aber keineswegs fest, mit welchem Erwachsenen das Kind die über den ganzen Tag verteilten Angebote wahrnehmen soll. Sinnvoll ist es jedoch, den Tag mit einem Morgenkreis in der Bezugsgruppe zu beginnen, denn dadurch sichert die Bezugspädagogin, dass sie zu Beginn eines jeden Tages Einblick in die Gefühlslagen ihrer Bezugskinder bekommt. Für die Kinder bietet der Morgenkreis in der Bezugsgruppe den Vorteil, in einer kleinen und überschaubaren Gruppe miteinander kommunizieren zu können.

Optimal wäre, wenn die Kinder jeder Bezugsgruppe besonders enge Bindungen untereinander entwickeln. Damit die Bezugsgruppen dieses Anliegen unterstützen, werden sie nach Altersgruppen zusammengesetzt. Sie sind also altershomogen, wobei die Alterszugehörigkeit eines Kindes lediglich als Richtwert gilt. Ausschlaggebend sollte sein Entwicklungsstand sein. Bei der Zusammenstellung der Kinder gewährleistet wird, dass die Bezugsgruppen annähernd gleich groß sind. Bei einer ungleich verteilten Altersstruktur im Kindergarten kann es aber auch Bezugsgruppen geben, in denen Kinder einer größeren Altersspanne zusammentreffen. Besonders zahlreiche Altersgruppen können in zwei Bezugsgruppen betreut werden. Hintergrund dieses Vorgehens ist die Einschätzung, dass Kinder von sich aus gern die Gemeinschaft mit Gleichaltrigen suchen. Auch für die Bezugspädagogin haben altershomogene Bezugsgruppen einen großen Vorteil: Bei der Einschätzung des Entwicklungsstandes der Kinder in der Bezugsgruppe kann sie sich auf die überwiegende Altersgruppe konzentrieren.

Überprüfungsfragen

- Ist jedem Kind eine Bezugspädagogin zugeordnet?
- Werden die Bezugsgruppen nach Altersgruppen eingeteilt? Unter Umständen legt die Belegung es nahe, mehrere Bezugsgruppen für die Kinder zwischen zwei und sechs Jahren zu bilden.
- Teilen die Pädagogen die Kinder dergestalt nach Alter ein, dass alle Bezugsgruppen eine ähnliche Anzahl an Kindern aufweisen?
- Erleben die Kinder die Morgenkreise in der Regel in der Bezugsgruppe?
- Können die Kinder außerhalb der Kreisphasen Angebote anderer Pädagoginnen und Pädagogen wahrnehmen? Sind sie nicht nur an die Angebote ihrer Bezugspädagogin gebunden?
- Nehmen die Bezugspädagoginnen eine herausgehobene Verantwortung für die soziale und persönliche Entwicklung ihrer Bezugskinder wahr, indem sie kindbezogen planen?
- Ist gesichert, dass die Kinder einer Bezugsgruppe ihre Bezugspädagogin während der Kindergartenzeit in der Regel behalten?
- Treten die Bezugspädagoginnen als wichtigste Ansprechpartnerinnen der Eltern ihrer Bezugskinder auf?

Dokumentation

Kinderentwicklungsbuch, Entwicklungsbogen, Beobachtungsbogen, eventuell Förderplan, Protokolle der Elterngespräche

Altersgemischte und altersgetrennte Phasen

Erfahrungen mit reiner Altersmischung haben gezeigt, dass sowohl altersgemischte Phasen wie altershomogene Phasen Vorteile haben. Es ist also nicht sinnvoll, sich auf nur ein Modell festzulegen. **Altersmischung** hat vor allem für das Voneinander-Lernen im Kindergarten große Bedeutung: Ältere Kinder geben ihr Wissen und ihre Erfahrungen an jüngere weiter, können auf manchen Gebieten aber auch von ihnen lernen. So erfahren Kinder einander als Spezialisten und als Lernende in den unterschiedlichsten Bereichen. Im altersgemischten Kindergarten erleben Kinder im Laufe der Zeit, in welchen Bereichen sie ihre Kompetenzen erweitert haben, indem sie anderen etwas beibringen, das sie zuvor selbst gelernt haben. Sie erleben Lernen und Entwicklung als natürlichen Prozess.

Die **Alterstrennung** hingegen bietet den Vorteil, dass Kinder mit ähnlichem Entwicklungsstand aufeinander treffen. Weil sie sich in ähnlichen Entwicklungsprozessen befinden, teilen sie häufig das Interesse an bestimmten Fragen. Geht man davon aus, dass Kinder sich Bildung vor allem in der Ko-Konstruktion – also miteinander – erschließen, ist eine zeitweise Alterstrennung durchaus sinnvoll.

Die Vorteile der Altersmischung kommen eher in alltäglichen Phasen und zufälligen Spielsituationen zum Tragen, während Alterstrennung vor allem bei Bildungsangeboten des pädagogischen Fachpersonals sinnvoll ist. Aus diesem Grund sind offene Phasen des Tagesablaufs sowie Mahlzeiten und Feiern altersgemischt gestaltet, während in den Kreisphasen und bei geschlossenen Bildungsangeboten in der Regel altershomogen gearbeitet wird. Kleinkinder im Alter von null bis zwei Jahren sind nur bedingt in die Altersmischung einbezogen. Sie werden in besonderen Nesträumen des Kindergartens betreut. Dort fühlen sie sich in eine Gruppe von Kindern mit ähnlichem Alter und Entwicklungsstand aufgehoben.

? Überprüfungsfragen

- Können die Kinder jeder Altersgruppe in den offenen Phasen gemeinsam mit Kindern anderen Alters spielen und lernen?
- Gestalten die Erzieher und Erzieherinnen die Mahlzeiten und Feiern altersgemischt?
- Verfügen die Kinder in der altersgemischten Gruppe über Möglichkeiten, sich entsprechend ihrem Alter zu beschäftigen, abzugrenzen und zurückzuziehen?

- Halten die pädagogischen Fachkräfte täglich offene Lern- und Spielangebote bereit, die für alle Altersgruppen im Kindergarten angemessen sind?
- Gestalten die Pädagoginnen und Pädagogen täglich geschlossene Lern- und Spielangebote, die auf die speziellen Bedürfnisse einzelner Altersgruppen abgestimmt sind?
- Sind die Morgenkreise überwiegend altershomogen gestaltet?

Dokumentation

Monatsplanungsbogen

Die Beziehung zwischen Pädagogen und Kindern

Die persönliche Grundhaltung der Pädagoginnen und Pädagogen gegenüber Kindern, ihr „Bild vom Kind“ (→ S. 23 f.) ist von maßgeblicher Bedeutung für die Atmosphäre im Kindergarten. Es ist für die kognitive, emotionale und soziale Entwicklung der Kinder entscheidend, wie gut sich die pädagogischen Fachkräfte in die Bedürfnislage der ihnen anvertrauten Kinder versetzen können, um ihnen **verlässliche Beziehungspartner** zu sein.

Wenn Kinder die Qualität ihres Kindergartentages einschätzen, spielt es eine große Rolle, ob sie sich verstanden oder nicht verstanden, gerecht oder ungerecht behandelt fühlen. Sie können ihre Interessen, Bedürfnisse und Bewertungen oft nur verschlüsselt, für Erwachsenen mitunter nicht immer eindeutig zum Ausdruck bringen. Das pädagogische Fachpersonal steht daher vor der Aufgabe, trotz uneindeutigen oder „störenden“ Verhaltens der Kinder zu ergründen, welche Bedürfnisse sich dahinter verbergen. Den Kindern muss dabei immer vermittelt werden, dass sie grundsätzlich auf Akzeptanz vertrauen können.

Die Fähigkeiten der Kinder, komplizierte Verhaltensweisen und Gefühlslagen anderer einzuordnen, entwickeln sich erst. Deshalb erwarten die Kinder im Trubel des Alltags von den Erwachsenen Verlässlichkeit und Eindeutigkeit. Aufgabe des pädagogischen Fachpersonals ist es, im eigenen Verhalten Klarheit und Verständlichkeit zu zeigen und im Tagesablauf darauf zu achten, dass die Kinder an Vertrautes anknüpfen können.

Überprüfungsfragen

- Ist der Umgang mit den Kindern von Akzeptanz und Respekt geprägt?
- Nehmen die Pädagoginnen und Pädagogen die aktuelle Befindlichkeit des einzelnen Kindes wahr? Gehen sie darauf ein?
- Hören die pädagogischen Fachkräfte den Kindern aufmerksam zu? Reden sie in einer klaren, respektvollen Sprache mit den Kindern? Kommunizieren sie mit den Kindern wertschätzend, überwiegend fragend, dem einzelnen Kind zugewandt?
- Akzeptieren die Pädagoginnen und Pädagogen die Sichtweise der Kinder? Kennen sie die Bedeutung der kindlichen Weltsicht?
- Vermeiden es die Pädagoginnen und Pädagogen strikt, Verhaltensweisen der Kinder moralisierend zu bewerten? Begründen sie auch in heiklen Situationen sachlich, warum bestimmte Verhaltensweisen unangebracht sind?
- Suchen die pädagogischen Fachkräfte mit dem Kind gemeinsam nach Problemlösungen?
- Begründen die Pädagoginnen und Pädagogen den Kindern ihr Handeln altersangemessen?
- Verdeutlichen sie ihr Handeln den Kindern gegenüber durch Arbeitsroutinen wie wiederkehrende Gesten, Ansagen und Handlungsfolgen?

Die Beziehung der Kinder untereinander

Für alle Prozesse des sozialen Lernens im Kindergarten ist die Qualität der **Beziehungen der Kinder untereinander** von maßgeblicher Bedeutung. Um vielfältige Beziehungen der Kinder untereinander zu ermöglichen, müssen die pädagogischen Fachkräfte entsprechende Rahmenbedingungen gewährleisten: Durch zurückhaltendes Sich-Einbringen vermeiden sie, dass die Kinder vorwiegend mit Erwachsenen Beziehungen aufbauen. Indem sie eine Vielfalt an Aktionsorten bereitstellen, erreichen sie, dass die Kinder den Tag in unterschiedlichen Gruppengrößen miteinander verbringen. Etablieren sie akzeptierte Regeln des Zusammenlebens, gewährleisten sie, dass kein Kind in der Gruppe untergeht oder sich schlecht fühlt, auch wenn sie die Kinder zurückhaltend begleiten.

Überprüfungsfragen

- Finden die Kinder im Raumgefüge des Kindergartens und im Freigelände eine Vielfalt an Orten, an die man sich zu zweit, in größeren oder kleineren Gruppen ungestört zurückziehen kann?
- Finden die Kinder in jeder Phase des Tages Zeiten, an denen sie sich in selbst gewählten Gruppen aus dem Gesamtgeschehen zurückziehen können?
- Wird das Geschehen im Kindergarten hauptsächlich durch das Agieren der Kinder geprägt, also nicht von den Handlungen der Erwachsenen dominiert?
- Bringen sich die Pädagoginnen und Pädagogen in Aktionen, die von Kindern ausgehen, zurückhaltend ein, wenn das von den Kindern gewünscht wird? Agieren sie als gleichberechtigte Partner der Kinder?
- Vermitteln die pädagogischen Fachkräfte, dass sie erreichbar sind, auch wenn sie das Geschehen nicht in jeder Einzelheit im Auge haben? Vermitteln sie dadurch Sicherheit, nicht Kontrolle?

Regeln in der Gruppe

Um in einer Gruppe gut miteinander auszukommen, bedarf es **Regeln.** Je stärker die pädagogischen Fachkräfte die Kinder in die Gestaltung des Alltags im Kindergarten einbeziehen, desto wichtiger werden Regeln, die von allen Kindern akzeptiert und getragen werden. Regeln müssen gemeinsam ausgehandelt werden.

Da Kindergartenkinder abstrakte Regeln ohne Bezug zur realen Situation nicht verstehen, sollten solche Festlegungen immer im Zusammenhang mit eindringlichen Situationen getroffen werden. Dabei kann es sich zum Beispiel um Konflikte unter Kindern oder Gefahrensituationen handeln. Werden Regeln gemeinsam ausgehandelt, können Kinder sie auch hinterfragen. Die pädagogischen Fachkräfte sollten sich in die Regelfindung mit ihren Anforderungen hinsichtlich Gefahrenabwehr und Aufsichtspflicht einbringen und verständlich und einsehbar erläutern, warum eine Situation der Regelung bedarf.

Überprüfungsfragen

- Werden Regeln von allen betroffenen Kindern gemeinsam ausgehandelt?
- Werden Regeln immer im Zusammenhang mit aktuellen Vorfällen im Kindergartenalltag erarbeitet?
- Werden getroffene Regelungen regelmäßig überprüft und gegebenenfalls verändert?
- Werden Regeln im Bewusstsein der Kinder verankert, indem sie in altersgerechter Form aufgezeichnet und ausgehängt oder sprachlich ritualisiert werden? Beispiele: Regelplakate mit Bildsymbolen zur Erinnerung, Hand heben und Stopp sagen

Partizipation im Kindergarten

Im Kindergarten begegnen die Kinder zum ersten Mal in ihrem Leben einer größeren Gruppe, in der es nötig ist, eigene Interessen mit denen der Gesamtgruppe zu vergleichen. Der Kindergarten ist der Ort, an dem die Kinder erste Erfahrungen in demokratischem Zusammenleben sammeln können.

Lernort für Demokratie kann der Kindergarten jedoch nur sein, wenn Entscheidungen nicht hauptsächlich von Erwachsenen oder stärkeren und älteren Kindern getroffen werden. Es reicht auch nicht aus, Kinder an nebensächlichen Entscheidungen zu beteiligen, ihnen zum Beispiel die Auswahl zwischen zwei vorgeplanten Aktionsangeboten zu lassen. Ein wesentliches Element für Demokratie im Kindergarten ist die **Kinderkonferenz:** Hier finden die Kinder ein Forum, bei dem durch gemeinsame Regeln gesichert ist, dass jeder zu Wort kommt und auf alle Vorschläge eingegangen wird. In diesem Forum können prinzipiell alle Fragen des Zusammenlebens im Kindergarten besprochen werden, auch wenn bestimmte Regelungen, zum Beispiel die Aufsichtspflicht, nicht zur Disposition stehen. Kinderkonferenzen werden nicht nur bei Fragen der gemeinsamen Tagesgestaltung einberufen, sondern insbesondere zur Klärung von Konfliktsituationen, um einen Interessenausgleich herbeizuführen. Die Pädagoginnen und Pädagogen treten dabei eher in der Rolle von Experten auf, die über Möglichkeiten und Grenzen Auskunft geben können. Sie haben nicht das Recht, den Verlauf der Konferenzen wesentlich zu bestimmen, Machtwörter zu sprechen oder falsches Verhalten emotionalisiert zu beklagen. Kinderkonferenzen finden in für Kinder erfahrbarer Regelmäßigkeit statt, damit sie sich an diese Form der Mitbestimmung gewöhnen können. Schon aus Altersgründen sollten nicht immer alle Kinder daran teilnehmen. Konferenzen können auch einberufen werden, wenn interessierte Kinder spezielle Themen besprechen wollen. Dazu gehören etwa Speisepläne, Gartengestaltung, Angebotsplanung.

Überprüfungsfragen

- Finden mindestens einmal monatlich Kinderkonferenzen statt, bei denen auf Vorschlag der Kinder oder des pädagogischen Fachpersonals Fragen des Zusammenlebens erörtert werden?
- Finden Kinderkonferenzen regelmäßig – gleicher Wochentag, ähnliche Uhrzeit – statt? Werden sie angekündigt?
- Werden Kinderkonferenzen insbesondere zur Klärung von Konfliktfällen oder zur Planung besonderer Vorhaben einberufen?
- Werden Regeln des Miteinander-Sprechens und Akzeptierens von getroffenen Entscheidungen gemeinsam festgelegt?
- Treten die Pädagoginnen und Pädagogen als Experten sachlich und zurückhaltend auf, ohne ihre Vorstellung um jeden Preis durchsetzen zu wollen?
- Werden die Kinder im Alltag immer wieder ermuntert, ihre Anliegen in den Konferenzen vorzubringen, um so ein Forum zu etablieren, auf das sie vertrauen können?
- Werden gemeinsam gefundene Lösungen nachweisbar mit Unterstützung der Pädagoginnen und Pädagogen umgesetzt?
- Begründen die Pädagoginnen und Pädagogen den Kindern ausführlich und einsehbar, warum eine vorgeschlagene Lösung nicht realisierbar ist?

Dokumentation

Monatsplanungsbogen

Umgang mit Aggression und Konflikten

Konfliktsituationen gehören zum Alltag des menschlichen Zusammenseins. Sie reichen von kleinen Meinungsverschiedenheiten bis zum handfesten Streit. Im Kindergarten können Kinder den **gewaltfreien Umgang mit Konflikten** lernen. Dazu müssen sie Konfliktfähigkeit erwerben: Sie müssen lernen, eigene Wünsche und Interessen auszudrücken, aber auch die anderer zu erkennen und zu respektieren. Sie müssen lernen, Spannungen zu ertragen und Kompromisse auszuhandeln. So erwerben sie die Bereitschaft zum Nachgeben und zur Selbstbehauptung. Konfliktfähigkeit ist notwendig für die Entwicklung von Selbstvertrauen und Selbstständigkeit.

Um konfliktfähig zu sein, müssen Kinder grundlegende Kompetenzen entwickeln: Sie müssen zur Empathie fähig sein, also die Perspektive ihres Gegenübers einnehmen und verstehen können. Sie müssen Regeln der Gesprächsführung kennen, um einen Konflikt nicht durch falsche Worte oder Nicht-Ausreden-Lassen zu verstärken. Sie müssen die Fähigkeit zum Kompromiss und zur Solidarität erwerben. All diese Kompetenzen werden in gezielten Lernprozessen gefördert.

Konfliktfähigkeit fördern bedeutet nicht, dass Kinder ihre Aggressionen „für sich behalten“ sollen. Im Gegenteil: Kinder müssen sich ihrer aggressiven Regungen nicht schämen, sondern sie als selbstverständlichen Teil ihrer Persönlichkeit akzeptieren lernen. Dazu brauchen sie die Möglichkeit, sich in Momenten der Aggression angemessen zu verhalten, sich zu wehren, ohne anderen durch Schläge oder Sprüche weh zu tun. Aggressive Äußerungen, die keinem anderen schaden, zum Beispiel das Spiel mit Spielzeugwaffen, müssen Kindern zugestanden werden, ohne dass Erwachsene ihr Tun durch abwertende Äußerungen herabwürdigen. Schließlich verbirgt sich hinter solchem Tun zumeist ein Gefühl der Unsicherheit, das beim Spielen symbolisch bearbeitet werden kann. In Projekten und Kreisgesprächen werden entsprechende Situationen aufgegriffen, damit sie als Anlass zu Auseinandersetzungen über Themen wie Krieg, Unterdrückung, Widerstand oder Schutzbedürfnis genutzt werden können.

? Überprüfungsfragen

- Erarbeiten die Erzieher und Erzieherinnen gemeinsam mit den Kindern Regeln? Achten sie auf ihre Einhaltung? Werden die Regeln zu gegebener Zeit überprüft und, wenn nötig, geändert?

- Konfliktschlichtung zielt darauf, die Motive der Kontrahenten zu erkennen und zu verstehen: Streben die Pädagogen auch bei offen aggressivem Verhalten Einzelner an, den Kindern die Hintergründe solchen Verhaltens verständlich zu erklären?
- Greifen sie das Thema „Konfliktbewältigung" in konfliktreichen Phasen durch gezielte Angebote oder Projekte, aber auch mittels Büchern, Spielen und Liedern bewusst auf?
- Entwickeln sie mit den Kindern Konfliktlösungsstrategien, die sie auch ohne Hilfe Erwachsener anwenden können? Beispiel: Trenner-Tröster-Schlichter-Projekt
- Geben Mitarbeiterinnen und Mitarbeiter Kindern Orientierung durch vorbildhaftes Verhalten im Umgang mit Konflikten? Geschieht dies beispielsweise, indem sie Aggression und Wut verbalisieren, Ich-Aussagen machen und dennoch achtsam mit ihrem Gegenüber umgehen?
- Akzeptieren sie aggressive Handlungen, die niemandem schaden? Erlauben sie den Umgang mit Spielzeugwaffen? Bearbeiten sie das Thema „Waffen" gegebenenfalls in Projekten oder Kreisgesprächen mit den Kindern weiter?

Dokumentation

Monatsplanungsbogen

Gemeinsames Tätigsein für die Gruppe

Die Gemeinschaft des Kindergartens ist das erste größere soziale System, das Kinder erleben. Da es Erziehungsziel ist, Kinder zur Selbstständigkeit zu befähigen, müssen sie erfahren, von welchen Bedingungen ihr Zusammenleben in diesem System abhängt. Sie müssen lernen, für das Funktionieren ihrer Gemeinschaft Verantwortung zu übernehmen, **Aufgaben für die Gemeinschaft zu erfüllen.**

Kinder fühlen sich ernst genommen, wenn sie eine anspruchsvolle Tätigkeit, die anderen nützt, ausführen dürfen. Von sich aus bieten sie oft und gern Hilfe an, sei es beim Blumengießen oder Kochen. Die Pädagoginnen und Pädagogen haben die Aufgabe, solche Angebote aufzugreifen und sie zu ritualisieren. So kann es sinnvoll sein, kleine Dienste einzuführen und die täglich wechselnde Verantwortlichkeit für überschaubare Aufgaben in bildlicher Form auf einer Pinwand auszuhängen. An Tätigkeiten, die in direktem Bezug zu ihrem Alltag stehen, werden die Kinder ganz selbstverständlich beteiligt. Das betrifft zum Beispiel das Einräumen des eigenen Geschirrs in die Spülmaschine. Wasser holen, Betten machen, verschmutzte Malkittel aussortieren. Zum Arbeitsalltag der Erwachsenen gehört eine Menge einfacher hauswirtschaftlicher Tätigkeiten, die teilweise oder ganz von Kindern übernommen werden können. Aufgabe der pädagogischen Fachkräfte ist es, Kinder zunehmend dabei einzubeziehen, um ihnen interessanten Spielraum für sinnerfülltes Tätigsein und sich selbst Freiräume für andere pädagogische Tätigkeiten zu verschaffen.

? Überprüfungsfragen

- Laden die Pädagoginnen und Pädagogen die Kinder bei allen hauswirtschaftlichen Tätigkeiten, die von ihnen ausgeführt werden können und dürfen, zum Mitmachen ein?
- Sprechen sie die Kinder, die von sich aus wenig Interesse an solchen Tätigkeiten für die Gemeinschaft zeigen, gezielt an und laden sie ein?
- Verteilen sie Tätigkeiten, die regelmäßig von Kindern übernommen werden können, als Dienste unter den Kindern? Werden Verantwortlichkeiten beim Morgenkreis bekannt gegeben und gegebenenfalls ausgehängt?
- Vermitteln sie den Kindern grundlegendes Wissen über richtige Handhabung und Unfallschutz in Bezug auf die angebotenen Tätigkeiten?
- Sind alltägliche Tätigkeiten wie das Einräumen der Spülmaschine für alle Kinder selbstverständlich?

Multikulturelles Zusammenleben

In Kindergärten treffen Kinder vieler unterschiedlicher Nationalitäten und Kulturkreise zusammen. Damit wird die Kindertageseinrichtung zum Erfahrungsraum für den selbstverständlichen Umgang miteinander. Das betrifft sowohl die Interaktionen der Kinder untereinander als auch den vorurteilsfreien und informierten Umgang der Pädagoginnen und Pädagogen mit den Kindern verschiedener Nationalitäten und kultureller Herkunft.

Multikulturelles Zusammenleben bezieht die Lebenswelten der ausländischen und deutschen Kinder gleichermaßen ein und berücksichtigt die jeweiligen kulturellen Hintergründe. Ziel ist ein partnerschaftliches Miteinander und wechselseitiges Bereichern sowie die Überwindung von Misstrauen und Ausgrenzung im alltäglichen Miteinander. Durch das Einbeziehen verschiedener kultureller Hintergründe wird auf ein Zusammenleben in Akzeptanz, Toleranz und Solidarität hingewirkt. Kinder sollen angeregt werden, sich mit der Geschichte der eigenen Familie sowie mit der Familiengeschichte der anderen zu beschäftigen. Auch die Erwachsenen können nach ihren Familiengeschichten befragt werden. Grundlage für die Gestaltung der pädagogischen Arbeit sind Verständnis und Akzeptanz der kulturellen Identität jedes Kindes. Sie findet ihren Ausdruck in Sprache, Kleidung, Ernährungsgewohnheiten, ästhetischem Empfinden und in Wertvorstellungen. Die kulturelle Identität eines Kindes ist nicht mit folkloristischen Besonderheiten zu verwechseln, sondern als individueller soziokultureller Hintergrund der Lebenssituation des Kindes zu begreifen.

Überprüfungsfragen

- Fördern die Erzieherinnen und Erzieher bewusst die Mehrsprachigkeit einzelner Kinder und der Gebrauch der Muttersprache? Schaffen sie Vertrautheit durch fremdsprachige Wörter, Klänge und Kinderlieder?
- Schaffen sie Möglichkeiten, die unterschiedlichen Kulturen im täglichen Zusammenleben kennen zu lernen und zu akzeptieren?

- Stellen die Pädagoginnen und Pädagogen Spielzeug und Bildmaterial zur Verfügung, das die kulturelle Vielfalt in der Kindergruppe widerspiegelt und zur spielerischen Beschäftigung mit dem Thema anregt?
- Haben sich die pädagogischen Fachkräfte Kenntnisse über den soziokulturellen Hintergrund – die Lebensbedingungen der Familien fremder Herkunft, kulturelle und religiöse Normen – verschafft? Wird er geachtet und im alltäglichen Tun berücksichtigt?
- Ziehen sie die Eltern aller Kulturen gezielt in die Arbeit mit ein? Beispiel: Ermutigung, sich mit typischen Festen und Feiern in Projekte einzubringen.
- Informieren sich die Pädagoginnen und Pädagogen gezielt über interkulturelle pädagogische Arbeitskonzepte und über die kulturellen Hintergründe der in der Einrichtung betreuten Kinder?

Umgang mit auffälligem Verhalten bei Kindern

Auffälliges Verhalten kann sich unterschiedlich äußern. So kann ein Kind durch besondere Stärken und Interessen auffallen oder durch schüchternes und ängstliches Verhalten, durch aggressive Ausbrüche oder Sprachprobleme. Kinder verhalten sich oft auffällig, um die Aufmerksamkeit von anderen Kindern und Erwachsenen zu erwecken. Bei der **pädagogischen Einordnung auffälligen Verhaltens** sollte dieser Aspekt berücksichtigt werden. Grundsätzlich wird ein auffälliges Kind – wie alle anderen Kinder auch – mit seinen Stärken und Schwächen angenommen. Ziel der Arbeit mit auffälligen Kindern ist es, sie in die Gruppe zu integrieren und sie keinesfalls zu Außenseitern werden zu lassen.

Auffälliges Verhalten ist oft ein Anzeichen für verborgene aktuelle Probleme eines Kindes. Es ist Aufgabe der Pädagoginnen und Pädagogen, solche Probleme im Gespräch mit dem Kind und seinen Eltern herauszufinden, an diesen Problemen und weniger am „Fehlverhalten“ zu arbeiten. Als auffällig werden im pädagogischen Alltag auch Kinder erlebt, die in einzelnen Bereichen über hohe Begabungen verfügen, möglicherweise gekoppelt mit Defiziten auf anderen Gebieten. Aufgabe der pädagogischen Fachkräfte ist es hier, diesen Kindern im Bereich ihrer besonderen Begabung entsprechende Handlungsmöglichkeiten zu geben und ihnen in defizitären Bereichen ausgleichende Förderung zukommen zu lassen.

In ihrer Arbeit mit auffälligen Kindern können die Pädagoginnen und Pädagogen an Grenzen geraten. Ist das der Fall, arbeiten sie mit Institutionen wie Familien- und Erziehungsberatungsstellen und mit professionellen Helfern wie Psychologen, Logopädinnen oder Ergotherapeuten zusammen. Nur im Ausnahmefall wird es nötig sein, zu prüfen, ob ein auffälliges Kind in einer anderen Einrichtung sinnvoller betreut werden kann und der Betreuungsvertrag aus fachlichen Gründen gekündigt werden muss.

Auffälliges Verhalten ist ein Verhalten, das dem Betrachtenden auffällt und demzufolge Auslegungssache ist. Aus diesem Grund ist es Aufgabe der pädagogischen Fachkräfte, regelmäßig zu reflektieren, warum sie auf ein bestimmtes Verhalten reagieren und ob ihre Eindrücke einer kritischen Überprüfung standhalten.

? Überprüfungsfragen

- Bringen die Pädagoginnen und Pädagogen Kindern auch bei auffälligem Verhalten ein Höchstmaß an Respekt und Anerkennung entgegen? Können sie mit den Kindern sachlich über Fehlverhalten kommunizieren, sodass diese sich in ihrem Selbstwert nicht herabgesetzt fühlt?
- Sprechen die pädagogischen Fachkräfte mit der Kindergruppe über Probleme mit auffälligem Verhalten Einzelner auf eine Art und Weise, die bei den anderen Kindern Verständnis erzeugt und aufgefallene Kinder nicht isoliert?
- Versuchen die Erzieherinnen und Erzieher im Gespräch mit dem jeweiligen Kind und durch gezielte Beobachtungen Hintergründe für auffälliges Verhalten zu erkennen?
- Führt die Bezugserzieherin Elterngespräche, um damit ihre Sicht auf das soziale Umfeld und den Lebenskontext des Kindes zu Hause und im Kindergarten zu erweitern?

- Besprechen die pädagogischen Fachkräfte ihre Beobachtungen hinsichtlich Auffälligkeiten einzelner Bezugskinder zunächst mit ihren Stellvertreterinnen und danach in der pädagogischen Entwicklungskonferenz, um subjektive Beobachtungsfehler zu vermeiden?
- Ziehen sie in Bedarfsfällen die pädagogische Fachanleitung hinzu?

Dokumentation

Kinderentwicklungsbuch, Entwicklungsbogen, Beobachtungsbogen, Förderplan, Protokolle der Elterngespräche

Integration von Kindern mit Behinderung

In KLAX-Kindergärten werden Kinder mit und ohne Behinderungen gemeinsam betreut. Voraussetzung für **gelingende Integration** ist es, die individuelle Situation und Behinderung der betroffenen Kinder zu berücksichtigen. Dabei gilt der Grundsatz, den Menschen ganzheitlich zu sehen und ihn nicht auf seine Beeinträchtigung zu reduzieren.

In den Kindergärten, in denen gemeinsame Erziehung praktiziert wird, lernt jedes Kind, das jeweils andere Kind in seiner individuellen Eigenart anzunehmen und zu akzeptieren. Das geschieht sowohl im Alltagsgeschehen als auch in unterschiedlichen Spielsituationen, sodass der Umgang miteinander zur Selbstverständlichkeit wird. Integration erfordert, auf behinderte Kinder in der Gruppe besonderes Augenmerk zu lenken. Ihr Entwicklungsverlauf wird mit Hilfe eines gesonderten Beobachtungsprotokolls erfasst, um sich ergebenden Förderbedarf systematisch zu ermitteln.

Bei personellen Engpässen oder Umsetzungen ist die Situation der Integrationskinder besonders zu beachten, da für viele von ihnen die Anwesenheit von Bezugspersonen von ungleich höherer Wichtigkeit als für Kinder ohne Beeinträchtigung ist.

Überprüfungsfragen

- Nehmen Kinder mit Beeinträchtigungen entsprechend ihrer Möglichkeiten an allen Aktivitäten des Kindergartens teil?
- Sind für Kinder mit Behinderungen alle erforderlichen speziellen Hilfen vorhanden?
- Unterliegt der Entwicklungsverlauf von Kindern mit Behinderungen besonderer Beachtung? Finden dementsprechend regelmäßige Beobachtungen statt?
- Entwickeln die Pädagoginnen und Pädagogen auf der Grundlage ihrer Beobachtungen in Zusammenarbeit mit Eltern und Fachleuten individuelle Förderangebote, die weitgehend in den Gruppenalltag integriert werden?
- Arbeiten in den entsprechenden Kindergartengruppen neben ausgebildeten Erzieherinnen auch Heil- und Sonderpädagogen sowie Facherzieherinnen für Integration?
- Betrachten die Pädagogen die Situation von Kindern mit Behinderungen bei allen anstehenden räumlichen oder personellen Veränderungen gesondert?
- Bietet der Kindergarten Eltern Beratung in Einzel- und Gruppengesprächen an? Vermitteln die Pädagoginnen und Pädagogen bei Bedarf, bei rechtlichen, finanziellen oder psychosozialen Problemen, weitere notwendige Hilfen?

Dokumentation

Kinderentwicklungsbuch, Entwicklungsbogen, Beobachtungsbogen, Förderplan, Protokolle der Elterngespräche

Die Eingewöhnung neuer Kinder

Für Kinder, die vorher in der Familie betreut wurden, ist die **Eingewöhnung** ein einschneidendes Erlebnis. Selten gibt es Phasen in der Kindheit, in denen sich der gesamte Alltag und das Beziehungsgefüge so radikal ändern. Kinder bauen in den ersten Lebensmonaten besondere Beziehungen zu den Personen ihrer engsten Umgebung auf. Vor allem in Stress-Situationen benötigen sie die Aufmerksamkeit ihrer Bezugspersonen, um ihr inneres Gleichgewicht zu behalten. Bei Irritationen oder Angst suchen Kinder bei ihnen Schutz – sie zeigen Bindungsverhalten. Ist in solchen Situationen keine Bezugsperson anwesend, kann eine fremde Person das Kind in der Regel nicht auffangen, kann es nicht trösten.

Die frühen Bindungsbeziehungen sind ein wichtiger Faktor im kindlichen Anpassungsverhalten. Die ersten Bezugspersonen dienen dem Kind als sichere Basis beim Aufbau neuer Beziehungen, zum Beispiel zu einer Pädagogin im Kindergarten. Dies macht die Anwesenheit einer Bezugsperson – in der Regel Mutter oder Vater – während der Eingewöhnungszeit im Kindergarten nötig. Die Anwesenheit der Eltern wird erst dann entbehrlich, wenn das Kind zu seiner Bezugspädagogin eine zumindest bindungsähnliche Beziehung aufgebaut hat und die Pädagogin an Stelle der Eltern die Funktion einer sicheren Basis für das Kind übernehmen kann.

Ein Kind benötigt für den Aufbau einer derartigen Beziehung im günstigsten Fall zwischen sechs und vierzehn Tagen, im Einzelfall auch bis zu sechs Wochen. Dies hängt von der Individualität des Kindes, vom Muster seiner Bindungsbeziehungen und seinen Vorerfahrungen mit Trennungssituationen ab.

Während der ersten drei bis fünf Tage der Eingewöhnung im Kindergarten hält sich die Mutter oder der Vater mit dem Kind im Gruppenraum auf. Die Eltern sind dabei eher passiv, aber aufmerksam und bieten dem Kind die sichere Basis. Nach einer Orientierungszeit wird das Kind von selbst beginnen, die neue Umgebung zu erkunden. Die Pädagogin begleitet Kind und Eltern dabei und beobachtet die Interaktionen zwischen Kind und Eltern, um Anhaltspunkte für die Länge der Eingewöhnungszeit zu finden. Die Beobachtungen werden dokumentiert und als Grundlage für die weitere Planung genutzt. In dieser ersten Phase versucht die Pädagogin vorsichtig, Kontakt zum Kind aufzunehmen, etwa über Spielangebote oder ihre Beteiligung am Spiel des Kindes. Dabei akzeptiert sie die Beziehungsgestaltung des Kindes. Kind und Eltern werden in den Tagesablauf der Kindergruppe integriert, wobei die Eltern in den ersten Eingewöhnungstagen die Versorgung ihres Kindes übernehmen. In den folgenden Tagen übernimmt die Pädagogin im Beisein der Eltern in zunehmendem Maße die Versorgung des Kindes. Nur wenn das Kind die Pädagogin noch nicht akzeptiert, greifen die Eltern helfend ein. Nach Rücksprache mit der Pädagogin unternimmt die Mutter oder der Vater in der ersten Woche einen kurzen Trennungsversuch. Sie oder er verabschiedet sich vom Kind und verlässt den Raum, bleibt aber in der Nähe der Tür. Bei der Trennung wendet sich die Pädagogin dem Kind zu und beobachtet seine Reaktionen. Kann sie es bei auftretenden Irritationen beruhigen und trösten, wird die Trennung auf maximal 30 Minuten ausgedehnt. Zeigt sich das Kind jedoch verstört, erstarrt es in seiner Körperhaltung, sucht es nach den Eltern oder weint es und kann die Pädagogin es nicht beruhigen, kehren Mutter oder Vater wieder in den Raum zurück. Spätestens am vierten oder fünften Tag führt die Pädagogin mit den Eltern ein Gespräch über den bisherigen und weiteren Verlauf der Eingewöhnung. Grundlage dazu sind ihre Beobachtungen der Eltern-Kind-Interaktion während dieser ersten Phase. Wächst die Eigenständigkeit des Kindes, während Blick- und Körperkontakte zu den Eltern sich verringern, kann die Pädagogin das Kind in belastenden Situationen beruhigen und trösten, sind dies sichere Anzeichen für das Ende der Eingewöhnungszeit.

Überprüfungsfragen

- Besprechen die Pädagoginnen im Aufnahmegespräch mit den Eltern Bedeutung und Ablauf der Eingewöhnung ihres Kindes in den Kindergarten?
- Staffelt die Kindergartenleiterin Neuaufnahmen so, dass jede Pädagogin nicht mehr als ein Kind pro Woche eingewöhnt?

- Ist vor jeder Eingewöhnung geklärt, wie, wann und von wem das neue Kind und seine Eltern begrüßt werden? Ist sichergestellt, dass sich Kind und Eltern bei der Eingewöhnung von Anfang an gut aufgehoben fühlen?
- Verläuft die Eingewöhnung im Wesentlichen nach den oben beschriebenen Schritten? Wird eine neue Phase der Eingewöhnung eingeleitet: Ergibt sie sich nicht aus organisatorischen Gründen, sondern auf Grund entsprechender Beobachtungen des Kindes?
- Achten die Pädagogen darauf, dass der erfolgreiche Abschluss der Eingewöhnungszeit durch eine deutlich sichtbare Eigenständigkeit des Kindes begründet wird, nicht durch äußere Faktoren (z. B.: Die Eltern haben keine Zeit mehr)?

Dokumentation

Checkliste zum Aufnahmegespräch, Aufnahmebogen, Eingewöhnungsfahrplan, Beobachtungsbogen, Entwicklungsbogen

Der Nestraum

In KLAX-Kindergärten können **Kinder von zwei Monaten an** aufgenommen werden. Sie werden in Nesträumen betreut. Der **Nestraum** nimmt im Raumgefüge des Kindergartens eine Sonderstellung ein. Die Nestraumgruppen sind räumlich und personell den besonderen Bedürfnissen der Kinder entsprechend ausgestattet. Der Nestraum vereint die Funktionen Schlafen, Essen und Spielen. Größere Kinder haben die Möglichkeit, die jüngsten Kinder in ihrem Raum zu besuchen, wenn es der Tagesablauf zulässt. Ebenso können die Nestraumkinder andere Räume und Angebote nutzen.

Die Kinder im Nestraum befinden sich in einem Lebensalter, in dem sie so lernfähig sind wie nie mehr danach. Demzufolge haben die Pädagoginnen im Nestraum die Aufgabe, ihnen Erfahrungsmöglichkeiten für all ihre Sinne zu verschaffen. Sowohl das Materialangebot als auch eigene Handlungsmöglichkeiten sollen die Nestraumkinder zum Spüren, zum Trainieren von Bewegungen, zum Erlernen der Sprache, zum Kennenlernen der eigenen Ausdrucksfähigkeit motivieren. Nestraumkinder lernen erste Bilder zu produzieren und verschiedene Klänge zu hören; sie finden Zuwendung statt Abfertigung beim Essen, Schlafen und Gewickeltwerden; sie lernen Fingerspiele, erleben es, massiert zu werden, sich im Spiegel zu sehen und erkennen zu können.

Überprüfungsfragen

- Werden Kinder unter zwei Jahren im Nestraum des Kindergartens betreut? Wird von den Kindern des Kindergartens grundsätzlich akzeptiert, dass der Nestraum allein den Nestraumkindern gehört?
- Wenden die Pädagoginnen im Nestraum die Technik der Beobachtung so häufig an, dass sie die Nestraumkinder immer ihren Bedürfnissen entsprechend fördern können?
- Kommunizieren die Pädagoginnen in jeder Situation mittels Sprache und Mimik mit den Kleinkindern, auch wenn die Kinder noch nicht verbal antworten können?
- Gestalten die Pädagoginnen das Materialangebot so, dass die Kinder über vielfältige Handlungsmöglichkeiten – klettern, krabbeln, ausräumen, anschauen, hören und spüren – verfügen?
- Werden die Mitarbeiterinnen den erhöhten Anforderungen an Hygiene, Ernährung, Gesundheit und Sicherheit gerecht? Binden sie diese Tätigkeiten in den pädagogischen Prozess der Gruppe ein?
- Ist geregelt, dass die älteren Kinder die Kleinen im Nestraum besuchen können, ohne dabei deren besondere Bedürfnisse zu beeinträchtigen?
- Werden grundsätzlich alle Kinder gewickelt? Wird darauf verzichtet, Nestraumkinder zur Benutzung von Töpfchen oder Toilette zu motivieren, es sei denn, der Impuls geht eindeutig von den Kindern aus?

Dokumentation

Monatsplanungsbogen, Beobachtungsprotokoll, Entwicklungsbogen

Der Übergang vom Nestraum in die offene Gruppe

Je nach Entwicklungsstand können die Kinder mit etwa eineinhalb Jahren **vom Nestraum in die offene Gruppe** wechseln. Da der Nestraum ein Bestandteil der offenen Gruppe ist und es deshalb gemeinsame Aktivitäten, gegenseitige Besuche und offene Türen gibt, sind künftige Bezugspersonen kaum noch fremd. Trotzdem ist eine planvolle Eingewöhnung in den gruppenoffenen Bereich sinnvoll. Die Dauer dieser Eingewöhnung ist individuell verschieden und wird durch verstärkte Beobachtung des Kindes begleitet.

Besondere Beachtung sollten in dieser Zeit Pflegemaßnahmen finden. Trotz größerem Bedürfnis nach freier Erkundung aller Räume sind Kinder, wenn sie schrittweise aus der besonderen Fürsorge der Nestraumpädagogin entlassen werden, noch auf Hilfe und Betreuung angewiesen. Dies betrifft vor allem die Sauberkeit: Ein Kind ist physiologisch erst vom zweiten bis dritten Lebensjahr an in der Lage, sauber zu sein. Deshalb muss die Bezugserzieherin es regelmäßig wickeln und verschmutzte oder nasse Kleidung wechseln. Ihre verstärkte Aufmerksamkeit hinsichtlich der Aufsichtspflicht ist ebenfalls nötig.

Überprüfungsfragen

- Planen die Erzieher und Erzieherinnen die Schritte zur Eingewöhnung in den offenen Bereich in der pädagogischen Entwicklungskonferenz?
- Zielen Absprachen der Nestraumpädagogin mit der Bezugserzieherin darauf, den Prozess der Umgewöhnung fließend und überlappend verlaufen zu lassen?

- Wird der Zeitpunkt für den Übergang vom Nestraum in die altersgemischte Gruppe vom Kind vorrangig selbst bestimmt?
- Können die Kinder in der Umgewöhnungsphase je nach Interesse alle weiteren Räume des Kindergartens benutzen?
- Besucht die Nestraumpädagogin mit den Kindern regelmäßig die gruppenoffenen Räume, sodass sie den Kindern vertraut werden?
- Nehmen die Nestraumkinder gelegentlich an Aktivitäten der Gesamtgruppe teil, um die anderen Kinder und ihre Erzieherinnen kennen zu lernen?
- Erfahren die Kinder in der Umgewöhnungsphase besondere Fürsorge von der Nestraumpädagogin wie der neuen Bezugserzieherin hinsichtlich pflegerischer Bedürfnisse?
- Dokumentieren die Nestraumerzieher und -erzieherinnen den Umgewöhnungsprozess durch intensive Beobachtung? Beziehen sie die Eltern von Beginn an mit ein?

Dokumentation

Beobachtungsbogen, Entwicklungsbogen

Verhalten bei Kindeswohlgefährdung

Mitarbeiter pädagogischer Einrichtungen haben laut Gesetz einen Schutzauftrag für alle ihnen anvertrauten Kinder. Sie sollen, wenn sich **deutliche Anzeichen für Kindeswohlgefährdung** bei einem Kind zeigen, Maßnahmen zur Hilfe einleiten. Unter Kindeswohlgefährdung versteht man: physische Gewaltakte, Vernachlässigung, sexuellen Missbrauch. Wie verhalten sich Pädagoginnen, wenn sie bei einem Kind Anzeichen einer Misshandlung vermuten?

Misshandlungen richtig einzuschätzen, fällt selbst Fachleuten schwer. Erzieherinnen und Erzieher haben keine Ausbildung dafür, eigene Diagnosen zu stellen. Sie haben also immer die Pflicht, sich bei geeigneten Stellen professionelle Hilfe zu holen. Wenn zur Abwehr von Misshandlungen Jugendamt und Polizei einschreiten, kommen auf das schutzwürdige Kind in den meisten Fällen außerordentliche Härten zu: Herausnahme aus der Familie, Aufenthaltsverbot für tatverdächtige Familienangehörige. Es wäre unverzeihlich, wenn Familien solche Schockerlebnisse aus nichtigem Anlass zustoßen. Auch in Fällen, wo es Kindern tatsächlich zu Hause nicht gut geht, sind solche Maßnahmen immer die letzte Lösung.

Verhalten bei Vermutung von Kindeswohlgefährdung

Erster Grundsatz: Ruhe bewahren. Überhastetes Eingreifen schadet in jedem Fall. Professionelle Hilfe holen. Laut Gesetz ist jeder Träger dazu verpflichtet, eine Mitarbeiterin zur Fachkraft für Kindeswohlgefährdung zu schulen. Sie ist in allen Fällen, bei denen eine Form der Kindeswohlgefährdung befürchtet wird, einzubeziehen, bevor irgendeine Maßnahme ergriffen wird. Gemeinsam kann eine Strategie abgesprochen werden, wie dem Kind geholfen wird: Die Fachanleitung wird das Kind beobachten, bei Bedarf auch den Kontakt zu Beratungsstellen, Eltern oder im äußersten Fall dem Jugendamt herstellen.

Mit den Betroffenen eine gute Gesprächsbasis vorbereiten. Zu dem betroffenen Kind sollte der Kontakt vorsichtig intensiviert werden, damit es sicher ist, dass es sich bei Bedarf den Pädagogen anvertrauen kann. Niemals das Kind drängen.

Auch zu den Eltern eine gute Gesprächsbasis schaffen. Es geht darum, den Eltern vorsichtig zu signalisieren, dass die Pädagogin ihrem Kind helfen möchte. Je vertrauensvoller das Verhältnis zu den Eltern ist, desto eher nehmen diese die Hilfe an und hören auf eventuelle Bitten, das Erziehungsverhalten zu verbessern. Und desto eher können sich die Eltern der Pädagogin gegenüber öffnen, um sie um Hilfe zu bitten.

Unauffällig, aber konsequent beobachten und dokumentieren, was merkwürdig erscheint. Mit Kollegen auf der nächsten oder einer außerplanmäßig einberufenen Entwicklungskonferenz die Situation des Kindes besprechen und dabei sicherstellen, dass auch die Fachanleitung bei der Sitzung zugegen ist.

Zuletzt: Wirkungsvoller als das Eingreifen im Notfall ist die Vorbeugung. Wenn jederzeit ein vertrauensvolles Verhältnis zu allen Bezugskindern herrscht, wenn Übungen zum Nein-Sagen und die Förderung des Selbstbewusstseins zum pädagogischen Alltag gehören, wenn die Erzieherin im Elterngespräch aktiv als „Anwalt des Kindes“ auftritt, ist die Gefahr von Kindesmisshandlungen gering.

Überprüfungsfragen

- Ziehen die Pädagogen in jedem Verdachtsfall von Kindeswohlgefährdung die Fachanleitung hinzu?
- Sprechen sie mit der Fachanleitung eine Strategie ab, vereinbaren schriftliche Schritte? Halten sie diese Schritte konsequent ein?
- Beobachten sie die betroffenen Kinder konsequent, aber absolut unauffällig und stellen sie auf der Entwicklungskonferenz vor? Ist die Fachanleitung hier zugegen?

Bildungsförderung als zentrale Aufgabe des Kindergartens

Das folgende Kapitel widmet sich einem zentralen Thema der pädagogischen Arbeit: **der Bildung.** Was soll ein Kind im Kindergarten erfahren, auf welche Weise werden ihm Bildungsinhalte vermittelt? Es werden Methoden der Bildungsarbeit beschrieben und es wird erläutert, welche Anforderungen in den Bildungsbereichen, die jeweils Fachspezialisten zugeordnet sind, erfüllt werden.

Zum Bildungsbegriff

Neben dem Erziehungsauftrag hat der Kindergarten einen **Bildungsauftrag,** der im Kinder- und Jugendhilfegesetz formuliert ist. Die Pädagoginnen und Pädagogen haben demzufolge die Aufgabe, Kinder gezielt bei der Aneignung von Wissen zu unterstützen. Die Eigenmotivation zum Lernen ist bei Kindern in den ersten Lebensjahren so ausgeprägt wie später nie mehr. Von sich aus sind sie ständig damit beschäftigt, sich ein Bild von der Welt zu machen: mit Fragen, beim Spielen, Malen und Nachempfinden.

Wenn Pädagoginnen und Pädagogen die **Bildungsarbeit im Kindergarten** planen, knüpfen sie an dieses Interesse der Kinder an, denn unstrittig ist: Bildung funktioniert nur, wenn sich jemand selbst bilden will. Es hat keinen Sinn, Kinder gegen ihren Willen oder jenseits ihrer Interessen zu belehren.

Bildung im Kindergarten ermöglicht individuelle Lernwege. In einer altersgemischten Gruppe weisen alle Kinder unterschiedliche Entwicklungsstände auf. Zudem erfolgt kindliches Lernen nicht gleichmäßig, sondern in Schüben: Kinder sind im Stande, Entwicklungssprünge zu vollziehen. Das gilt auch beim Erwerb von Wissen und Fähigkeiten. Dinge, die dem Kind vorher völlig unbegreiflich waren, werden plötzlich spielend erlernt. In diesem Zusammenhang wird von so genannten Lernfenstern gesprochen, die sich plötzlich öffnen, weil sich bei einem bestimmten Thema körperliche Reifung und starkes Interesse verbinden.

Für die **Planung von Bildung** bedeutet das: Es werden Themen und Materialien angeboten, mit denen Kinder unterschiedlichen Alters möglichst viele individuelle Lernerfahrungen machen können. Um Kindern individuelle Förderung zukommen zu lassen, ist es nötig, regelmäßig zu beobachten, welchen Themen sie sich gerade zuwenden und für welche Dinge sie sich interessieren.

Methoden zur Initiierung von Bildungsprozessen

Kinder im Kindergartenalter lernen hauptsächlich über den **handelnden Umgang mit Dingen.** Deshalb haben die Pädagoginnen und Pädagogen die Aufgabe, den Kindern eine Umgebung zu schaffen, die eine Vielfalt von Handlungsmöglichkeiten bietet. Das kann erreicht werden, indem Materialien ausgelegt und mitgebracht werden, die motivieren, etwas zu untersuchen oder auszuprobieren, etwas zu betrachten und darüber zu staunen. Es werden Orte und Werkzeuge bereitgestellt, die solches Handeln ermöglichen – zum Beispiel in Form eines Experimentariums oder einer gut ausgestatteten Werkstatt.

Pädagoginnen und Pädagogen geben Impulse für Auseinandersetzungsprozesse. Sie lassen Kinder an Ereignissen der Welt teilhaben, indem sie beispielsweise von interessanten Erlebnissen berichten oder die Kinder mit verblüffenden Gedanken konfrontieren. Sie verstehen es, Fragen aufzuwerfen, die Kinder dazu bringen, Dinge oder Sachverhalte untersuchen zu wollen. **Bildungsprozesse** können in Gang gesetzt werden, wenn Kinder regelmäßig Orte aufsuchen, an denen sie etwas über grundlegende Zusammenhänge erfahren: Orte, an denen etwas hergestellt wird, an denen gearbeitet oder geforscht wird.

? Überprüfungsfragen

- Ist Bildungsarbeit wesentlicher Bestandteil der pädagogischen Arbeit im Kindergarten? Sind Projekte und Einzelangebote mit Bildungscharakter Schwerpunkte in der Monatsplanung des Kindergartens?
- Achten die Pädagogen darauf, dass Bildungsthemen immer im Zusammenhang mit einem vorher vorhandenen oder entwickelten Interesse der Kinder stehen? Ermöglichen sie eine flexible Planung, ein Thema abzusetzen, wenn das Interesse der Kinder erloschen ist?
- Fassen sie Bildungsthemen so vielseitig, dass Kinder unterschiedlicher Altersgruppen und Interessenlagen etwas damit anfangen können?
- Beobachten sie jedes Kind in Bezug auf selbst gesteuerte Lernprozesse und auf seine Interessen regelmäßig und gezielt?
- Bieten die pädagogischen Fachkräfte zu jedem Bildungsthema eine Vielzahl von ganzheitlichen Lernwegen an? Steht Vermittlung über Sprache demgegenüber im Hintergrund?
- Achten sie darauf, dass die Räume des Kindergartens eine Vielzahl an interessanten Materialien, die zum Untersuchen anregen, bieten?
- Befinden sich im Kindergarten Untersuchungsinstrumente wie Mikroskope, Waagen, Messgeräte, Werkzeuge und Nachschlagewerke, zu denen die Kinder jederzeit Zugang haben?

- Lassen die Pädagoginnen und Pädagogen die Kinder an wichtigen Ereignissen und Erlebnissen teilhaben, indem sie davon erzählen, Gegenstände oder Beiträge aus den Medien mitbringen?
- Treiben die Pädagoginnen und Pädagogen Bildungsprozesse mit Fragen an, die Kinder zu weiteren Untersuchungen inspirieren?
- Unternehmen sie wöchentlich Ausflüge und Exkursionen zu Orten im Umfeld des Kindergartens, an denen es etwas Interessantes zu erfahren und zu lernen gibt?

Themen für die Bildungsarbeit im Kindergarten

Bei der **Auswahl der Themen,** mit denen die Kinder in Bildungsprozessen konfrontiert werden, ist es unnötig, immer darauf zu achten, dass sie möglichst einfach und scheinbar kindgerecht sind. Im Gegenteil: Interessiert Kinder ein Thema stark, können sie Zusammenhänge begreifen, die in Bezug auf ihren Entwicklungsstand noch zu komplex erscheinen. Werden die Dinge zu sehr vereinfacht, werden sie langweilig.

Es ist auch nicht sinnvoll, Themen auszusparen, weil sie Kinder zu sehr beunruhigen könnten. Kinder im Kindergartenalter sind beispielsweise stark an Themen wie Tod, Krankheit und Verletzung interessiert. Werden solche Punkte umgangen, wird den Kindern Wissen vorenthalten, und dieses Nicht-Wissen ängstigt sie ungleich mehr. Bei emotional belastenden Themen gilt es, eine vertrauensvolle Atmosphäre zu schaffen, in der Kinder offen über alle sie bewegenden Fragen sprechen mögen.

Auch ohne sie vollends verstanden zu haben, gehen Kinder handelnd mit den Dingen um. Sie können Buchstaben in jeder Form malen und aufschreiben, lange, bevor sie die Funktion der Schrift kennen und richtige Wörter schreiben können. Beschäftigen sich die Kinder mit Zeichen und Symbolen, sollten die Pädagoginnen und Pädagogen darauf verzichten, ihre Bemühungen mit Formulierungen wie „das ist nicht richtig“ zu bewerten und zu korrigieren – es sei denn, die Kinder verlangen das ausdrücklich.

Es schadet ihnen nicht, wenn sie etwas eine Zeit lang falsch verstehen, schreiben, zählen oder aussprechen. Die landläufig angenommene Gewöhnung daran, etwas falsch zu machen, gibt es nicht. Kinder brauchen das Gefühl, ihr Wissen erweitert und mehr von der Welt begriffen zu haben. Sie sollen den Unterschied zwischen Verstehen und Wissen kennen lernen und erkennen.

Nicht bei allen Themen, die Kinder interessieren, sind die Pädagoginnen und Pädagogen vollends auskunftsfähig. Das schadet nichts. Im Gegenteil: Es entsteht eine ausgesprochen bildungsfreundliche Situation, wenn sich Kinder und Erwachsene gemeinsam auf die Suche nach der Lösung für ein bestimmtes Problem, nach der Antwort auf eine bestimmte Frage machen, die keiner von beiden kennt. In solchen Situationen kommt ein wichtiger Aspekt von Bildung zum Zuge: Es ist nicht ausschlaggebend, wie viel Wissen die Kinder erwerben. Wissen kann ohnehin veralten. Wichtig ist, dass Kinder im Kindergarten lernen, auf welchen Wegen sie sich Wissen verschaffen können.

Überprüfungsfragen

- Bearbeiten die Fachkräfte komplexe Themen, z. B. mit naturwissenschaftlichem oder kulturellem Hintergrund, im Kindergarten in Projekten und Angeboten?
- Achteten sie darauf, dass Themen, die für Kinder beunruhigende Aspekte beinhalten, nicht abgewiesen werden, wenn sie von Kindern eingebracht werden? Verstehen es die Pädagoginnen und Pädagogen, solche Themen in einer vertrauensvollen, geschützten Atmosphäre zu behandeln?
- Verzichten die pädagogischen Fachkräfte darauf, unrichtige Annahmen und Vorstellungen der Kinder ungefragt zu berichtigen? Wird die kindliche Weltsicht akzeptiert?
- Nutzen sie Situationen des gemeinsamen Wissenserwerbs von Kindern und Erwachsenen gezielt, um „das Lernen zu lehren“?

- Bemühen sich die Pädagoginnen und Pädagogen um das Verständnis der Eltern auch für ungewöhnliche Projekte, indem sie die Bildungsarbeit im Elterngespräch und bei Elternabenden thematisieren?

Dokumentation

Protokolle der Elterngespräche

Lernen in Projekten

Projektarbeit ist eine wesentliche Form der Bildungsarbeit. Sie ermöglicht es, ein Thema unter Einbeziehung verschiedener Methoden mit den Kindern lebensnah zu erschließen. **Projektarbeit** entspricht unterschiedlichen Anforderungen an kindgerechte Lernprozesse: Es wird im Zusammenhang gelernt, verschiedene Herangehensweisen an ein Thema sind möglich, in der Regel wird auf ein Ergebnis hin gearbeitet, wodurch die Beschäftigung mit dem Thema besonders sinnfällig wird. Vor allem aber entspricht Projektarbeit weitgehend der Art und Weise, wie heutzutage im Berufsleben agiert wird: im Zusammenhang, mit verteilten Aufgaben, für ein gemeinsames Ziel.

Den Themen der Projekte sollten die Interessen der Kinder zu Grunde liegen, die sich bei der Auswertung der Beobachtungen ergeben haben. Projekte werden für die altersgemischte Gruppe geplant. Darüber hinaus können auch besondere Zielgruppen angesprochen werden, zum Beispiel Nestraumkinder oder Kinder im Vorschulalter.

Überprüfungsfragen

- Finden regelmäßig Projekte statt, an denen alle Kinder des Kindergartens mitwirken können?
- Gehen die Pädagoginnen und Pädagogen grundsätzlich von den Interessen der Kinder aus, um Themen von hoher Relevanz für das Leben der Kinder zu finden?
- Finden Planung und Vorbereitung der Projekte unter größtmöglicher Beteiligung der Kinder statt?
- Zeichnet sich ein Projekt durch Methodenvielfalt aus? Kann mit allen Sinnen gelernt werden?
- Übernehmen die pädagogischen Fachkräfte eine überwiegend motivierende und unterstützende Funktion? Stellen sie benötigte Materialien und Informationen zur Verfügung? Zeigen sie Optionen auf und fördern sie die Zusammenarbeit in der Gruppe?
- Achten die Pädagoginnen und Pädagogen auf die ständige Erweiterung und Aktualisierung ihres eigenen Wissens? Gilt dies nicht nur für Fachwissen in den Bereichen Pädagogik und Psychologie, sondern auch für andere Wissensbereiche?
- Machen sich die pädagogischen Fachkräfte vor der Durchführung eines Projekts entsprechend sachkundig?
- Können die Pädagoginnen und Pädagogen gesellschaftliche und naturwissenschaftliche Zusammenhänge kindgerecht vermitteln und spannend darstellen?
- Achten die Pädagoginnen und Pädagogen darauf, dass die Kinder nach aktiven Projektphasen die Möglichkeit haben, ihre Eindrücke zu verarbeiten?

Dokumentation

Beobachtungsbogen, Monatsplanungsbogen

Kreativität im Kindergarten

Im Konzept von KLAX nimmt die **Förderung der Kreativität** eine zentrale Stellung ein. Kindergartenkinder lernen besonders erfolgreich, wenn sie in ihrer Kreativität gefördert werden. „Alle Menschen sind in der Anlage kreativ und bleiben es auch. Ob sie diese Anlage benützen, anwenden und ausbauen, hängt von der erziehenden Umgebung, von den Lebensumständen, aber auch vom eigenen Selbstverständnis und von den entsprechenden Einstellungen ab“, schrieb Rudolf Seitz in „Phantasie und Kreativität“ (1998, S. 7).

Was ist Kreativität? Rudolf Seitz definierte: „Kreativität ist die Fähigkeit des Menschen, neue Denkergebnisse hervorzubringen. Einfach Neues denken in jedem beliebigen Bereich, in Wissenschaft und Kultur, in der Verwaltung, im sozialen und zwischenmenschlichen Bereich, im Haushalt, in der Lebensplanung und -gestaltung, einfach überall.“ (A. a. O., S. 24) Kreativität ist eine Problemlösungsstrategie, ein Denkvorgang, der auf ungezielte Weise abläuft.

Jeder kennt Denkvorgänge, deren Ausgangspunkt eine klare Aufgabe oder Frage ist, für die eine Lösung oder Antwort gefunden werden muss. Im Gehirn werden alle Informationen verarbeitet, die zur Findung solch einer Lösung oder Antwort wichtig sind. Diese Informationen werden bewusst gesammelt, man weiß: Folgende Materialien stehen mir zur Verfügung, um mein Problem zu lösen, auf diese und jene Vorerfahrung kann ich zurückgreifen. **Kreative Denkvorgänge** verlaufen anders. Ausgangspunkt ist keine klare Aufgabenstellung oder Frage. Es wird vielleicht ganz ungezielt in einer anregungsreichen Umgebung experimentiert oder nachgedacht, und plötzlich entsteht eine Idee. Weil der Mensch nicht unter Zeit- oder Erfolgsdruck steht, kommt ein kreativer Gedanke zu Stande. Im Gehirn passiert dabei folgendes: Unsere Wahrnehmung hat aus all den Anregungen in der Umgebung Informationen entnommen, die im Gehirn, uns vollkommen unbewusst, miteinander verknüpft werden. Plötzlich erkennt das Gehirn, dass eine Kombination zweier Informationen eine interessante Lösung ergibt. Von diesem „Geistesblitz“ getroffen, möchten wir uns am liebsten sofort zur Sache begeben und die Idee in die Tat umsetzen.

Kindergartenkinder können im besonderen Maße kreativ denken, benötigen aber zum Erhalt dieser Fähigkeit eine kreativitätsfördernde Umgebung. Dazu gehören:

Anregungsreiche vorbereitete Räume: Solche Räume enthalten viele Dinge zum Ansehen, Staunen, Befühlen und Hören, Werkzeuge und Materialien, mit denen Experimente aller Art möglich sind. Es müssen immer wieder neue Dinge zu entdecken sein. Jede noch so gut vorbereitete Umgebung voller interessanter Materialien nutzt sich irgendwann ab.

Offene Angebote: Pädagogische Angebote, bei denen nur eine, nämlich die richtige Lösung möglich ist, behindern Kinder in ihrer Kreativität. Ein Beispiel: Beim Bastelbogen kann nur die Anleitung befolgt werden, sonst klappt es nicht. Außerordentlich kreativitätsfördernd sind Angebote, deren Themen vielfältige Handlungsmöglichkeiten bieten und bei denen unterschiedliche Materialien oder Techniken benutzt werden können. Ein Beispiel: Mit Farbe kann nicht nur gemalt werden, sondern sie kann auch auf das Bild gewalzt werden, sie kann fließen, sie kann weggekratzt werden ... Bei jedem pädagogischen Angebot – im Atelier genau so wie beim Gesellschaftsspiel, auf der Bewegungsbaustelle oder im Musikraum – muss also bedacht werden: Wie viele Handlungsmöglichkeiten lässt die pädagogische Planung zu? Haben die Kinder genügend Freiraum für eigene Ideen?

Bewusstes Gewähren von Freiräumen: Leider neigt unsere Gesellschaft dazu, kreatives Verhalten zu kritisieren, besonders wenn es Kinder zeigen. Einige Beispiele: Erwachsene unterbinden, dass Kinder auf einer Rutschbahn hoch klettern. Sie verbieten Kleinkindern, mit dem Essen zu matschen oder mit der Spülbürste zu malen, und beharren darauf, die Dinge ihren Funktionen entsprechend zu benutzen. Die Aufgabe der Pädagoginnen und Pädagogen ist es, Kinder gezielt darin zu fördern, Dinge auch ungewöhnlich anzugehen, indem entsprechende Ideen der Kinder hervorgehoben und unterstützt werden. Bewertungen sollten in diesem Zusammenhang sparsam verwendet werden, auch wenn es um positive Hervorhebungen geht. Wird ein bestimmtes Kind ständig für seine kreativen Einfälle gelobt, fühlen sich andere Kinder in ihrer vermeintlichen Ideenlosigkeit bestätigt.

Gewähren von Zeit: Kreativität wird behindert, wenn in ihr Tun vertiefte Kinder gestört werden, weil die Zeit um ist, weil eine neue Tagesphase beginnt oder aufgeräumt werden soll. Bei jeder Planung ist daher zu bedenken: Wie ist es möglich, nach Abschluss des Angebots weiter daran zu arbeiten? Kann der Tagesplan flexibilisiert werden? Wie können angefangene Dinge so aufbewahrt werden, dass es kein Problem ist, weiter daran zu arbeiten? Kindern wird die Zeit eingeräumt, sich auf eine Sache einlassen zu können. Ein Beispiel: Beim Mal-Angebot dürfen die Kinder anfangen, wenn sie eine Idee haben. Also jederzeit.

? Überprüfungsfragen

- Finden die Kinder in allen Räumen eine anregungsreiche Umgebung vor? Werden immer wieder neue Materialien ausgelegt, die sie zum Tun motivieren?
- Liegen alle Werkzeuge, Nachschlagewerke und Materialien an schnell auffindbaren und jederzeit erreichbaren Stellen aus, damit Kinder nicht erst fragen müssen, wenn sie etwas zur Umsetzung ihrer Ideen brauchen?
- Erzeugen die Pädagoginnen und Pädagogen mit entsprechenden Spielen, Sprüchen und Aktionen eine lustvolle, humorvolle und Fantasie fördernde Atmosphäre, in der Kinder ihre kreativen Ideen gern ausleben?
- Weil in einer Spielsituation eine Idealsituation für kreative Prozesse vorliegt: Fördern die pädagogischen Fachkräfte solche Situationen in jeder Form?
- Bearbeiten sie Themen über längere Zeit und greifen sie immer wieder auf? Ist es den Kindern immer möglich, sich zum Nachdenken oder Träumen zurückzuziehen? Werden Leistungs- und Erfolgsdruck vermieden?
- Halten sich die pädagogischen Fachkräfte mit Eingriffen und Bewertungen zurück, wenn Dinge nicht ihrer Funktion entsprechend verwendet werden?
- Planen die Pädagoginnen und Pädagogen bei gemeinsamen Projekten immer auch Freiraum für individuelle Betätigungen ein?

- Haben die Kinder für ihre individuellen Vorhaben in Garten, Werkstatt und Atelier jederzeit Zugriff auf ungestörte Arbeitsplätze und auf Orte zum Lagern ihrer Dinge, wenn sie ihre Tätigkeit unterbrechen?

Methoden zur Förderung kreativer Prozesse

Neben den oben beschriebenen Rahmenbedingungen können bestimmte **Methoden kreative Prozesse bei Kindern fördern.** Sie werden bei Angeboten und Projekten angewendet und erleichtern es, in der Anfangsphase kreativer Prozesse genügend Denk-Material zu sammeln. Die bekannteste Methode ist das Brainstorming: Zu einem Thema werden alle Einfälle gesammelt und notiert, ehe nachgedacht wird, welche Assoziationen ihm entsprechen. Auch andere Techniken kreativer Förderung basieren darauf, möglichst viele Informationen zu einem Thema zusammenzutragen, sie aufzulisten und zu ordnen. Bei Planungsgesprächen mit der Kindergruppe, aber auch bei Planungssitzungen der Erwachsenen empfiehlt sich die Anwendung dieser Technik.

Die Entwicklung kreativer Gedanken kann auch gefördert werden, indem die gewohnte Sicht der Kinder auf Dinge oder Zusammenhänge in Frage gestellt wird. Solche Impulse können durch fantasievolle Verdrehungen des Alltäglichen entstehen, die Kinder zum Nachdenken reizen. Ein Beispiel: „Stellt euch vor, wir würden an der Decke laufen statt am Boden ...“ Gerade Kindergartenkinder sind sehr empfänglich für den fantasievollen Umgang mit der Realität und entwickeln daraus neue Ideen.

Eine wichtige Grundregel für alle kreativen Projekte ist es, auch noch so absurd erscheinende Ideen und Untersuchungsvorhaben auszuprobieren, um sich von den Ergebnissen überraschen zu lassen. So wurde in Reggio-Kindergärten beispielsweise untersucht, was der Wind macht, wenn er nicht weht, und ob man Schatten festhalten kann. Auch wenn die Absurdität eines Vorhabens für Erwachsene von vornherein feststeht, können Kinder die Untersuchung beginnen, um am Ende auf überraschende Einsichten zu stoßen.

Überprüfungsfragen

- Stellen die Pädagoginnen und Pädagogen vor allem bei Projekten reichhaltige und alle Sinne anregende Materialien bereit, um die Ideenfindung der Kinder zu unterstützen?
- Lassen die pädagogischen Fachkräfte beim Brainstorming alle Aspekte sammeln, die den Kindern einfallen? Greifen sie nicht ein, egal, wie absurd manches erscheint? Feuern sie die Kinder an, indem sie nachfragen und um detaillierte Beschreibungen bitten?
- Bestärken die Pädagoginnen und Pädagogen die Kinder, Dinge auch entgegen ihrer Funktion zu benutzen? Greifen sie fantasievolle Ideen der Kinder auf? Regen sie deren spielerische Realisierung an? Beispiel: Heute machen wir einmal alles rückwärts
- Geben die Pädagoginnen und Pädagogen zum Auftakt kreativer Projekte Impulse, indem sie beispielsweise alltägliche Abläufe und Zusammenhänge spielerisch in Frage stellen?
- Vermeiden es die pädagogischen Fachkräfte, unrealistische oder absurde Ideen der Kinder abzutun? Wird ein Kind bestärkt, seine Untersuchung zu beginnen, wenn es eine Idee für untersuchenswert hält?
- Vermeiden es die Pädagoginnen und Pädagogen, von der richtigen Lösung auszugehen, zu der sie die Kinder hinführen wollen? Werden die Lösungswege der Kinder akzeptiert und gefördert?
- Lassen die Pädagoginnen und Pädagogen die Kinder mit musikalischen oder verbalen Fantasiereisen in eine erdachte Welt eintauchen?
- Stehen den Kindern für die Realisierung von Fantasiewelten geeignete Materialien wie Pappkartons, Baustoffe auf der Kinderbaustelle, Tücher, Decken zur Verfügung?

Lernen außerhalb des Kindergartens

Die heutigen Kinder verbringen wesentlich mehr Zeit in geschlossenen Räumen als die der vorangegangenen Generation. Durch veränderte Bedingungen, insbesondere die Zunahme des Straßenverkehrs in den Städten, ist das Umherstreifen in der Umgebung des elterlichen Wohnhauses nur noch eingeschränkt möglich. Insbesondere Stadtkinder gehen aus diesem Grund weniger unmittelbar mit den Dingen der Umwelt um, sie nutzen stärker die Medien.

Es ist Aufgabe des Kindergartens, Angebote zu entwickeln, bei denen die Kinder die Einrichtung so oft wie möglich verlassen. Ziel sollten Orte sein, an denen es etwas über die Arbeitswelt, die Natur und die Gesellschaft zu erfahren gibt, **Orte, an denen Lernerfahrungen** möglich sind. Dabei kann es sich genauso gut um Ausflüge in Parkanlagen und auf Spielplätze handeln wie um den Besuch einer Bäckerei, einer Schule, des Zoos, eines Museums oder der Arbeitsstätten von Müttern und Vätern. Die Zeitplanung wird so großzügig bemessen, dass die Ausflüge den Charakter entspannten Flanierens tragen. Wie schnell ein Ziel erreicht und wo unterwegs innegehalten wird, das entscheidet das Interesse der Kinder.

Überprüfungsfragen

- Führen die Pädagoginnen und Pädagogen mindestens wöchentlich Ausflüge aus dem Kindergarten durch?
- Werden sowohl spontane Ausflüge in die Umgebung unternommen, z. B. zum Spielplatz um die Ecke, als auch – mindestens monatlich – gut vorbereitete Exkursionen zu ausgewählten Zielen wie einem Museum oder dem Zoo?
- Werden die Interessen der Kinder bei der Auswahl des Ziels berücksichtigt? Werden die Kinder im Rahmen ihrer Möglichkeiten in die Vorbereitung einbezogen?
- Werden die Kinder nach Möglichkeit zu alltäglichen Besorgungsgängen der Erwachsenen, z. B. zum Einkauf von Materialien, eingeladen?

Dokumentation

Monatsplanungsbogen

Allgemeine Bildungs- und Erziehungsziele

Sprache und Sprachentwicklung

Die Entwicklung der Kinder ist geprägt durch Kommunikation mit anderen Kindern und Erwachsenen. Das Erlernen der Sprache und die Vertiefung von Sprachkenntnissen erleichtern es den Kindern, vielfältige Kontakte aufzubauen und zu pflegen. Sprache trägt dazu bei, Gefühle wie Freude, Ärger oder Angst auszudrücken und mit ihnen umzugehen. Umweltverständnis wird gefördert, Selbstvertrauen und das Erkennen der eigenen Rolle ermöglichen den Kindern, ihre Lebensbereiche aktiv mitzugestalten. Die Kinder erleben **Sprache als positives und kreatives Ausdrucksmittel.** Sprache lernt sich nicht von selbst. Daher ist es Aufgabe aller Pädagoginnen und Pädagogen im Kindergarten, gezielte Sprachförderung zu betreiben, indem sie die Entwicklung des Sprachbewusstseins der Kinder fördern. Dabei agieren die pädagogischen Fachkräfte als Sprach-Vorbilder.

Es wird zwischen aktivem und passivem Wortschatz unterschieden: Zum passiven Wortschatz gehören Wörter, deren Sinn zwar verstanden wird, die aber im Gespräch nicht aktiv eingesetzt werden können. Dementsprechend ist der passive Wortschatz umfangreicher als der aktive. Für den Umgang der Pädagoginnen und Pädagogen mit Kindern bedeutet das, alle Möglichkeiten zu nutzen, um den Kindern Wörter zu präsentieren; zum Beispiel mit ihnen gemeinsam Bücher anzuschauen und die Dinge auf den Bildern zu benennen. Dabei lernen die Kinder neue Wörter kennen und haben gleichzeitig Spaß.

Beim Erlernen der Sprache brauchen Kinder Freiräume zum Üben und Probieren. Die Pädagoginnen und Pädagogen vermeiden es daher, Kinder aufzufordern, ein Wort noch einmal richtig nachzusprechen, sich mehr anzustrengen oder langsamer zu sprechen. Vielmehr kann die richtige Aussprache dadurch gefördert werden, dass Sätze oder Wörter einfach oder in fragender Form wiederholt werden. Es genügt, wenn die Kinder die richtige Aussprache hören. Förderlich ist es auch, nachzufragen, wenn Selbstgespräche aufgeschnappt werden.

Grundlegendes Wissen über die Entwicklungsstufen und Besonderheiten der sprachlichen Entwicklung ist erforderlich, da die Pädagoginnen und Pädagogen die Aufgabe haben, die Sprachentwicklung ihrer Bezugskinder genau zu beobachten, um bei deutlich werdenden Defiziten fördernd eingreifen zu können. Auffälligkeiten bei der Sprachentwicklung können unterschiedliche Ursachen haben: soziokulturelle Ursachen (mangelnde sprachliche Anregungen), organische Ursachen wie Hörstörungen, Lippen-, Kiefer- oder Gaumenspalten), erbliche Ursachen und psychische Ursachen (z. B. die Trennung der Eltern). Manchmal sind vermeintliche Auffälligkeiten oder Störungen – Übergeneralisierungen oder Überspezifizierungen – nichts weiter als normale Schritte auf dem Weg zum Erwerb von Sprache. Es ist auch nicht ungewöhnlich, wenn ein Kind zwischen dem dritten und sechsten Lebensjahr plötzlich stottert. Bei diesem physiologischen Stottern handelt es sich um Auswirkungen von Umstrukturierungen im Gehirn. In solchen Fällen gilt es, das Kind nicht zu verbessern oder auf andere Weise unter Druck zu setzen.

Eine Grundlage für die Sprachentwicklung ist das Hören. Hörübungen, also Spiele, bei denen Geräusche erkannt werden sollen oder die lautes und leises Sprechen erfordern, sind regelmäßig im Alltagsgeschehen enthalten. Grundbedingung für den Prozess des Schreibenlernens ist ein Bewusstsein über den Aufbau der Sprache. Durch entsprechende Spiele können die Kinder sich dieses Bewusstsein aneignen. Dabei merken sie, dass sich Wörter reimen, weil sie ähnlich enden; dass Wörter ähnliche Anfänge haben, weil sie mit gleichem Anlaut beginnen; dass Wörter in Silben zerlegbar sind und Sätze in Wörter. Hierfür eignen sich Spiele mit festgelegten Regeln ebenso wie der bewusste spielerische Umgang mit Sprache, also Sprachquatsch in jeder Form. Ein Beispiel: Bei „Dru Chunusun mut dum Kuntrubuss“ erkennen Kinder die Funktion der unterschiedlichen Vokale, weil sie in diesem Lied absichtlich falsch verwendet werden.

Dass es unterschiedliche Sprachen gibt, teilt sich Kindergartenkindern schon allein durch andere Kinder mit Migrationshintergrund in ihrer Gruppe und durch englischsprachige Musik mit. Auch das ist ein wichtiger Bestandteil des Sprachbewusstseins: In anderen Sprachen gibt es andere, oft aber auch ähnliche Wörter. Situationen, in denen diese Feststellung eine Rolle spielt, können als Anlass für Projekte genutzt werden, in denen die Kinder fremde Sprachen, auch die Gebärdensprache, kennen lernen.

? Überprüfungsfragen

- Werden Projekte und andere Angebote so geplant, dass sie zum Sprechen anregen?
- Liegt eine Vielzahl von Büchern zum Betrachten, Erzählen, Vorlesen und Lesen in der Leseecke aus?
- Verfügen die Pädagoginnen und Pädagogen über ein großes Repertoire von Sprachspielen, Geschichten, Gedichten und Liedern in verschiedenen Sprachen?
- Begleiten die pädagogischen Fachkräfte ihre Tätigkeiten mit Sprache? Trifft dies auch für den Umgang mit Kindern zu, die noch nicht sprechen können?

- Da Sprache und Sprachverständnis durch Zuhören und Sprechen erlernt werden: Wirken die Pädagoginnen und Pädagogen in diesem Sinne als Vorbilder?
- Sind die pädagogischen Fachkräfte über die Merkmale der Entwicklung der Sprache und über die Symptome von Fehlentwicklungen informiert?
- Beobachten die Pädagoginnen und Pädagogen die Kinder hinsichtlich ihrer Sprachentwicklung? Bieten sie gegebenenfalls fördernde Maßnahmen an?
- Vermeiden es die pädagogischen Fachkräfte, falsch gesprochene Wörter oder Sätze belehrend zu korrigieren? Es ist sinnvoller, das Gesagte aufzugreifen und noch einmal richtig nachzusprechen: „Ich habe getrinkt." – „Oh, was hast du denn getrunken?"
- Werden den Eltern bei Bedarf, im Einzelfall und nach Absprache mit der pädagogischen Fachanleitung Kontakte zu anderen Fachleuten, z. B. Ärzten und Logopäden, vermittelt?
- Bieten Pädagoginnen und Pädagogen Hörspiele und Hörübungen in unterschiedlicher Form an?
- Fördern sie mittels Sprachspielen und durch den spontanen spielerischen Umgang mit Sprache die Entwicklung des kindlichen Sprachbewusstseins?

Dokumentation

Monatsplanungsbogen, Beobachtungsbogen, Entwicklungsbogen

Spiel

Die wichtigste **Lernform** für Kinder ist **das Spiel.** Kinder spielen, wo immer es möglich ist. Im kindlichen Spiel vereinen sich die vielfältigsten Aspekte der Entfaltung emotionaler und kognitiver Fähigkeiten und Möglichkeiten, deren Bedeutung für spätere Entwicklungen kaum zu ermessen ist. Spiel weist unterschiedliche, aufeinander aufbauende Formen auf. Dazu gehören:

Funktionsspiel: Bei dieser frühesten Form von Spiel steht die Freude am Berühren, Fühlen und Entdecken im Vordergrund. Alles, was erreichbar ist, wird angefasst, in den Mund gesteckt und sinnlich erfahren. Später lernen die Kinder laufen und Gegenstände halten. Das ermöglicht es ihnen, zu bauen, zu formen, etwas auseinander zu nehmen. Sie unternehmen die ersten Entwicklungsschritte der praktischen Intelligenz.

Gestaltungs- und Konstruktionsspiel: Diese Form folgt dem Funktionsspiel oder geht mit ihm einher. Vor allem malen, kneten und bauen die Kinder. Die Angebote und Anregungen der Umwelt spielen eine außerordentlich große Rolle, um dem natürlichen Drang der Kinder, die Dinge der Welt zu erleben und zu erfahren, in genügendem Maße nachkommen zu können – mit dem pädagogischen Blick auf die Lernmöglichkeiten.

Symbolspiel: Sind die Kinder etwa zwei Jahre alt, kann immer häufiger beobachtet werden, dass sie beim Spielen Holzklötzchen als Autos benutzen, eine Kiste als Puppenbett, Stühle als Boote. Diese Art des Spiels wird Symbolspiel genannt. Kinder setzen die Dinge nach ihren Vorstellungen ein – die vorgestellten Gegenstände werden durch vorhandene Dinge gedanklich ersetzt. In dieser Zeit gewinnen die Kinder auch immer mehr Gewalt über die Sprache. Sie werden fähig, Gegenstände oder Handlungen durch Wörter zu ersetzen und sich der Umwelt mitzuteilen.

Rollenspiel: Die im Symbolspiel erprobten Möglichkeiten gestatten es den Kindern nun, Personen und Handlungen nachzuahmen. Dabei erweitert sich das Symbolspiel zum Rollenspiel, das das Zusammenspiel mit anderen Kindern zunehmend einschließt und an die Stelle des egozentrischen oder parallelen Spiels in der vorangegangenen Zeit tritt. Mittlerweile besitzen die Kinder die Möglichkeit und bald auch die Fähigkeit, sich in andere Perspektiven hineinzudenken und einzufühlen. Hier liegt der Ursprung wichtiger sozialer Grundfähigkeiten.

Regelspiel: Im gemeinsamen Rollenspiel wird schnell klar, dass Regeln nötig sind. Die Kinder lernen es, Regeln aufzustellen, und beginnen, sich auch generell für Regeln zu interessieren.

Die einzelnen Formen des Spiels lösen einander nicht ab, sondern erweitern und ergänzen einander. Bei ihrer Betrachtung wird deutlich, was Kinder während des Spiels erlernen: Sie verfügen nun schon über einen großen Handlungs-Spiel-Raum. Das Spiel, wenn es frei gestaltet werden darf, wird durch die zahlreichen Möglichkeiten des körperlichen und sprachlichen Ausdrucks immer mehr auch zu einer Form der Verarbeitung von Erlebnissen und Erfahrungen. Auch wenn die Kinder sich nun sprachlich mitzuteilen vermögen – alles kann nicht gesagt, aber dafür umso besser im Spiel ausgedrückt werden. Hier können beängstigende, fremde Situationen und die manchmal bedrohliche Wirklichkeit aufgearbeitet und verarbeitet werden. Emotionale Ausgeglichenheit kann hergestellt werden. So birgt das Spielen auch ein selbstheilendes Moment.

„Spielend" betreten die Kinder weitere Lernfelder, eignen sich kognitive Fähigkeiten an, entwickeln und gebrauchen ihre Sinne. Durch das Erforschen der näheren und entfernteren Umwelt trainieren sie ihre Denkfähigkeit. Sie erwerben Wissen über die Eigenschaften der Gegenstände, ihre Unterscheidungs- und Gebrauchsmerkmale, entdecken mechanische und statische Gesetze, gewinnen Raumvorstellungen. Wenn-Dann-Beziehungen, die so genannten Kausalbeziehungen, werden gemeinsam oder allein erprobt, Probleme werden gelöst und Erklärungen gefunden. Durch Ausprobieren, Nachmachen und Umgestalten wird die Welt entdeckt, erlebt und erfahren. Soziale, sprachliche und kognitive Fähigkeiten kommen dabei genauso zum Einsatz wie die Fantasie. Spielerische körperliche Bewegung – notwendig für die Entwicklung der Selbstwahrnehmung und Körperkontrolle – gehört ebenfalls zu den wichtigen Aspekten des Spiels.

Um Kindern alle Möglichkeiten des Spiels einzuräumen, werden neben dem freien Spiel auch animierte Spiele im Kindergarten angeboten, bei denen die pädagogischen Fachkräfte Impulse für offene Spielsituationen setzen. Ein Beispiel: „Wir spielen heute Indianer." Regelspiele und Brettspiele vermitteln die Pädagoginnen und Pädagogen den Kindern, wenn Interesse besteht.

Für unterschiedliche Formen des Spiels gibt es unterschiedliche Räume. Im Bauraum können Landschaften mit Autos und Häusern entstehen, im

Rollenspielraum liegt alles bereit, was man zum Theaterspielen benötigt, idealer Raum für Bewegungsspiele ist der Bewegungsraum. Es liegt in der Natur des Spiels, dass diese Grenzen auch übersprungen werden: Auch im Bauraum darf getobt werden, und Bausteine können auch im Rollenspielraum zum Einsatz kommen. Dabei sollten die für die jeweiligen Räume aufgestellten Regeln beachtet werden und Materialien am Ende wieder an ihren Ort zurückkehren.

Beim freien Spiel und beim animierten Spielen üben die Pädagoginnen und Pädagogen Zurückhaltung. Nur wenn sie von den Kindern darum gebeten werden, bringen sie sich ein – als gleichberechtigte Spielpartner.

Überprüfungsfragen

- Stellen die pädagogischen Fachkräfte mit den Kindern gemeinsam Regeln für die Benutzung der jeweiligen Spielräume und Spielmaterialien auf?
- Verfügen die Kinder über selbst gefundene Regeln des Miteinander-Auskommens beim Spielen? Können die Kinder kleinere Konflikte selbstständig lösen? Greifen die Pädagoginnen und Pädagogen nur ein, wenn Einzelne dauerhaft benachteiligt werden?
- Beobachten die pädagogischen Fachkräfte die Kinder in ihrem Spielprozess, um daraus Informationen für ergänzende Materialien und Angebote zu ziehen?
- Lassen sich die Pädagoginnen und Pädagogen zwar in die Spielsituationen von Kindern einbinden, tun dies aber nie unaufgefordert?
- Bereichern die Pädagoginnen und Pädagogen das Spiel der Kinder durch animierte Spielsituationen? Ist es den Kindern durch thematische Arrangements, Erzählungen oder Musikstücke möglich, in Fantasiewelten einzutauchen, aus denen sich offene Spielsituationen ergeben?
- Vermitteln die Pädagoginnen und Pädagogen den Kindern altersgerecht verständliche Regelspiele und Brettspiele? Lassen sie es zu, dass die Kinder die Spielregeln und Spielmaterialien verändern und umnutzen?

- Können die Kinder zum Spielen alle verfügbaren Materialien benutzen? Ist es ausdrücklich gestattet, Gegenstände auch entgegen ihrer Funktion im Spiel zu verwenden, wenn keine Gefahr durch Beschädigung oder Verletzung droht?
- Achten die Pädagoginnen und Pädagogen die Arbeiten der Kinder im Bauraum? Werden die Bauwerke wirklich nur von den Kindern weggeräumt? Können Entwürfe später erweitert und verändert werden?

Dokumentation

Beobachtungsbogen

Emotionale und psychische Entwicklung

Im Verlauf der Kindergartenjahre entwirft das Kind ein Bild von sich selbst, das so genannte **Selbstkonzept.** Dieses setzt sich aus den Erfahrungen zusammen, die das Kind im Verlauf seiner Entwicklung macht. Die ersten Erfahrungen, die in das Selbstkonzept einfließen, sammelt das Kind direkt über seine Sinne und seinen Körper. Es fühlt, riecht, schmeckt, hört, ertastet Gegenstände, andere Lebewesen und stellt auf diese Weise fest, was der eigene Körper ist. Bald kann das Kind sich selbst bewusst wahrnehmen, indem es seinen Körper untersucht oder sich im Spiegel betrachtet.

Die Wirkungen der eigenen Handlungen fließen ebenfalls in das Selbstkonzept des Kindes ein. Das Bild, das sich das Kind von sich selbst macht, wird durch das Wissen über die eigenen Fähigkeiten entscheidend geprägt. Das zeigt sich, wenn Kindergartenkinder sich selbst beschreiben. Gern berichten sie, was sie gut oder nicht gut können, und vergleichen sich dabei mit anderen Kindern: „Ich kann gut zeichnen, aber Laura kann das viel besser.“ Im Vergleich schärft sich das Selbstkonzept.

Entscheidend wird das Selbstkonzept auch dadurch geformt, wie andere Menschen das Kind und sein Verhalten bewerten, welche Fremdeinschätzungen es erfährt. Selbst wenn das Kind etwas objektiv gut beherrscht, wird eine fortwährend schlechte Bewertung dazu führen, dass es die negative Einschätzung in sein Selbstkonzept übernimmt. Aufgabe der Pädagoginnen und Pädagogen ist es, dem Kind die Möglichkeit zu verschaffen, ein angemessenes Bild von sich selbst zu entwerfen. Zwei Aspekte sind dabei besonders zu beachten: Zum einen ist bei jeder Bewertung und Einschätzung des Kindes, die der Erwachsene vornimmt, Vorsicht geboten. Negative Zuschreibungen sind zu vermeiden. Genauso falsch ist es, besonders ausgeprägte Fähigkeiten und Fertigkeiten Einzelner vor der Gruppe hervorzuheben. Zum Beispiel: „Laura kann toll aufräumen. Nehmt euch ein Beispiel an ihr!" Besonders bei Kindern mit Auffälligkeiten oder Behinderungen ist Zurückhaltung geboten. Die Pädagoginnen und Pädagogen fördern den Aufbau eines positiven Selbstbildes auch dadurch, indem sie dem Kind eine möglichst große Vielfalt an Handlungsmöglichkeiten verschaffen, mittels derer es sich selbst erfahren kann. Je mehr Dinge oder Zusammenhänge das Kind wahrnehmen, ausprobieren und untersuchen kann, umso umfassender gewinnt es Einblick in die eigenen Bedürfnisse, Fähigkeiten und Fertigkeiten, umso umfassender wird das Selbstkonzept.

Entscheidend für die **optimal verlaufende Entwicklung des Selbstbildes** ist, dass das Kind in einem oder mehreren Erwachsenen eine „sichere Basis" findet – also einen Menschen, der für das Kind eine verlässliche Bindungsperson ist, zu dem es sich in schwierigen Situationen hinwenden kann, bei dem es sich sicher und geborgen fühlt. Es ist Aufgabe der Pädagoginnen und Pädagogen im Kindergarten, zu überblicken, ob alle Kinder eine solche Person unter den Erwachsenen haben. Ist das nicht der Fall, sollte gezielt versucht werden, eine Bindung aufzubauen.

Überprüfungsfragen

- Bieten die Pädagoginnen und Pädagogen eine Vielzahl unterschiedlicher Handlungsmöglichkeiten im Kindergarten und im Außengelände an? Stehen den Kindern vielfältige Aktionsangebote zur Verfügung, sodass sie sich auf unterschiedlichen Gebieten ausprobieren können?

- Gestalten die pädagogischen Fachkräfte Räume und Aktionen im Kindergarten so, dass alle Sinne angeregt werden? Wird dieser Aspekt bei der Gestaltung der Arbeit im Nestraum besonders bedacht?
- Vermeiden es die Pädagoginnen und Pädagogen, Verhalten der Kinder mit bewertenden Einschätzungen zu beurteilen? Geschieht es im Einklang mit der Selbsteinschätzung des Kindes, wenn sie sein Verhalten beurteilen? Zum Beispiel: „Du malst gern, stimmt's?"
- Vermeiden es die pädagogischen Fachkräfte, Leistungen verschiedener Kinder vergleichend zu beurteilen? Achten sie darauf, dass das Bedürfnis der Kinder, sich miteinander zu messen, nicht in eine vergleichende Leistungsbeurteilung umschlägt?
- Wird Fehlverhalten den Kindern nicht als emotionalisierte Negativ-Beurteilung vorgehalten? Wird es sachlich als Abweichung von gemeinsam getroffenen Regeln beschrieben? Zum Beispiel: „Wir hatten vereinbart, dass ..."
- Finden Elterngespräche nicht im Beisein der betroffenen Kinder statt, um zu vermeiden, dass Kinder Äußerungen der Erwachsenen über ihre Entwicklung in ihre Selbsteinschätzung aufnehmen?
- Überblicken die Pädagoginnen und Pädagogen das Bindungsverhalten der Kinder zu ihren Bezugspersonen mittels gezielter Beobachtungen? Gehen sie auf Kinder, die keine feste Bezugsperson unter den Erwachsenen haben, zu und bieten sich an?

Dokumentation

Monatsplanungsbogen, Beobachtungsbogen, Entwicklungsbogen

Sexualerziehung

Während früher angenommen wurde, Sexualität bilde sich erst in der Pubertät aus, ist heute bekannt, dass Sexualität einen wichtigen Raum im Lebensalltag kleiner Kinder einnimmt. Von Geburt an sind Kinder sexuelle

Wesen. **Kindliche Sexualität** besitzt ihren eigenständigen Stellenwert für die Entwicklung der Kinder. Sie ist mit der Sexualität Erwachsener nicht gleichzusetzen.

Äußerungen von kindlicher Sexualität können das Nuckeln, das Kuschelbedürfnis, das Berühren des eigenen Körpers einschließlich der Genitalien, gezielte Selbstbefriedigung, das Berühren anderer Kinder und Doktorspiele sein. Auch die Frage „Wo komm ich her?" und die Neugier auf Informationen über Formen zwischenmenschlicher Kontakte und des Zusammenlebens sind ein Ausdruck kindlicher Sexualität.

Akzeptanz der kindlichen Sexualität und ihrer Äußerungen ist oberstes Gebot, auch wenn sie Erwachsene manchmal irritieren. Selbstbefriedigung und Doktorspiele müssen als altersgemäße Äußerungen kindlicher Sexualität akzeptiert werden. Wenn Pädagoginnen oder Pädagogen auf Kinder aufmerksam werden, die sich selbst befriedigen oder sich gegenseitig betrachten, können sie die Kinder etwas später darauf ansprechen. Das Gespräch sollte wertschätzend sein, die Gefühle der Kinder thematisieren und kann – mit Rücksicht auf die anderen Kinder – die Bitte enthalten, sich für solche Spiele eine ruhige, etwas abgeschiedene Ecke zu suchen.

Wenn Kinder im Kindergarten miteinander Doktorspiele machen – meist ziehen sie sich dazu in eine kaum beaufsichtigte Ecke zurück –, besteht die Gefahr, dass sie sich an empfindlichen Stellen verletzen, denn Sexualität hat auch immer etwas damit zu tun, dass mit körperlichen Grenzen gespielt wird. Es ist deswegen unerlässlich, Kinder dazu zu befähigen, sich in solchen Situationen klar abgrenzen und Nein sagen zu können, wenn ihnen etwas zu weit geht. Um möglichen Verletzungen vorzubeugen, sollten Übungen und Vereinbarungen zum Nein-Sagen immer dann von den Pädagoginnen und Pädagogen angeboten werden, wenn in der Kindergruppe ein besonderes Interesse an sexuell beladenen Spielen aufkommt. Dabei erfahren die Kinder, dass sowohl ihr eigener Körper und ihre eigenen Gefühle als auch die aller anderen Menschen nicht verletzt werden dürfen. Eine solche positiv unterstützende Sexualerziehung sowie die Stärkung der Persönlichkeit sind unerlässliche Bestandteile der Prävention gegen Gewalt und Missbrauch. Obwohl das Thema „Sexualität im Kindergarten" für Eltern meist heikel und angstauslösend ist, sollte es, wenn es in der Kindergruppe „auf der Tagesordnung steht“, auf einem Elternabend besprochen werden.

Sexualerziehung schließt Aufklärung ein. Um Verletzungen vorzubeugen, muss den Kindern vermittelt werden, wozu die Geschlechtsorgane da sind und wie verletzlich sie sind. Bei der Beantwortung von Fragen nach dem Entstehen des Lebens helfen geeignete Kinderbücher. Natürlich reduziert sich Sexualität nicht auf den Aspekt der Fortpflanzung. Kinder dürfen erfahren, dass Erwachsene Sexualität nicht nur ausleben, um Kinder zu kriegen, sondern aus Spaß an der Sache. Wird dieser Aspekt vor ihnen verborgen, wird sie die Erfahrung, dass sie selbst Lustgefühle haben, ängstigen. Kinder sollten auch erfahren, dass Sexualität nicht nur in Mann-Frau-Beziehungen möglich ist. Hier geht es darum, Grundlagen für Toleranz zu legen. Die sexuelle Orientierung ist schon im Kindesalter angelegt. Deshalb sollten Menschen mit gleichgeschlechtlichen Neigungen schon als Kinder erfahren dürfen, dass ihre sexuelle Orientierung akzeptiert wird.

Überprüfungsfragen

- Werden Doktorspiele und Selbstbefriedigung im Kindergarten akzeptiert? Greifen die Pädagoginnen oder Pädagogen lediglich vermittelnd ein, wenn andere Kinder dadurch gestört werden?
- Verfügen die Kinder über klare Regeln, welche Aktionen im Zusammenhang mit Doktorspielen gefährlich sind? Sind sie in der Lage, sich in heiklen Situationen abgrenzen zu können?
- Befinden sich in der Leseecke altersgemäße Aufklärungsbücher zum Betrachten und um darüber ins Gespräch zu kommen?
- Antworten die pädagogischen Fachkräfte offen auf direkte Fragen der Kinder? Beachten sie dabei aber auch ihre eigenen Grenzen?
- Nehmen sie kindliche Äußerungen wie Liebeserklärungen, Liebesbriefe und Liebeskummer ernst und belächeln sie nicht?
- Schaffen die Pädagogen bei Gesprächen über Gefühle und Sexualität eine geschützte und vertrauensvolle Atmosphäre, die es jedem Kind ermöglicht, auch heikle Fragen loszuwerden?

- Bieten sie kontinuierlich Übungen und Angebote zur Körperwahrnehmung, zum Thema „Ja-Nein-Gefühle", zur Benennung von Körperteilen und zum Sprechen über Emotionen an?
- Ziehen sie bei Auffälligkeiten einzelner Kinder grundsätzlich als Erstes die pädagogische Fachanleitung mit ein, um angemessene Handlungsstrategien zu entwickeln? Ziehen sie gegebenenfalls andere Fachleute hinzu?

Dokumentation

Monatsplanungsbogen, Beobachtungsbogen

Verkehrserziehung

Kinder sind auf Grund ihrer psychomotorischen Voraussetzungen – Körpergröße, Tunnelblick oder affektiv gesteuertes Handeln – als Verkehrteilnehmer besonders gefährdet. Da die Anpassung des Straßenverkehrs an ihre Bedürfnisse in absehbarer Zeit nicht zu erwarten ist, ist eine **altersgemäße Verkehrserziehung** wichtiger Bestandteil pädagogischen Handelns.

Verkehrserziehung im Kindergarten umfasst mehrere Bereiche:

- die Erweiterung der motorischen Fähigkeiten des Kindes
- das Training der Reaktionsfähigkeit
- Übungen zum Erkennen gefährlicher Verkehrsituationen und zum entsprechenden Handeln
- das Erlernen der zentralen Verkehrsregeln
- die Begegnung mit dem Verkehr in der Realität.

Verkehrserziehung ist dann besonders wirksam, wenn sie in der realen Situation stattfindet. Statt im Kindergarten oder auf dem Spielplatz nur theoretisch über die Gefahren durch parkende Autos zu sprechen, ist es sinnvoller, Orte aufzusuchen, an denen Gefahren lauern. Kinder im Kindergartenalter brauchen die Möglichkeit, das theoretisch Erfahrene auf reale Situationen zu übertragen.

Überprüfungsfragen

- Trainieren die Erzieher und Erzieherinnen bei Spaziergängen immer auch das richtige Verhalten im Straßenverkehr mit den Kindern? Verhalten sie sich im Beisein der Kinder im Straßenverkehr vorbildhaft?
- Initiieren sie mindestens einmal jährlich Projekte zur Verkehrserziehung?
- Beobachten sie und die Kinder gemeinsam das Verhalten anderer Verkehrsteilnehmer – Autofahrer, Fußgänger, Radfahrer – und reflektieren es?
- Suchen die pädagogischen Fachkräfte mit den Kindern Gefahrenstellen gezielt auf? Besprechen sie mit den Kindern, was daran gefährlich ist?
- Begleiten die Pädagoginnen und Pädagogen ihr Handeln im Verkehr sprachlich? Kinder lernen bewusster, wenn wörtliche Erklärungen mit Handlungen kombiniert werden.
- Stellen sie Gefahren im Straßenverkehr altersangemessen und verständlich dar? Vermeiden sie dabei Angst einflößende Schilderungen zu Gunsten sachlicher Darstellung?
- Bieten die pädagogischen Fachkräfte Spiele an, die zur Erweiterung des Wissens über die Bedeutung der Verkehrsschilder beitragen? Zum Beispiel: Quiz-Spiele
- Trainieren die Pädagoginnen und Pädagogen die sensomotorischen Fähigkeiten und die Reaktions-Fähigkeiten der Kinder? Schulen sie deren Sinne? Vermitteln sie ihnen Lagebezeichnungen wie rechts, links, oben, unten? Prüfen sie das Farbverständnis der Kinder in gezielten Übungen?
- Fördern die Pädagoginnen und Pädagogen durch Lieder, Geschichten und Gedichte zum Thema „Verkehrserziehung“ die Auseinandersetzung der Kinder mit der Thematik?

Dokumentation

Monatsplanungsbogen

Medienkompetenz

Vieles von dem, was Kinder wissen, haben sie heutzutage nicht durch eigene Anschauung erfahren, sondern über Medien. Einige Beispiele: Kinder dürften wesentlich mehr Tiere auf dem Bildschirm als in der Realität gesehen haben. Durch die Medien werden sie frühzeitig über so beunruhigende Tatsachen wie Kriege informiert. Medien haben ihnen emotional erregende Situationen längst präsentiert, bevor sie diese selbst erleben. Medienbilder und damit verbundene Ängste sind für Kinder nur schwer zu verarbeiten, fehlt doch zumeist der Bezug zu eigenen Erlebnissen. Die Pädagoginnen und Pädagogen stehen damit vor der Aufgabe, Kindern dabei zu helfen, Medienerfahrungen richtig einzuordnen und Medien verantwortungsvoll zu nutzen.

Medienkompetenz lässt sich vermitteln, indem Kinder erfahren, wie Filme oder Fernsehsendungen produziert werden – indem sie also selbst Medienarbeit machen. Wenn Kinder lernen, dass Fernsehbilder inszeniert sind und keine Realität abbilden, können sie mit beunruhigenden Szenen angemessen umgehen. Kinder können Fotos mit verschiedenen Kameras aufnehmen und sie bearbeiten, sie nutzen Video-Technik, sammeln mit Kassettenrekordern Geräusche, gestalten Hörspiele, spielen Fernsehsendungen und Fernsehshows nach.

Medien sind für Kinder unverzichtbar. Lesen und das Anschauen von Filmen oder Fernsehsendungen ermöglichen es ihnen, Situationen ihres eigenen Erlebens zu den aufgenommenen Informationen in Beziehung zu setzen. Damit die Kinder Medien zur Bearbeitung unterschiedlicher Lebenserfahrungen nutzen können, sollten Bücher, Hörkassetten und Videos im Kindergarten ein breites Spektrum an Themen abdecken. Aufgabe der Pädagoginnen und Pädagogen ist es, Fragen der Kinder, die durch Medien mit beunruhigendem Inhalt aufgeworfen werden, zu erkennen und zu beantworten.

Im Kindergarten werden die Kinder an die Kultur des Lesens herangeführt. Besondere Sorgfalt dient der Gestaltung von gemütlichen Orten zum Lesen und Vorlesen, damit die Kinder Lesen und Bücherbetrachten von Anfang an als etwas Schönes erleben. Auch mit dem Medium Computer müssen die Kinder Erfahrungen sammeln können. Grafik-, Schreib- und Musikprogramme bieten vielfältige Handlungsmöglichkeiten, und bei der Vorbereitung des Schriftspracherwerbs können die Kinder auch am PC erste Erfahrungen mit Buchstaben machen. Mit Hilfe der Digitalkamera kann ihnen der Prozess der Bildherstellung vermittelt werden. Hochwertige Software muss dem Interesse der Kinder an Computerspielen entsprechen. Aufgabe der Pädagoginnen und Pädagogen ist es, den angemessenen Umgang mit neuen Medien anzubahnen.

Überprüfungsfragen

- Gestalten die Pädagoginnen und Pädagogen aktive Medienarbeit, indem sie Projekte und Angebote zu Themen wie „Fotografieren“, „Kassetten aufnehmen“, „Hörspiele gestalten“, „Fernsehsendungen nachspielen“ planen?
- Können die Kinder beim Morgenkreis und in anderen Gesprächen von Filmen und Fernsehsendungen berichten? Sind die Gespräche offen und wertschätzend? Werden die Kinder bei Erzählungen über offensichtlich ungeeignete Sendungen gefragt, was sie dabei empfunden haben und was sie über die Sendungen denken?
- Beobachten die pädagogischen Fachkräfte Situationen, in denen die Kinder Bücher anschauen? Wissen sie, für welche Bücher die Kinder sich interessieren, um daraus Rückschlüsse auf aktuelle Fragestellungen zu ziehen und sie in ihren Planungen zu berücksichtigen?
- Gestalten die Pädagoginnen und Pädagogen Vorlesesituationen bewusst emotional? Sitzen sie inmitten der Kinder, lassen sie Körperkontakte zu, gehen sie auf Fragen ein und begleiten sie das Gespräch der Kinder?

- Führen die Pädagoginnen und Pädagogen Kinder bewusst an den Gebrauch von Büchern heran? Benutzen sie Bücher im Beisein der Kinder, um allen den Zugang zu diesem Medium zu erleichtern?
- Fördern die pädagogischen Fachkräfte die Medienarbeit am Computer, indem sie Software zum grafischen Gestalten, zum Musizieren und zum Schreiben bereithalten und den Kindern die Anwendung der Programme vermitteln?
- Haben die Kinder Zugriff auf CD-ROMs mit Spielen? Dürfen und können sie die Software selbstständig einlegen?

Dokumentation

Monatsplanungsbogen

Fertigkeiten

„Ich kann schon alleine!" Kindern ist es wichtig, Fertigkeiten zu erwerben. Gerne werden neue Errungenschaften Erwachsenen und anderen Kindern vorgeführt; ungern wird eingeräumt, dass etwas noch nicht allein beherrscht wird. Zu wissen, ab wann Kinder ihre Zähne allein putzen und ohne fremde Hilfe essen, ihre Schuhe zubinden und ohne Körperkontakt einschlafen können – das ist für die pädagogische Arbeit im Kindergarten nicht hilfreich. In der Regel hängt der **Erwerb von Fertigkeiten** davon ab, ob die Kinder sie sich aneignen möchten. Deshalb ist es sinnlos, zu drängeln, zu fordern oder darauf hinzuweisen, dass andere Kinder etwas schon längst beherrschen. Auch beim Schuhe-Zubinden gilt: Die Kinder entscheiden selbst, wann sie das können und wie sie es machen möchten.

Die pädagogischen Fachkräfte können solche Prozesse unterstützen, indem sie förderliche Rahmenbedingungen bieten, sodass die Kinder sich nicht gedrängt fühlen oder wegen eines Defizits gar gehänselt werden. Sie fördern den Erwerb von Fertigkeiten aber auch, indem sie Kindern nicht ungefragt ihre Hilfe anbieten, sondern nur dann einspringen, wenn ihre

Hilfe offensichtlich gebraucht wird. Praktisch heißt das: Nur wenn ein Kind möchte, dass seine Schuhe zugebunden werden, hilft die Erzieherin. Wenn das Kind selbst schnüren möchte und die Schleife immerhin ausreicht, um ungefährdet zu laufen, greift die Erzieherin nicht ein.

Das Vorhandensein oder Fehlen bestimmter Fertigkeiten wird im Rahmen von Testverfahren als Indikator dafür verwendet, ob ein Kind altersgemäß entwickelt ist. Für manche Eltern ist der rechtzeitige Erwerb bestimmter Fertigkeiten ein Indiz dafür, dass das Kind im Kindergarten genügend gefördert wird. Das deutlich verzögerte Aneignen von Fertigkeiten kann Indiz für eine Behinderung sein. Deshalb ist die genaue Beobachtung des betreffenden Kindes nötig. Liegen jedoch keine weiteren Auffälligkeiten vor, sollten die pädagogischen Fachkräfte den Eltern zu Gelassenheit raten und pädagogisch begründen, dass das isolierte Training einzelner Fertigkeiten wenig Sinn hat.

Überprüfungsfragen

- Schaffen die Pädagoginnen und Pädagogen für das Kind optimale Bedingungen zum Erwerb neuer Fertigkeiten, indem sie ihm nicht fordernd begegnen, sondern Bereitschaft zur Unterstützung signalisieren?
- Fördern sie die Selbstständigkeit des Kindes beim Erwerb neuer Fertigkeiten ganzheitlich, indem sie auf isoliertes Training einzelner Fertigkeiten verzichten?
- Fördern sie die selbsttätige Aneignung von Fertigkeiten, indem die pädagogischen Fachkräfte alle Versuche von Kindern, etwas selbst zu machen, zulassen und unterstützen?
- Erkennen die Pädagoginnen und Pädagogen Auffälligkeiten in Bezug auf das Fehlen altersgemäßer Fertigkeiten? Nutzen sie diese Erkenntnis als Anlass für gezielte Beobachtungen des Kindes? Thematisieren sie das Defizit und ihre Position dazu im Elterngespräch?

Dokumentation

Beobachtungsbogen, Entwicklungsbogen

Bildungsarbeit im Kindergarten und die Rolle des pädagogischen Fachpersonals

„Musizieren ist meine Spezialstrecke im Kindergarten, denn ich singe gern. Aber Malen war nie meine Sache, und mit Mathematik kann man mich jagen.“ Schon immer wurde im klassischen Kindergarten locker gehandhabt, welche Erzieherin welchen Schwerpunkt übernahm. Solche Vorlieben bewogen Eltern oft, sich für eine bestimmte Gruppe im Kindergarten zu entscheiden: „Erzieherin Marlis malt gern mit den Kindern, und das ist mir besonders wichtig.“

Wenn gruppenoffene Arbeit eingeführt wurde, spiegelten sich die Vorlieben der Pädagoginnen oft in der Zuordnung zu bestimmten Funktionsräumen wieder: „Meistens betreut Marlies das Atelier, denn das ist ihre Spezialstrecke.“ Grundsätzlich hat sich diese Art der Arbeitsteilung bewährt: Das Prinzip der Funktionsräume wird von Kindern schnell angenommen; sie wissen, welche Räume sie aufsuchen müssen, um bestimmten Bedürfnissen nachzugehen, und begrüßen es, für bestimmte Tätigkeiten und Angebote verlässliche und kompetente Ansprechpartner zu finden: „Wenn ich etwas basteln will, gehe ich immer zu Karin, die kennt sich am besten aus.“

Im KLAX-Kindergarten wurde dieser Effekt besonders stark erlebt, nachdem Kindergartenateliers eingerichtet und mit Künstlern besetzt worden waren. Weil diese Menschen keine „normalen" Erzieher sind, sondern als Künstler agieren, erscheinen sie den Kindern als besonders glaubwürdige Partner für ihre eigenen künstlerischen Vorhaben. Es ist die Authentizität, die den Atelierleitern dieses Ansehen verschafft. Wenn die Lehrenden etwas vermitteln, das ihnen selbst in hohem Maße wichtig ist, wenn die Kinder erleben, dass die Erwachsenen einen Teil von sich selbst weitergeben, dann funktionieren Bildungsprozesse besonders gut. Jeder kennt das aus seiner eigenen Bildungsbiografie: Von den Lehrern bleiben uns diejenigen in Erinnerung, die sich mit dem Lernstoff wirklich identifizieren konnten: „Der Schulze hat für seine Physik gelebt!"

Was beim Atelierleiter funktioniert, lässt sich auch auf andere Bereiche der Bildung übertragen. Deshalb wurden im Kindergarten **fünf Bildungsbereiche** geschaffen, und jede pädagogische Fachkraft in einem Team übernimmt einen dieser Schwerpunkte: **Atelier, Musik, Gesellschaft, Universum, Körper und Bewegung.**

Diese Spezialisierung darf nicht oberflächlich bleiben. Wer sich für einen Bereich entschieden hat, bildet sich darin auch intensiv fachlich fort. Denn: Ob eine Pädagogin nur eine Vorliebe für ihr Gebiet hat oder vertieftes fachliches Wissen, das beeinflusst ihre Glaubwürdigkeit in den Augen der Kinder und die Qualität der Bildungsangebote entscheidend. Durch die Einführung des Fachspezialistensystems verändert sich der Kindergarten in einem Punkt radikal: Die Rolle der einzelnen Erzieherin bekommt individuellere Züge.

Früher waren alle Pädagoginnen und Pädagogen für alle Fachgebiete zuständig, und der Einzelne war austauschbar: „Malst du heute mit mir, oder soll ich Gudrun fragen?" Nun verwaltet jede Pädagogin ihr eigenes Fachgebiet und besitzt vertiefte Kenntnisse, die den Kolleginnen nützlich sind: „Aus der Sicht meines Musikbereichs schätze ich die Entwicklung von Jonas anders ein ..."

Fachspezialisierung führt auch dazu, dass die einzelne Pädagogin, der einzelne Pädagoge eigene Beiträge in gemeinsame Projekte einbringen kann, statt sich unhinterfragter Teamarbeit zu fügen. Der Beitrag, den der

Einzelne in der gesamten pädagogischen Arbeit leistet, wird plötzlich identifizierbar, und das führt zu einem internen Wettbewerb mit positiven Auswirkungen auf die Kinder: „Wenn Marion mit ihrem Musiktheater so viel bewirkt hat, muss ich mir mal ein tolles Naturprojekt einfallen lassen."

Bildungsbereich Atelier

Im **Bildungsbereich Atelier** geht es darum, die Ausdrucksfähigkeit der Kinder beim Herstellen von Bildern und Objekten zu fördern. Im Atelier wird ihnen dafür eine Vielfalt an Gestaltungstechniken vermittelt. Sie lernen, über eigene und fremde Bilder zu sprechen. Ziel ist es, dass die Kinder künstlerisches Schaffen als genussvolle Form des Selbstausdrucks erleben.

Vielfältige Materialien erfahren – Gestaltungstechniken kennen lernen

Kindergartenkinder malen, bauen und formen, um die Welt kennen und verstehen zu lernen. Dem, was sie denken, fühlen, verstehen, versuchen sie in Form von selbst hergestellten Bildern oder Objekten Gestalt zu geben. Im Atelier machen sich Kinder ein Bild von der Welt. Ein wichtiges Ziel gerade der jüngeren Kinder ist es, über das künstlerische Tun Klarheit über ihre Umwelt und ihre Gefühle zu gewinnen. Oft ist es für sie unwichtig, welches konkrete Ergebnis ihr Schaffen hat: Es geht ihnen nicht um ein Kunstwerk, sondern um Erkenntnis. Im Atelier können sich Kinder auf einen spielerischen Schaffensprozess einlassen. Ihr „Spielpartner" ist das Material, das sich ihrer Absicht, etwas darzustellen, mitunter verweigert, auf das sie sich einlassen, dessen Eigenschaften sie kennen lernen. Dieses Spiel braucht Zeit: Kinder benötigen im Atelier Zeit und Raum, um ungezielte Spiele mit Farbe, Ton und vielerlei Materialien zu spielen, ohne damit ein Bild oder ein Objekt als Ergebnis erreichen zu wollen.

Nicht jede Technik erlernt sich von selbst. Anspruchsvolle künstlerische Techniken müssen von der Pädagogin vermittelt werden. Künstlerische Techniken, die auch von „echten" Künstlern genutzt wurden, haben dabei

Vorzug vor diversen Hobby-Techniken: Wenn die Kinder erprobte künstlerische Techniken kennen lernen, erfahren sie ein Stück unserer Kultur. Obwohl die Pädagogin den Kindern den sachgerechten Umgang mit Materialien vermittelt, muss sie die Kinder gewähren lassen, wenn sie Dinge nicht bestimmungsgemäß verwenden und Themen abwandeln. Sie lebt den Kindern vor, wie es richtig geht, besteht aber nicht darauf, dass diese ihr nacheifern.

Überprüfungsfragen

- Vermitteln die Pädagogen den Kindern die im Bildungsplan benannten künstlerischen Techniken?
- Erproben die Pädagogen selbst Techniken und Materialverwendung, um sie den Kindern sachgerecht weitervermitteln zu können?

Kunst bei sich und anderen als Ausdrucksmöglichkeit erfahren

Ältere Kindergartenkinder beginnen, ihre künstlerischen Erzeugnisse als „Kunstwerk" zu sehen, als etwas, auf das sie stolz sein können, das ihre individuelle Handschrift trägt. In dieser Phase entwickeln sie hohen Ehrgeiz beim künstlerischen Tun. Von der Pädagogin brauchen sie nun Unterstützung, ihr Werk zu Ende bringen zu können. Sie muss kommunizierend viel über das Wollen und Denken des Kindes erfahren und zu sensibler Beratung und Ermunterung fähig sein. Andererseits wird sie Zurückhaltung üben, wenn das Kind seine eigene Bildwelt in Ruhe aufbauen will. Und sie wird dem fertigen Werk durch Ausstellen und Besprechen die Achtung zukommen lassen, die das Kind braucht.

Über Bilder und Objekte drücken Kinder Gefühle und Gedanken aus. So können die Werke der Kinder als Gesprächsanlass genutzt werden. Die Kinder sollen verstehen, wie man Bilder liest, welche Empfindungen darin sichtbar sind. Im Vorschulalter lernen sie bedeutende Werke der bildenden Kunst kennen, um auch hier über Ausdrucksformen nachzudenken.

Überprüfungsfragen

- Bieten die Pädagogen den Kindern Freiraum für selbstgewählte künstlerische Vorhaben aller Art?
- Bieten sie den Kindern eine intensive Beratung bei ihren künstlerischen Anliegen an?
- Sind künstlerische Themen selbstverständlicher Bestandteil der Projektarbeit und des Alltagslebens im Kindergarten?
- Zeigen die Pädagogen den Kindern regelmäßig in altersgerechter Weise zeitgenössische und überlieferte Kunstwerke?
- Fördern die Pädagogen durch Geschichten, Erzählanlässe, Musik und Filme die Ideenbildung der Kinder und schaffen eine angenehme Atmosphäre im Atelier?
- Regen die Pädagogen durch gezieltes Verbalisieren und Nachfragen die Kinder an, ihre gemalten Empfindungen und Erfahrungen auszudrücken?
- Werden die entstandenen Arbeiten regelmäßig im Kindergarten ausgestellt?

Lernmethoden erwerben – eigenen Lernfortschritt reflektieren

Die Arbeit im Atelier eignet sich besonders dafür, damit Kinder selbstständiges, projektartiges Arbeiten erlernen können. Sie erfahren im künstlerischen Tun, wie man mit einem konkreter werdenden Plan an die Arbeit geht, alle benötigten Materialien beschafft, bei der Umsetzung Hilfe einfordert, wie man das Ergebnis präsentieren kann und das Gelingen einschätzt. Die Pädagogin im Atelier hat die Aufgabe, diese selbstständige Arbeit zu strukturieren, indem sie Besprechungsrunden einführt, offene künstlerische Themenstellungen anbietet und regelmäßige Präsentationen der Ergebnisse einplant.

Überprüfungsfragen

- Werden in Planungsrunden künstlerische Vorhaben der Kinder geplant, sodass diese selbstständig daran arbeiten können?
- Bieten die Pädagogen den Kindern eine intensive Beratung bei ihren künstlerischen Anliegen an?
- Wird in Abschlussrunden eine gemeinsame Betrachtung entstandener Werke ermöglicht?
- Führen die Kinder ihre Ateliermappe zunehmend selbstständig?

Lernformen im Bereich Atelier

- Freies Arbeiten mit Einzelbetreuung
- Gemeinsame Projekte mit klarer Themenstellung
- Herstellen von Objekten und Bildern in bildungsbereichsübergreifenden Projekten
- Gelenkte Einführung einer neuen Technik
- Vorbereiten von gemeinsamen Ausstellungen
- Gelenkte Kreisgespräche über eigene und fremde Kunstwerke.

Bildungsbereich Körper

Im **Bildungsbereich Körper und Bewegung** steht die Förderung des Körperbewusstseins der Kinder im Mittelpunkt. Das umfasst eine weite Palette von eher wissensvermittelnden Gebieten, Informationen über Körperfunktionen bis zur praktischen Körperarbeit im Bewegungsraum. Auch das Vermitteln von Entspannungstechniken gehört in dieses Gebiet. Der Pädagoge in diesem Spezialisierungsbereich transportiert Wissen über Gesundheitserziehung, über die Biologie des Menschen, über Ernährung in Projekten und Angeboten.

Sich des eigenen Körpers bewusst werden – Wissen über Körperaufbau und Gesundheit erlangen

Körperbewusstsein zu schaffen, ist eines der zentralen Ziele in diesem Bildungsbereich. Es wird auf ganz verschiedenen Ebenen anvisiert. Den Kindern muss zunächst bewusst werden, woraus ihr Körper besteht: Wie ist er aufgebaut? Wie heißen die einzelnen Körperteile? Worin gleichen sich alle Körper, was ist individuell unterschiedlich, was unterscheidet Jungen und Mädchen? Wenn Kindern dieser Grundaufbau bekannt ist, können sie zum Nachdenken angeregt werden, wie ihr Körper funktioniert: Was leisten die Organe? Wozu ist die Haut da? Davon ausgehend, kann die Brücke zum Thema Gesundheit geschlagen werden: Was muss ich für meinen Körper tun, damit er gesund bleibt? Was muss ich vermeiden, um ihm nicht zu schaden? Was darf ich bei anderen Kindern niemals tun, um sie nicht zu verletzen?

Auf diesem Grundwissen aufbauend, haben die Pädagogen die Aufgabe, Kinder bei der Ausdifferenzierung ihres Körpergefühls zu unterstützen: Welche Signale des Körpers muss man wahrnehmen, um für sein eigenes Wohlbefinden zu sorgen? Welche körperlichen Bedürfnisse sollte man zum Ausdruck bringen, welche muss man bisweilen auch regulieren?

Je älter die Kinder werden, desto mehr können sie ihr Körperbild reflektieren, denken über ihr Aussehen nach, vergleichen sich mit anderen, ordnen sich Geschlechtsgenossen zu, grenzen sich mitunter von anders aussehenden Kindern ab. Es geht darum, dass die Kinder ihre eigenen Besonderheiten wahrnehmen und wertschätzen können. Dabei wird den Kindern vermittelt, dass Menschen trotz körperlicher Unterschiede, unterschiedlichen Geschlechts, unterschiedlicher Hautfarbe ähnlicher sind, als man glaubt. Sie sollen erkennen können, dass Geschlechtsrollen und Unterschiede zwischen Menschen verschiedener Herkunft kulturell bedingt und nicht unumstößlich sind. Jeder kann herausfinden, wie er sein möchte, egal welchem Geschlecht er angehört und welcher Kultur er entstammt.

Überprüfungsfragen

- Ermöglichen die Pädagogen den Kindern durch ausgehängte Spiegel, Körperumriss-Bilder, Messlatten den eigenen Körper in Aussehen, Veränderung und Funktion kennen zu lernen?
- Erlernen die Kinder in Alltagssituationen und Projekten grundlegende Kenntnisse in der Ersten Hilfe und im Umgang mit Erkrankungen?
- Akzeptieren die Erzieherinnen und Erzieher grundsätzlich Äußerungen der Kinder über ihre körperlichen Bedürfnisse? Zum Beispiel: „Ich habe jetzt keinen Hunger mehr; mir ist nicht kalt."
- Gestehen sie den Kindern einen größtmöglichen Spielraum zu, Erfahrungen mit scheinbar gesundheitlich bedenklichen Verhaltensweisen zu machen? Zum Beispiel: Austesten, ob es ohne Jacke warm genug ist.
- Begründen sie nötige Maßnahmen wie Zähneputzen, Mützentragen so sachlich wie möglich?

Spielfähigkeit erweitern

Von Anfang an spielen Kinder mit großem Körpereinsatz, entwickeln entsprechend ihrem natürlichen Bewegungsdrang eigenständig Lauf- und Springspiele. Die Pädagogin im Bildungsbereich Körper und Bewegung hat die Aufgabe, dieses selbstmotivierte Spielverhalten der Kinder zu begleiten, zu beobachten und zu unterstützen. Dies kann sie erreichen, indem sie den Kindern grundlegende Spielregeln vermittelt – von der Stop-Sage-Regel bis zur Vermittlung von komplizierten Regeln traditioneller Mannschaftsspiele. Sie kann durch Einrichten von Bewegungsbaustellen, durch Anleiten von Bewegungsspielen das Spielvokabular der Kinder erweitern.

Mannschafts- und Wettkampfspiele müssen fair bleiben und für alle Kinder, auch die schwächeren und langsameren, ein positives Erlebnis sein. Die Pädagogin hat die Aufgabe, bei der Vermittlung von Spielformen immer auch Spiele mitzubedenken, bei denen es nicht um das Siegen geht oder bei denen Geschicklichkeit, Fairness, Geduld ebenso wichtig sind wie Körperkraft.

Überprüfungsfragen

- Greifen die Pädagogen aus der Situation entstehende Bewegungsspiele gezielt auf und berücksichtigen sie in der weiteren Planung?
- Informieren die pädagogischen Fachkräfte die Kinder maßvoll, welche Spielformen eine Gefährdung darstellen können?
- Stellen Kinder und pädagogische Fachkräfte gemeinsam Regeln über notwendige Grenzen bei Bewegungsspielen auf?
- Vermitteln die Pädagogen die Regeln bekannter Bewegungs- und Mannschaftsspielformen?

Verständnis für gesunde Ernährung entwickeln

Ein Bewusstsein für gesunde Ernährung kann bei Kindern nicht durch den erhobenen Zeigefinder erzeugt werden: Wie bei allen anderen Wissensgebieten lassen sie sich auch von einer gesunden Ernährungsweise am besten überzeugen, wenn sie die sachlichen Hintergründe verstehen und dieses Thema zu einem Ziel machen konnten, auf dessen Erreichung sie stolz sind: „Ich ernähre mich nicht gesund, weil es von mir durch Eltern und Erzieher erwartet wird, sondern weil ich es will und weiß, wie es geht."

Kinder müssen von Anfang an selbst entscheiden können, wie und was sie essen, sollen aber sachlich informiert werden, was gut für sie ist. Sie dürfen entscheiden, wie viel sie essen, welche Zutaten sie haben möchten. Sie können selbst regelmäßig beim Zubereiten von Nahrung mitmachen, um zu verstehen, aus welchen Bestandteilen ihr Essen besteht und was daran gesund ist.

Überprüfungsfragen

- Akzeptieren Erzieher und Erzieherinnen grundsätzlich Äußerungen der Kinder über ihre körperlichen Bedürfnisse? Zum Beispiel: „Ich habe jetzt keinen Hunger mehr."
- Können Kinder nach ihren Bedürfnissen und Vorlieben Speisen auswählen?
- Führen die Pädagogen Projekte zum Thema „Gesunde Ernährung" durch?
- Können die Kinder im Rahmen von Angeboten Speisen selbst herstellen?

Ausdrucksfähigkeit entwickeln – Entspannung lernen

Kinder werden dazu befähigt, ihren Körper in einen Zustand der Ausgeglichenheit bringen zu können. Das beginnt dabei, Müdigkeit und Entspannungsbedürfnis bei sich wahrzunehmen und dem Bedürfnis durch Rückzug gerecht zu werden. Darüber hinaus werden den Kindern aktiv einsetzbare Entspannungstechniken vermittelt, mit deren Hilfe sie sich selbst aus Unruhezuständen lösen können.

Den eigenen Körper in Einklang mit Musik bringen zu können, ist ein Ziel, das den Bereich Körper und Bewegung mit dem Bereich Musik verbindet. Kinder lernen in gelenkten Bewegungsspielen, bei vermittelten oder improvisierten Tänzen und beim Schauspiel Rhythmusgefühl zu entwickeln, Gehörtes in Bewegung umzusetzen und sich so über ihren Körper bewusst auszudrücken.

Überprüfungsfragen

- Bieten die Räume den Kindern ausreichende Möglichkeiten für Bewegung und Ruhe zu jeder Zeit?
- Vermitteln die Erzieher und Erzieherinnen den Kindern Entspannungstechniken?
- Fördern sie den Selbstausdruck der Kinder im Tanz?

Motorische Fähigkeiten aufbauen

Um ihre Motorik optimal zu entwickeln, benötigen Kinder eine Vielzahl von Bewegungsmöglichkeiten. Genau daran mangelt es in der Großstadt: Es fehlt an Orten zum Klettern, Kriechen, Springen und Herumtoben. Durch Straßenverkehr und enge Wohnungen erreicht der Bewegungsdrang schnell Grenzen. Die verstärkte Nutzung von Medien (Computer, Fernsehen) durch Kleinkinder tut ein Übriges dazu, dass der Entwicklung der Motorik Raum und Zeit fehlt. Die Folge: Immer mehr Kinder sind motorisch gestört, wirken unkoordiniert bei ungewohnten Bewegungen und verletzen sich überproportional häufig.

Die Pädagogin im Bildungsbereich Körper und Bewegung steht vor der Aufgabe, diesem Prozess entgegenzuwirken. Im Kindergarten und im Freigelände müssen Möglichkeiten zum Klettern, Herumtoben, Kriechen, Springen, Balancieren, Drehen und Schaukeln zu finden sein. Das Kind hat die Möglichkeit, im Alltag vielfältige Bewegungserfahrungen zu machen. Ein gutes Gleichgewichtsgefühl, Geschicklichkeit und eine gute Koordinationsfähigkeit stärken auch das Selbstwertgefühl und das Selbstbewusstsein des Kindes. Zur Kompensation fehlender Bewegungsmöglichkeiten reicht es nicht aus, nur den Bewegungsraum anzubieten, da Bewegung nicht auf einen Raum und auf ein gelenktes Bewegungsangebot begrenzt werden kann.

Wenn im Kindergarten getobt und geklettert wird, ist das Risiko von Verletzungen gering zu halten. Einerseits besteht die Aufgabe der Pädagoginnen darin, die Sicherheit aller Möbel und Geräte zu überwachen, damit zum Beispiel ein gefahrloses Klettern möglich ist. Andererseits führt ein übertriebenes Betonen der Gefährlichkeit vor den Kindern dazu, dass sie verängstigt würden und ihre Bewegungsfreude einschränkt ist.

Zum Erproben der motorischen Fertigkeiten gehört die Vorbereitung des Raumes. Hierzu ist der Aufbau von „Bewegungsbaustellen", wie sie in der Psychomotorik ihren Ursprung haben, sinnvoll. Die Kinder erfahren dabei ihren Körper und stellen sich immer wieder neuen Herausforderungen durch Veränderungen des Aufbaus, die sie selbst oder mit Hilfe der Erzieherinnen vornehmen. Körperwahrnehmung, Ich-Kompetenz, Sozial- und Material-Kompetenz werden geschult. Die Kinder machen daneben Erfahrungen in der Raumorientierung, Koordinationsfähigkeit, Geschicklichkeit, in Gleichgewicht und Balance. Eigene Ängste können überwunden werden, und die unsicheren Kinder werden durch das freie Angebot und das Beobachten der anderen in ihrem Handeln immer mutiger.

Überprüfungsfragen

- Haben die pädagogischen Fachkräfte im Kindergarten und im Außengelände eine Vielzahl unterschiedlichster Bewegungsmöglichkeiten realisiert?
- Greifen sie aus der Situation entstehende Bewegungsmomente gezielt auf und berücksichtigen sie in der weiteren Planung?
- Geben sie den Kindern durch den Aufbau von „Bewegungsbaustellen“ die Möglichkeit, ihre motorischen Fähigkeiten frei zu erproben?
- Informieren die pädagogischen Fachkräfte die Kinder maßvoll, welche Bewegungsformen eine Gefährdung darstellen können?
- Stellen Kinder und pädagogische Fachkräfte gemeinsam Regeln über notwendige Grenzen im Bereich von Bewegungsmöglichkeiten auf?
- Nutzen die pädagogischen Fachkräfte Auffälligkeiten in der motorischen Entwicklung einzelner Kinder als Anlass gezielter Beobachtung? Führen sie gegebenenfalls Elterngespräche und ziehen Experten hinzu?

Lernmethoden erwerben – eigenen Lernfortschritt reflektieren

Gerade bei neu dazu gelernten körperlichen Bewegungsmöglichkeiten ist es nötig, mit den Kindern darüber zu reflektieren, wie sie das nun gelernt haben: In welchen Schritten haben sie geübt, wann ist der Knoten geplatzt? Indem Kinder selbst an der Dokumentation wichtiger Lernschritte in Bezug auf Bewegung im Portfolio beteiligt werden, erfahren sie zunehmend, welche Entwicklungsmöglichkeiten sie haben.

Überprüfungsfragen

- Besprechen und dokumentieren die Pädagogen gemeinsam mit den Kindern den Erwerb neuer körperlicher Fertigkeiten?
- Dokumentieren sie die Entwicklung des wachsenden und sich verändernden Körpers der Kinder?

Lernformen im Bereich Körper und Bewegung

- Freie Bewegungssituationen auf Bewegungsbaustellen und im Garten
- Recherche zu Projekten mit gesundheitserzieherischem Schwerpunkt
- Angeleitete Bewegungsübungen
- Vermittlung von Spielformen
- Gelenkte Gespräche über Körperentwicklung
- Recherche in Büchern und Internet über Körperaufbau, Gesundheit.

Bildungsbereich Musik

Im **Bildungsbereich Musik** geht es um musikalische Früherziehung der Kinder – um die Förderung des Bewusstseins für Rhythmen, das Lernen von Liedern, das Anbahnen von Instrumentenspiel, um die Vermittlung von Wissen über Musik als Kulturgut.

Musik hören

Musik können Kinder schon im Mutterleib hören, und bereits hier löst das Gehörte Stimmungen aus. Wenn nun als erstes Ziel des Bildungsbereichs das Hören von Musik benannt wird, geht es darum, unterschiedliche Formen von Musik unterscheiden und diese in Bezug zu eigenen Gefühlslagen und Bedürfnissen setzen zu können. Vor allem ist es Aufgabe des Bildungsbereichs, Kinder an eine Vielfalt von Musikformen heranzuführen: Im Kindergarten sollen Kinder erfahren, wie viele Formen von Musik es neben Kinderliedern noch gibt. Die Kinder erleben Musik mit unterschiedlichen

Instrumenten, mit und ohne Gesang, klassische Musik, Jazz, Pop, Lieder aus verschiedenen Kulturen, laute und eindringliche wie auch zurückhaltende und meditative Musik.

Über diese Hörerlebnisse wird gesprochen: Wie unterscheiden sich Rhythmus und Tempo? Die Kinder lernen dabei grundlegende Begriffe der Musik kennen: Was sind hohe und tiefe Töne? Damit verbundene Gefühle werden benannt, das Gehörte wird in Bewegung oder bildnerisches Schaffen umgesetzt, um es auf diese Weise aktiv zu verarbeiten. Kinder lernen, Musikhören aktiv je nach Bedürfnislage einsetzen zu können: „Wenn ich zur Ruhe kommen will, höre ich leise Musik, zum Tanzen eher dynamische." Lernziel für die ältesten Kinder ist es, grundlegende Musikstile unterscheiden zu können und eigene Vorlieben herauszubilden.

Überprüfungsfragen

- Führen die Pädagogen regelmäßig Angebote im Bereich „Musikhören" durch, bei denen gehörte Klänge in Rollenspiel, Bewegung oder Malerei umgesetzt werden?
- Befinden sich in den Räumen des Kindergartens MC-CD-Player, die von den Kindern selbstständig benutzt werden können? Wurden über die Benutzung Regeln erarbeitet?

Musik als Ausdrucksmöglichkeit erfahren

Die Fähigkeit der Kinder, selbst Musik zu machen, ist von Anfang an Ziel der Arbeit im Bildungsbereich. Der Gebrauch der eigenen Stimme wird dabei anfangs im Vordergrund stehen: Kinder lernen, wie man laut und gefühlvoll singen kann, sie können sich ein Repertoire an Melodien und Texten einprägen. Mit einfachen Rhythmusinstrumenten, aber später auch auf Flöten oder dem Klavier erlernen sie erste Schritte der Instrumentalmusik. Die Kinder bekommen vermittelt, wie die Notenschrift grundsätzlich aufgebaut ist. In musikalischen Aufführungen und Singstunden erleben Kinder gemeinsames Musizieren als lustvolle Betätigung.

Überprüfungsfragen

- Können die Kinder den Musikraum sowohl zur Teilnahme an geschlossenen als auch offenen Angeboten nutzen?
- Führen die Pädagogen regelmäßig Angebote zum Thema „Gemeinsames Singen" durch?
- Führen sie regelmäßig Angebote im Bereich Rhythmik (Orff-Instrumente, Trommeln) durch?
- Führen sie regelmäßig Angebote im Bereich „Instrument" (Blockflöte, Klavier) durch?
- Bestehen im Musikraum klare und akzeptierte Regeln, wie man gemeinsam musizieren kann, ohne sich gegenseitig durch Lärm zu belästigen und Instrumente zu beschädigen? Sind die Regeln in kindgemäßer Form (Bilder) ausgehängt?

Wissen über Musik erwerben

Musik ist ein wesentlicher Bestandteil jeder Kultur. Deshalb ist es Ziel des Bildungsbereichs, Kindern Wissen darüber zu vermitteln, welche Formen von Musik für unseren Kulturkreis prägend sind. Das beginnt bei jahreszeitlichen Volksliedern. Lieder aus vergangenen Zeiten eignen sich, um Kindern Einblick in damalige Lebensweisen und Bräuche zu vermitteln. Kindern werden über Musik Traditionen der eigenen Kultur vermittelt. Und sie sollen Lieder anderer Kulturen kennen lernen, um auch deren Traditionen zu erfahren.

Unsere Zeit ist durch andere Formen von Musikgenuss geprägt: internationale Popmusik im Radio, weltweiter Musikmarkt, Starkult. Diese Themen dürfen im Kindergarten nicht ausgeklammert werden. Doch geht es auch darum, bei Kindern ein kritisches Bewusstsein über Starkult und Musikindustrie aufzubauen.

Überprüfungsfragen

- Vermitteln die Erzieher und Erzieherinnen den Kindern beim Hören von Musik oder dem Lernen von Liedern Wissen über Komponisten und den Entstehungszusammenhang?
- Vermitteln sie den Kindern aktuelle Musikformen?

Lernmethoden erwerben – eigenen Lernfortschritt reflektieren

Im Bildungsbereich Musik geht es bei der Reflektion und Dokumentation von Lernfortschritten darum, den individuellen Weg jedes Kindes zu erfassen – welche Vorlieben es herausbildet, welche eigenen musikalischen Schöpfungen es hervorgebracht hat. Dokumentationsform ist neben Beschreibungen immer wieder auch ein Tonträger.

Überprüfungsfrage

- Zeichnet das pädagogische Fachpersonal das Musizieren der Kinder per Tonträger auf, um davon Belege im Portfolio zu haben?

Lernformen im Bereich Musik

- Freies Musizieren mit Einzelbetreuung
- Gemeinsame Instrumentalstunden
- Gelenktes Einüben von Liedern
- Rhythmus- und Bewegungsspiele
- Gemeinsames Hören von Musik, Gespräche darüber.

Bildungsbereich Universum

Im **Bildungsbereich Universum** geht es darum, das Interesse der Kinder an all den Erscheinungen und Dingen in der Welt um sie herum aufzugreifen, um sie zum Ausgangspunkt von naturwissenschaftlichen einfachen Forschungen zu machen. Kinder werden dabei die grundlegenden und immer wiederkehrenden Abläufe der Natur verstehen. Zum Bildungsbereich gehört auch, den Erwerb mathematischer Fertigkeiten vorzubereiten, indem das Zählen, Messen und Wiegen in Projekte einbezogen wird. Ebenso wird Verständnis über die Grundlagen von Technik vermittelt.

Die belebte Natur erkunden

Ziel des Bildungsbereiches ist es, bei den Kindern Verständnis für die grundlegenden Abläufe von Lebensprozessen der Natur aufzubauen: Welche Lebensbedingungen brauchen Tiere und Pflanzen? Wie entwickeln sie sich? Wie pflanzen sie sich fort und vermehren sich? Kinder erfahren dabei die Vielgestaltigkeit der Natur – auch, um dabei ein respektvolles Verhältnis zu Natur und Umwelt aufbauen zu können. Ziel ist es, ökologische Zusammenhänge kennen zu lernen und durch eigenes Handeln Verantwortung für die Umwelt und deren Schutz zu übernehmen.

Im städtischem Umfeld ist ein handelnder Umgang mit Natur meist nur eingeschränkt möglich: Die Kinder begegnen hier Pflanzen in geringer Vielfalt, und die sinnlichen Erfahrungsmöglichkeiten sind im Vergleich zum Wald oder zu einer Wiesenlandschaft minimal. Aufgabe der Pädagogin ist es, im Kindergarten solche Erfahrungsmöglichkeiten zu schaffen: im Experimentarium Pflanzen aufwachsen lassen, im Freigelände durch naturnahe Gestaltung ausschnittweise Erfahrungen mit Natur ermöglichen, regelmäßig Wälder aufsuchen, um intensive Erfahrungen zu ermöglichen. Den Kindern werden Methoden vermittelt, um Pflanzen und Tiere zu kategorisieren, zu beschreiben und unterscheiden zu können. Sie lernen, wesentliche Teile benennen zu können, wie Gesehenes abgebildet wird und kennen wesentliche Kategorien wie Tier- und Pflanzenarten.

Der Mensch ist selbst Teil der Natur; er braucht Natur, um zu leben: Den Kindern wird vermittelt, warum Menschen Pflanzen und Tiere züchten, warum sie Sauerstoff benötigen, den Pflanzen herstellen. Auch auf diese Weise lernen Kinder verstehen, warum ein respektvoller ökologischer Umgang mit der Natur unabdingbar ist, wenn Menschen nicht ihre eigene Lebensgrundlage zerstören wollen.

Überprüfungsfragen

- Bieten die pädagogischen Fachkräfte mindestens monatlich Exkursionen wie Waldspaziergänge, zum Wildgehege, zum Bauernhof an?
- Führen sie natur- und umweltbezogene Projekte durch?
- Bietet der Kindergarten den Kindern Spielmöglichkeiten mit Naturmaterialien an (z. B. Steine, Holz, Muscheln, Früchte, Matsch)?
- Ermöglichen die Pädagogen den Kindern den Erwerb grundlegender Kenntnisse im Benennen und Unterscheiden von Tieren und Pflanzen?
- Machen sie den Kindern bewusst, aus welchem Grund und auf welche Weise der Müll im Kindergarten getrennt wird?
- Nutzen sie Fragen der Kinder nach naturwissenschaftlichen Zusammenhängen, um daraus Projekte und Angebote zu entwickeln?
- Lenken die Pädagogen das Interesse der Kinder durch mitgebrachte Gegenstände und geplante Exkursionen gezielt auf naturwissenschaftliche Fragestellungen?
- Vermitteln die Pädagogen den Kindern Techniken der Untersuchung (Mikroskopieren, Skizzieren, Nachstellen)?
- Machen sie naturwissenschaftliche Gegebenheiten nach Möglichkeit in direkter Anschauung erlebbar?
- Haben sie für die selbstständige Benutzung des Universums Regeln (z. B. sorgsamer Umgang mit den Materialien, Beachtung der Hygiene) mit den Kindern erarbeitet?

Die unbelebte Natur erforschen

In selbst initiierten Experimenten untersuchen Kindergartenkinder immer wieder interessiert Zusammenhänge der unbelebten Natur: wenn sie am Waschbecken das Strömungsverhalten des Wassers beobachten; verfolgen, unter welchen Bedingungen sich Badeschaum auflöst; überlegen, warum Heliumballons fliegen. Es ist Aufgabe der Pädagogin, solche Staun-Anlässe der Kinder als Ausgangspunkt für naturwissenschaftliche Fragestellungen zu nutzen oder selbst Anlässe zu schaffen.

Die Grundfragen sind immer die gleichen: Wie funktioniert das Phänomen? Unter welchen veränderten Bedingungen funktioniert es auch? Unter welchen Bedingungen bleibt der Effekt aus? Welche Gesetzmäßigkeit steckt hinter dem Phänomen? Ziel ist, dass die Kinder wesentliche physikalische Gesetzmäßigkeiten verstehen.

Naturwissenschaftliche Experimente können Kinder beeindrucken. Sollen sie aber über einen effektvollen Zaubertrick hinausgehen, um Kindern naturwissenschaftliche Zusammenhänge erfahrbar zu machen, muss das Gesehene verarbeitet werden. Hierfür empfehlen sich Beschreibungen durch selbst angefertigte Schaubilder, intensive Gesprächsrunden und lange Versuchreihen, mit denen der wahrgenommene Effekt kritisch überprüft wird.

Überprüfungsfragen

- Nutzen die Pädagogen Fragen der Kinder nach naturwissenschaftlichen Zusammenhängen, um daraus Projekte und Angebote zu entwickeln?
- Lenken sie das Interesse der Kinder durch mitgebrachte Gegenstände und geplante Exkursionen gezielt auf naturwissenschaftliche Fragestellungen?
- Führen Fragen der Kinder zu Untersuchungen der Kinder, nicht zu Antworten der Erwachsenen?
- Vermitteln die Pädagogen den Kindern Techniken der Untersuchung (Mikroskopieren, Skizzieren, Nachstellen)?

- Machen sie naturwissenschaftliche Gegebenheiten nach Möglichkeit in direkter Anschauung erlebbar?
- Haben sie für die selbstständige Benutzung des Universums Regeln mit den Kindern erarbeitet?
- Sind die Erklärungen der Pädagogen altersgemäß und sachlich richtig?
- Dokumentieren sie Ergebnisse aus naturwissenschaftlichen Untersuchungen der Kinder im Kindergarten und stellen sie aus?

Technik erfahren

Kinder interessieren sich im Kindergartenalter für die Funktion von Gegenständen ebenso wie für die Bedeutungen von Arbeiten, die Erwachsene tätigen. „Wie funktioniert das?" „Warum machst du das?" sind häufige Fragen an Erwachsene. Diese Wissbegier wird als Anlass genutzt, um sich in Form von Angeboten und Projekten mit der Herstellung von Dingen wie auch mit dem Ablauf von Arbeit auseinander zu setzen. Auseinandersetzen hängt mit Auseinander-Nehmen zusammen. Die Kinder brauchen im Kindergarten Möglichkeiten, um Geräte aller Art auseinander nehmen zu können, das Innere zu betrachten, um neue Dinge zusammenbauen zu können. Im Atelier wie im Garten sollte es also Bereiche geben, in denen entsprechende Materialien und Werkzeuge vorzufinden sind. Aufgabe der Pädagogen ist es, den Gebrauch einfach zu handhabender Werkzeuge zu vermitteln und durch zurückhaltende Beaufsichtigung Gefährdungen zu vermeiden.

Dem Lernen außerhalb des Kindergartens kommt auch in diesem Zusammenhang eine hohe Wichtigkeit zu: Um technische Abläufe zu verstehen, brauchen Kinder die Möglichkeit, arbeitenden Menschen über längere Zeit zusehen zu können (z. B. Baustelle um die Ecke, Kranbau). In der Nachbarschaft der Kindergärten gibt es interessante Handwerksbetriebe, die besucht werden können. Wünschenswert ist es, Betriebe (z. B. Korbmacher, Töpferei) zu finden, die es ermöglichen, dass die Kinder beobachtete Tätigkeiten auch selbst vor Ort oder im Kindergarten ausprobieren können.

Überprüfungsfragen

- Finden die Kinder im Kindergarten Material, Werkzeug und Raum, um technischen Fragen nachzugehen, Gegenstände zu untersuchen und handwerkliche Tätigkeiten zu üben?
- Besuchen die Erzieher und Erzieherinnen bei Exkursionen Arbeitsstätten?
- Können die Pädagogen den Kindern grundsätzliche Fertigkeiten über den Gebrauch von Werkzeugen vermitteln? Wurden die Kinder über Gefahren durch falsche Verwendung von Werkzeugen unterwiesen?

Mathematik erfahren

Auch für mathematische Fragen interessieren sich Kinder im Kindergartenalter. In der pädagogischen Arbeit geht es darum, bei Kindern ein mathematisches Grundverständnis anzubahnen, auf das die Schule aufbauen kann. Die Kinder machen Erfahrungen mit Mengen, Formen und Größen, um diese miteinander zu vergleichen: Wer ist größer? Wie viele Schritte sind es bis zur Straßenecke? Wie viele Gläser können mit einer Teekanne gefüllt werden? Solche Fragen können gezielt in geeigneten Situationen von den Pädagogen eingeflochten werden. Durch Brett- und Würfelspiele wird vor allem das Erfassen von Mengen gefördert. Und es gibt Spiele, die das Erkennen von unterschiedlichen Formen fördern. Kreisspiele haben oft ebenfalls Zahlenreihen zum Inhalt: „Ting tang Tellerlein ... Erster Stein, zweiter Stein ...“ Kindern können so bei Bedarf Techniken des Fingerrechnens vermittelt werden.

Mathematisches Grundverständnis wird im Kindergarten immer in einem sinnvollen Bezug zum Alltag angebahnt. Das beginnt mit dem Ordnen und Kategorisieren von Gegenständen, das beim Aufräumen und Sortieren geübt wird. Messen und Vergleichen kann Kindern über den Bezug zum eigenen Körper erfahrbar gemacht werden, indem Größen verglichen werden. Ergiebige Momente, bei denen Zahlen und Zählen eine wichtige Rolle spielen, ergeben sich auch im Zusammenhang mit Einkäufen. Hier werden die Kinder beteiligt, indem Einkaufslisten geschrieben werden,

Waren abgezählt und am Ende von den Kindern bezahlt werden. Auch beim Kuchenverkauf zum Elterncafé handelt es sich um eine Situation mathematischen Lernens: Wenn ein Kuchen einen Euro kostet, was nehme ich dann für vier Kuchen?

Überprüfungsfragen

- Regen die Pädagogen die Kinder in Alltagssituationen zum Schätzen von Mengen, zum Vergleichen von Größen an?
- Legen sie im Kindergarten Materialien zum Zählen und Messen (Messlatte, Waagen) aus?
- Bieten sie regelmäßig Gesellschaftsspiele, bei denen Formen und Zahlen eine Rolle spielen (Würfelspiele, Domino), an?
- Sind die Kinder in Einkaufs- und Verkaufssituationen selbstverständlich eingebunden, um dort Erfahrungen mit Mengen und Geldbeträgen (Einkäufe, Kuchenverkauf) zu machen?

Lernmethoden erwerben – eigenen Lernfortschritt reflektieren

Wesentliche Lernmethoden im Bereich Universum sind das Kategorisieren, das Überprüfen mittels Versuchsvariationen, das Dokumentieren mittels Schaubildern und das Berichten des Gesehenen.

Überprüfungsfragen

- Vermittelt das pädagogische Fachpersonal den Kindern grundlegende Arbeitstechniken im Bereich Universum (Versuche aufbauen, Mikroskopieren), die sie selbstständig einsetzen können?
- Dokumentieren sie Ergebnisse von Versuchen und Untersuchungen immer?

Lernformen im Bereich Universum

- Freies Experimentieren mit Einzelbetreuung
- Gemeinsame Projekte mit klarer Themenstellung
- Exkursionen in die Natur oder die Arbeitswelt
- Spielerisches Einbinden von Mathematik in Alltagssituationen
- Herstellen von Dokumentationen mit Schaubildern.

Bildungsbereich Gesellschaft

Der **Bildungsbereich Gesellschaft** vereint alle Themen, die etwas mit dem friedlichen Zusammenleben von Menschen zu tun haben. Sowohl die Befähigung der Kinder zu gewaltfreier Konfliktlösung, das Fördern der Mitbestimmung durch Kinderkonferenzen als auch das Vermitteln von Wissen über den Aufbau der Gesellschaft, die Unterschiede zwischen Religionen und Menschen aus anderen Völkern sind wesentliche Ziele der Bildungsarbeit.

Die Gesellschaftsordnung erfahren

Eines der wichtigsten Ziele des Bildungsbereichs Gesellschaft ist es, Kindern einen Einblick in den Aufbau der Gesellschaft zu verschaffen. Dies beginnt damit, dass jüngere Kinder in ihrem engsten Umfeld erfahren, wie Menschen zusammenleben, wie unterschiedlich sie sind, welche gemeinsamen Bedürfnisse sie haben und welche Einrichtungen es dafür gibt. Sie sollen unterschiedliche Lebensformen, Familienformen, Wohnsituationen aus der Kindergruppe kennen lernen. Die Kinder erfahren, zu welchem Zweck es Polizei, Krankenwägen, bestimmte Geschäfte und Arbeitsstätten gibt, weshalb die Gemeinschaft Verkehrsmittel, Verkehrswege und Verkehrszeichen geschaffen hat.

Bis zum Ende der Kindergartenzeit erkennen die Kinder, wie man sich selbstständig in der Gesellschaft bewegen kann: Sie erfahren, welche Rechte sie haben, von welchen Einrichtungen sie Schutz bekommen können, was sie tun können, wenn sie verloren gehen. Die Kinder werden an Fragen der Gerechtigkeit herangeführt: Geht es allen Menschen in unserer Gesellschaft gleich gut? Fühlt sich jeder gleich gut in der Gemeinschaft aufgehoben? Um Kindern positive Erfahrungen mit Demokratie zu ermöglichen, hat die Gesellschafts-Pädagogin die Aufgabe, ihnen das Einbringen in gesellschaftliche Anliegen im überschaubaren Rahmen zu ermöglichen. Sie kann Kindern zeigen, wie man zum Beispiel durch Briefe an zuständige Stellen und Besuche von Kindersprechstunden schon in jungen Jahren seinem Anliegen Gehör verschaffen kann.

Überprüfungsfragen

- Suchen die Pädagogen gezielt Orte (Rathaus, Schloss, Museum, Polizei, Gericht) auf, an denen bei Kindern Fragen über gesellschaftliche und politische Zusammenhänge aufkommen?
- Sprechen sie bewegende Ereignisse bei den Kindern an und nutzen sie als Grundlage weiterer Informationsbeschaffung?
- Aktivieren und befähigen die Pädagogen Kinder, in überschaubarem Rahmen eigene Anliegen außerhalb der Kindertageseinrichtung kundzutun, indem Kindergremien besucht oder Briefe geschrieben werden?
- Achten die Pädagogen darauf, bei allen gesellschaftlichen und politischen Fragen eine angemessene Neutralität zu wahren, indem sie ihre Meinung und Auffassung nicht als die allein richtige darstellen?
- Lassen sich die Pädagogen auf alle Kinderfragen ein, auch wenn sie vielleicht selbst nicht die allumfassende Antwort haben? Lassen sie sich inspirieren, eigene Ansichten zu überdenken und auf diese Weise an den Gesprächen teilzunehmen?

Zeit erfahren – Geschichte erfahren – Kultur erfahren

Ein Ziel des Bildungsbereichs ist es, Kindern eine grobe Orientierung über Zeit zu verschaffen. Sie lernen Verständnis dafür aufzubauen, welche Veränderungen der Ablauf der Zeit bringt, und nahe und ferne Vergangenheit unterscheiden: die Jugendzeit der Großeltern und das Zeitalter der Dinosaurier. Anhand von Fundstücken vergangener Zeiten oder beim Besuch historischer Bauten können die Kinder Wissen über vergangene Zeiten aufbauen. Wenn Kinder sich Wissen über das Leben in vergangenen Zeiten aneignen, können sie auch beginnen, die eigene Kultur zu reflektieren: Wie lebte es sich, als es noch kein Fernsehen/Auto gab?

Gerade das Thema Zeiterfahrung setzt immer an dem eigenen Erlebnis des Älterwerdens an: Woran erkenne ich, dass ich selbst älter werde? Was verändert sich dabei? Unvermeidlich ist es dabei, auch das Thema des eigenen Todes zu bearbeiten.

Überprüfungsfragen

- Bieten die Pädagogen Projekte an, bei denen Kindern Fragen über die Vergangenheit beantwortet werden (z. B. alte Menschen befragen, Museum besuchen, alte Gegenstände untersuchen)?
- Suchen die Pädagogen gezielt Orte auf (z. B. Friedhof, Schloss, Museum, Denkmal), an denen bei Kindern Fragen über vergangene Zeiten aufkommen?

Die Welt, andere Kulturen und Religionen verstehen

Kinder erfahren, dass Menschen in anderen Regionen der Welt, aber auch in anderen Vierteln der eigenen Stadt in Lebensformen und unter Lebensbedingungen zusammenwohnen, die sich von ihren eigenen deutlich unterscheiden. An anderen Sprachen, anderer Bekleidung, anderen Hausformen und anderer natürlicher Umgebung kann dies leicht erkannt werden. Schwieriger ist es, den Kindern zu vermitteln, wie sich auch das Wertesystem von Menschen verschiedener Kulturen deutlich unterscheidet – in Bezug auf Glaubensvorstellungen, Ansichten über den Sinn des Lebens und Vorstellungen, was nach dem Tod kommt. Kinder müssen in diesem Zusammenhang zuerst erfahren, welche Bedeutung und welchen Ursprung die praktizierten Rituale haben. Sie können Ähnlichkeiten und Unterschiede zu anderen Kulturen daran erkennen. Oberziel ist es, Kinder zu Toleranz und Achtung gegenüber anderen Kulturen zu erziehen. Sie lernen zu begreifen, dass Fremdheit kein Grund zur Angst, sondern Anlass zur Neugier ist.

Um die Vielgestaltigkeit der Kulturen der Welt zu verstehen, brauchen Kinder grundlegende Orientierung über den Aufbau der Erde. Länder, Kontinente und Meere können auf dem Globus und der Weltkarte erkannt werden.

Überprüfungsfragen

- Vermitteln die pädagogischen Fachkräfte in ganzheitlichen Projekten und durch Angebote Wissen über verschiedene Religionen und deren Werte?
- Achten die Pädagogen darauf, bei allen gesellschaftlichen und politischen Fragen eine angemessene Neutralität zu wahren, indem sie ihre Meinung und Auffassung nicht als die allein richtige darstellen?
- Sorgen die pädagogischen Fachkräfte im Kindergartenalltag für einen Rahmen, in dem solche ruhigen und besinnlichen Gespräche stattfinden können?
- Suchen die Pädagogen gezielt Orte auf, an denen bei Kindern Fragen nach Leben und Tod, Glauben, Fremde aufkommen?
- Lassen sich die Pädagogen auf alle Kinderfragen ein, auch wenn sie vielleicht selbst nicht die allumfassende Antwort haben? Lassen sie sich inspirieren, eigene Ansichten zu überdenken und auf diese Weise an den Gesprächen teilzunehmen?
- Ermutigen sie die Kinder, weitere Fragen zu stellen, und suchen sie gemeinsam mit ihnen nach Antworten bzw. nach Erklärungsansätzen?
- Erörtern die Pädagogen im Kontext von zum Beispiel religiösen Festen wie Weihnachten und Ostern auch, ob und wie diese Feste in anderen Religionen begangen werden?
- Sind die Pädagogen darüber informiert, ob und wenn ja welche religiöse Weltanschauungen die Eltern und Kinder vertreten?
- Gehen die Pädagogen im Kontext des Kindergartens / der Schule auf die individuellen ethischen Vorstellungen der Kinder (und Eltern) ein?

Die Nutzung von Sprache als Ausdrucksmittel erweitern

Auch wenn Sprachförderung eine gemeinsame Aufgabe aller Pädagogen im Kindergarten ist, wird die Gesellschafts-Pädagogin besonderes Augenmerk auf dieses Thema legen. Im Bildungsbereich Gesellschaft spielt Sprache eine größere Rolle als in den anderen Bereichen: wenn Kinder sich in Kinderkonferenzen miteinander auseinander setzen, wenn sie gemeinsam philosophieren. Beim Vorlesen aus Büchern, dem Gespräch über die Geschichte und dem Nachspielen und Nacherzählen erfahren Kinder geschriebene Sprache. Auch im Theaterspiel, bei dem Sprache ganz bewusst mit einer Ausdrucksabsicht eingesetzt wird, wird ein wertvoller Beitrag zur Sprachentwicklung geleistet.

Überprüfungsfragen

- Sorgen die Erzieher und Erzieherinnen dafür, eine Vielzahl von Büchern zum Betrachten, Erzählen, Vorlesen und Lesen in der Leseecke auszulegen?
- Verfügen die Pädagogen über ein großes Repertoire von Sprachspielen, Geschichten, Gedichten und Liedern auch in verschiedenen Sprachen?
- Planen sie im Bildungsbereich Theateraufführungen und führen sie durch?
- Fördern die Pädagoginnen durch Sprachspiele und durch den spontanen spielerischen Umgang mit Sprache die Entwicklung des Sprachbewusstseins?

Schrift als Ausdrucksmöglichkeit erfahren

Lange bevor Kinder in die Schule kommen, erwacht ihr Interesse an den Zeichen, die sie überall umgeben: Buchstaben und Zahlen. Auch wenn sie noch längst nicht verstehen, wie Schreiben und Rechnen funktioniert, entwickeln Kinder schnell Verständnis dafür, dass diese Zeichen Wörter,

Sätze oder Mengenangaben bedeuteten. Und wie sie viele andere Handlungen der Erwachsenenwelt imitieren, beginnen sie dann auch damit, Buchstaben abzumalen und Kritzelbotschaften zu versenden.

Im Bildungsbereich Gesellschaft wird dieses Interesse gefördert, indem sich Projekte mit Schriftsystemen befassen und die schriftliche Kommunikation der Kinder über das Einrichten von Kinderbriefkästen, Mitteilungswänden unterstützt wird. In Projekten kann gezielt auf die Suche nach Schrift in verschiedensten Formen gegangen werden. Es ist sinnvoll, Bilder der Kinder in deren Auftrag zu beschriften, Wörter und Sätze zum Abmalen vorzuschreiben. Ziel ist es, Kinder an die Vielfältigkeit von Schrift heranzuführen: Schreibschrift, gedruckte Buchstaben, fremde Schriftzeichen anderer Schriftkulturen, Notenschrift.

Überprüfungsfragen

- Greifen die Pädagogen das Interesse der Kinder an Schrift gezielt auf und regen sie dazu an? Schreiben sie auf Wunsch Wörter in Druckbuchstaben vor?
- Korrigieren sie nur auf Wunsch Falschschreibungen der Kinder?
- Fördern sie das Schreiben des eigenen Namens – indem die Kinder zum Beispiel Dinge, die ihnen zugeordnet sind, beschriften dürfen (Elternbriefkasten, Garderobefach)?
- Gibt es vielfältige Möglichkeiten im Kindergarten, mit Buchstaben spielerisch umzugehen und Wörter zu schreiben (Buchstabenspiele, Stempeldruckerei, Wandtafeln, Schreibmaschine, Computer, Schreibpapier und Schreibecken)?
- Hängen die Erzieher und Erzieherinnen im Kindergarten die „Schriftstücke“ der Kinder aus? Können die in Projekten entstandenen Exponate von den Kindern mit Hilfe der Erwachsenen beschriftet werden?
- Gibt es Projekte und Angebote, bei denen Schrift in verschiedenster Form Thema ist (Inschriften um den Kindergarten aufsuchen und dokumentieren, fremde Schriftsysteme kennen lernen)?

Medien erfahren und nutzen lernen – Lernmethoden erwerben – Lernfortschritt reflektieren

Gerade im Bildungsbereich Gesellschaft kann den Kindern Medienkompetenz vermittelt werden. Kinder lernen Medien zur Informationsbeschaffung kennen: Wie bekomme ich Informationen aus dem Internet und aus der Bibliothek? Die Kinder lernen verstehen, wie Medien zur Unterhaltung genutzt werden können, und reflektieren, worin der Unterschied zwischen Medienrealität und Leben besteht: Warum zeigen Filme nicht die Realität, sondern eine erdachte Handlung?

Der Erwerb von Medienkompetenz beginnt damit, dass Kinder zur selbstständigen Handhabung von technischen Geräten fähig sind, CD-Player und PC bedienen können und grundsätzlich verstehen, wie ein solches Gerät funktioniert und aufgebaut ist. Alle Medien werden nicht nur passiv erfahren, sondern auch aktiv genutzt, indem mit den Kindern Zeitungen, Hörspiele, Filme, vielleicht auch PC-Präsentationen hergestellt werden.

Überprüfungsfragen

- Gestalten die Pädagogen aktive Medienarbeit, indem sie Projekte und Angebote zu Themen wie Fotografieren, Kassetten aufnehmen, Fernsehen nachspielen planen?
- Können die Kinder im Morgenkreis und anderen Gesprächen von gesehenen Filmen und Fernsehsendungen berichten?
- Führen die Pädagogen Kinder bewusst an den Gebrauch von Büchern heran und benutzen diese auch aktiv im Beisein der Kinder, um auch buchungewohnten Kindern Zugang zu diesem Medium zu ermöglichen?
- Gestalten die Pädagogen die Medienarbeit am Computer aktiv, indem sie Software vorstellen und den Kindern die Anwendung vermitteln?
- Haben die Kinder Zugriff auf CD-ROMs mit Spielen und können diese selbständig einlegen?

Lernformen im Bereich Gesellschaft

- Freies Arbeiten in der Schreibecke
- Gelenktes Vorlesen
- Vermitteln von Gesellschaftsspielen
- Herstellen von Objekten und Bildern zu Gesellschafts-Themen
- Aufführen von Theaterstücken
- Exkursionen zu Orten des gesellschaftlichen Lebens
- Gelenkte Kreisgespräche über aktuelle Themen.

Standards für die Gestaltung des Tagesablaufs

Das folgende Kapitel beschreibt, wie der **Tagesablauf in den Kindergärten** gestaltet wird, welche Phasen ein Kind von der morgendlichen Ankunft bis zum Abholen durchläuft. Es wird erklärt, wie die Angebotsphasen und die Zeiten in den Bezugsgruppen gestaltet werden, um den Bildungszielen optimal zu entsprechen. Wesentliche Rituale und Elemente jedes Tages werden beschrieben, und es wird erläutert, wie die unterschiedlichen Bedürfnisse der Kinder in der Gestaltung solcher Phasen optimal berücksichtigt werden können.

Zur Grundstruktur des Tagesablaufs

Der **Tagesablauf im Kindergarten** muss Kindern Vielfalt bieten: Es gibt Phasen, in denen viele Angebote stattfinden und viele Kinder miteinander in Kontakt kommen, sowie Phasen, in denen es wenig Anregung durch Angebote gibt und die Kinder in kleinen Gruppen unter sich sein können. Vielfalt bedeutet außerdem: In allen Phasen des Tages ist es den Kindern möglich, selbst zu entscheiden, an welchen Aktionen und Angeboten sie teilnehmen möchten.

Der Tagesablauf bietet offene und geschlossene Phasen, die sowohl gruppenoffene als auch gruppenbezogene Elemente enthalten. Geschlossene und gruppenbezogene Angebotsphasen brauchen eine verbindliche zeitliche Festlegung, während offene Angebote und Aktionen über längere und flexible Zeitabschnitte hinweg stattfinden. Ein Beispiel: Die Morgenkreise brauchen einen festgelegten Beginn, den alle Kolleginnen und Kollegen sowie die Eltern akzeptieren. Bei offenen Angeboten in den Funktionsräumen sowie bei Mahlzeiten und Ruhezeiten ist es dagegen möglich, dass die Kinder über längere Zeiträume dazustoßen können.

Nicht allein die pädagogische Arbeit mit den Kindern bestimmt die Organisation des Tagesablaufs. Für individuelle Planungselemente wie Beobachtung, Elterngespräche, Dokumentation und die Angebotsvorbereitung benötigt jede pädagogische Fachkraft täglich eine Stunde Zeit und für die tägliche Planungssitzung ist eine halbe Stunde anzusetzen. Damit diese Arbeitsphasen im Alltagstrubel nicht zu kurz kommen, werden sie in der Tages- und Wochenplanung festgehalten. Je klarer die Tagesplanung ist, umso weniger Zeit wird für kurzfristige Absprachen und Nachbesserungen benötigt: Auf dem Tagesplan wird erfasst, welche Kollegin für welche Alterstufe welche Form von Angebot macht, wer die Rolle des Springers übernimmt, wann die pädagogischen Fachkräfte ihre Planungszeiten nehmen.

? Überprüfungsfragen

- Legen die Erzieher und Erzieherinnen eine verbindliche Zeit für den Morgenkreis fest, zu der in der Regel alle Kinder im Kindergarten sind?
- Sind die Zeiten für geschlossene Angebote vorab festgelegt und bekannt?
- Werden die Zeiten für die pädagogische Planung aller Mitarbeiterinnen und Mitarbeiter vorab festgelegt und im Plan dokumentiert?
- Sind Mahlzeiten, Entspannungs- und Ruhephasen als offene Angebote gestaltet?

- Haben die Kinder bei allen geschlossenen Phasen die Möglichkeit, nicht daran teilzunehmen? Ist gesichert, dass ein vorab feststehender Springer diese Kinder beim Freispiel betreut?
- Existiert eine Planungsübersicht, auf der die täglichen Angebote, Dienste, Planungsphasen und Verantwortlichkeiten der pädagogischen Fachkräfte festgehalten werden?

Dokumentation

Monatsplanungsbogen

Die Übergabe des Kindes

Für jüngere, aber auch für manche älteren Kinder ist es eine emotional komplizierte Situation, wenn die Eltern sie morgens der Erzieherin oder dem Erzieher übergeben. Die Kinder müssen umschalten: Sie geben die Sicherheit auf, die Mutter oder Vater als Bezugsperson vermitteln, müssen plötzlich offen für anderen Kinder sein und sich auf die pädagogischen Fachkräfte des Kindergartens einlassen können. Manchen Kindern fällt dieses Umschalten schwer, sie wären vielleicht lieber mit ihren Eltern zu Hause geblieben. Und auch für die Eltern ist die Situation kompliziert. Sie möchten, dass ihr Kind sich nicht in den Kindergarten abgeschoben fühlt, sondern gern dorthin überwechselt. Deshalb verhalten sich viele Eltern in der **Übergabesituation** ambivalent: Einerseits wollen sie ihr Kind schnell abgeben, um Termine einzuhalten, andererseits schämen sie sich, dass sie ihr Kind so rasch loswerden wollen. Diese Unsicherheit spüren viele Kinder und reagieren mit lautstarker Abwehr.

Die pädagogischen Fachkräfte vermitteln zwischen diesen Ansprüchen: Sie signalisieren jedem ankommenden Kind, dass sie es gern im Kindergarten begrüßen und es den Eltern nicht wegnehmen wollen. Sie vermitteln dem Kind, dass ihm ein interessanter Tag bevorsteht. Die Erzieherinnen lassen Eltern und Kind Zeit für ein Abschiedsritual und werden dieses Ritual gegebenenfalls unterstützen. Sie signalisieren den Eltern, dass ihr Kind gut aufgenommen ist.

Kindern fällt das Abschiednehmen leichter, wenn sie aktiv einbezogen sind. Die pädagogischen Fachkräfte können die Situation entspannen, indem sie mit den Kindern Abschiedszeremonien entwickeln, die ihnen den aktiven Part zuweisen: „Ich schmeiß dich jetzt raus." „Ich will dir noch winken."

Überprüfungsfragen

- Begrüßen die Pädagoginnen und Pädagogen jedes Kind und dessen Eltern?
- Informieren sie sich bei den Eltern kurz über das Befinden des Kindes?
- Nehmen sie vorsichtig Kontakt auf, indem sie das Kind freundlich ansprechen? Überfordern sie das Kind dabei nicht durch Vereinnahmung über Berührungen?
- Gestalten sie gemeinsam mit dem Kind Abschiedszeremonien, um ihm das Abschiednehmen zu erleichtern?
- Können sie erkennen, wenn Kinder durch Krankheit offensichtlich nicht kindergartenfähig sind? Weisen sie die Übergabe in sachlicher Form zurück?
- Überblicken sie, ob die Eltern sich in die Anwesenheitsliste eintragen?
- Sind die Pädagoginnen und Pädagogen in der Lage, den Eltern bei Abschiedsproblemen anwendbare Ratschläge zu geben, um die Übergabesituation zu verbessern?

Dokumentation

Anwesenheitsliste

Der Morgenkreis

Nach der Phase des Ankommens und des Frühstücks beginnt jeder Kindergartentag mit dem **Ritual des Morgenkreises.** Hier geht es darum, Zusammengehörigkeitsgefühl zu schaffen, jedem Kind zu zeigen, dass es in der Gruppe willkommen ist, und die Kinder in Kontakt miteinander zu bringen. In den Kindergärten findet der Morgenkreis in aller Regel in der Bezugsgruppe statt. Hier treffen Kinder in einer überschaubaren Anzahl zusammen, finden Gleichaltrige und mit ihnen eine gemeinsame sprachliche Basis, begegnen ihren Freunden. Der Morgenkreis wird von der Bezugspädagogin geleitet. Sie kann sich dabei einen Überblick verschaffen, wie es jedem Kind an diesem Tag geht. Ausnahmen bilden Tage, an denen alle Kinder des Kindergartens gemeinsam etwas unternehmen. Das können Projekte sein, Vorführungen oder Ausflüge.

Der Morgenkreis dient den Kindern zum Austausch über Erlebnisse. Erzählen die Kinder von ihren Träumen in der vergangenen Nacht, über Erlebnisse am Abend oder am Wochenende, dann lernen sie einander besser kennen, das Interesse füreinander wird gefördert, Gemeinschaftsgefühl kann entstehen und sie üben sich in sprachlichem Handeln. Gemeinschaftlichkeit wird auch durch gemeinsames Singen und Bewegungsspiele gefördert. Gerade darüber erschließt sich Kindern, die sprachlich noch wenig kommunizieren können, die Gemeinschaft.

Im Morgenkreis werden die jeweiligen Angebote des Tages vorgestellt. Den Bezugspädagoginnen und -pädagogen dient der Kreis dazu, Einblick in die Situation und die Interessen ihrer Bezugskinder zu gewinnen und ihnen die Teilnahme an bestimmten Angeboten vorzuschlagen. Selbst Elemente der Kinderkonferenz können im Morgenkreis auftauchen: Gemeinsam werden Aktivitäten geplant, Probleme des Miteinander besprochen und Regeln gefunden.

Überprüfungsfragen

- Findet der Morgenkreis täglich zur gleichen Zeit statt, damit sich die Eltern und Kinder verbindlich darauf einstellen können?

- Findet der Morgenkreis in der Regel in der Bezugsgruppe statt? Wird er von der Bezugspädagogin geleitet?
- Gibt es im Wochenangebot einen gemeinsamen Kreis, in dem alle Kinder des Kindergartens zusammentreffen?
- Stellten die Bezugspädagogin die Angebote des Tages im Morgenkreis vor?
- Spricht der Morgenkreis alle Sinne der Kinder an? Wird nicht nur geredet, sondern auch gesungen, gespielt, gefühlt?
- Können die Kinder den Ablauf des Kreises durch ihre Ideen und Vorschläge verändern, obwohl der Morgenkreis von der Bezugspädagogin geplant und geleitet wird?
- Finden Kinder, die zu spät kommen oder sich nicht am Kreis beteiligen möchten, eine Möglichkeit, sich in einem anderen Raum zu beschäftigen, obwohl alle eingeladen sind, teilzunehmen?
- Vermitteln die Erzieherinnen und Erzieher den Eltern, dass während des Morgenkreises Störungen durch Hinzukömmlinge unerwünscht sind? Haben sie diese Regel als Erinnerungsplakat ausgehängt?

Die Angebotsphasen

An den Morgenkreis schließen sich **Phasen mit Angeboten** an. In der Angebotsphase haben die pädagogischen Fachkräfte die Aufgabe, Angebote in unterschiedlichen Formen in ihren Bildungsbereichen bereitzuhalten – losgelöst von ihrer Rolle als Bezugspädagogen. Sowohl offene als auch geschlossene Angebote stehen zur Auswahl. Die Kinder haben dabei die Möglichkeit haben, sich gegen die Teilnahme an Angeboten zu entscheiden und frei zu spielen.

Geschlossene Angebote sind Angebote, die mit klarem Anfang, Verlauf und Schluss geplant sind und bei denen es gemeinsame Aktionen gibt, an denen alle Kinder, die sich dafür entschieden haben, bis zum Schluss teilnehmen können. Beispiele: angeleitete Tanzspiele, gemeinsames Singen im Musik-Projekt, kursartige Angebote am PC, wichtige gemeinsame Projektphasen. Auch thematisch festgelegte Ausflüge, Morgenkreise und Kinderkonferenzen sind geschlossene Angebote. Bei diesen Angeboten ist es sinnvoll, die Tür tatsächlich zu schließen. Präzise zeitliche und inhaltliche Planung sind erforderlich; die dem jeweiligen Angebotsinhalt entsprechenden Materialien müssen bereit liegen. In den pädagogisch betreuten Funktionsräumen ergeben sich **offene Angebote** fast von selbst. Meist setzen die Kinder, ihren Interessen entsprechend, deutliche Impulse. Kennzeichnend für offene Angebote ist: Die Pädagoginnen und Pädagogen ermöglichen es den Kindern, vielfältige eigene Vorhaben in ein Thema einzubringen. Beispiel: Es kann an Staffeleien gemalt werden – was aber mit welchem Material gemalt wird, ist nicht vorgegeben. In dem Raum, in dem das offene Angebot stattfindet, können Kinder sich auch mit anderen Dingen beschäftigen. Ein Beispiel: Lisa möchte nicht an der Staffelei malen, sondern lieber drucken. Die Pädagoginnen und Pädagogen stehen den Kindern beratend, unterstützend und motivierend zur Seite. Entscheidend ist: Da es keine gemeinsame Zeitplanung gibt, kann ein Kind jederzeit dazustoßen oder weggehen. Nicht allein Werkstattangebote wie Freies Tanzen oder Ton-Experimente sind offene Angebote, sondern auch Mahlzeiten, Ruhesituationen oder altersübergreifende Entspannungsphasen werden nach diesem Prinzip organisiert.

Zentrale offene und alle geschlossenen Angebote werden den Kindern vorab angekündigt, damit sie sich überlegen können, ob sie daran teilnehmen. Dazu eignet sich der Morgenkreis. Bei regelmäßigen kursartigen geschlossenen Angeboten kann auch mit Wochenplänen und Symbolen gearbeitet werden. Ein Beispiel: Immer wenn die Flöte ausgehängt wird, findet ein Musikprojekt statt. Mindestens ein geschlossenes Angebot sollte es täglich für jede Altersgruppe geben, wobei zu beachten ist, dass alle Themenbereiche der Bildung und Entwicklungsförderung Berücksichtigung finden.

Nach interessanten geschlossenen Angeboten haben viele Kinder das Bedürfnis, weiter am Thema zu arbeiten. Bei der Angebotsplanung wird nach Möglichkeit berücksichtigt, dass der Raum und die Mitarbeiterin auch nach Beendigung des geschlossenen Angebots für weiterführende offene Angebote bereit stehen.

Überprüfungsfragen

- Wird täglich mindestens ein geschlossenes altershomogenes Angebot für jede Altersgruppe gemacht?
- Plant das pädagogische Fachpersonal geschlossene Angebote klar, besonders was den Ablauf und das Materialangebot betrifft?
- Nehmen die Kinder bei geschlossenen Angeboten in der Regel von Anfang bis Ende teil? Sind die Türen dabei geschlossen?
- Gibt es in den Funktionsräumen sowohl vormittags als auch nachmittags eine Auswahl zwischen mehreren offenen Angeboten?
- Planen die Erzieher und Erzieherinnen das offene Angebot so flexibel, dass die Kinder im Rahmen eines Themas Freiräume für die Umsetzung eigener Ideen finden?
- Entscheiden die Kinder selbst, wie lange sie am offenen Angebot teilnehmen? Können sie die gewählte Tätigkeit an mehreren Tagen nacheinander ausüben?
- Bereiten Pädagoginnen und Pädagogen offene Angebote vor, indem sie das Materialangebot überprüfen und gegebenenfalls ergänzen? Unterstützen sie die Kinder durch Impulse? Beraten sie zurückhaltend?
- Kündigen sie alle Angebote im Morgenkreis deutlich an?
- Achten die Pädagoginnen und Pädagogen bei der Themenplanung der offenen und geschlossenen Angebote darauf, dass innerhalb eines Monats alle Themenbereiche der Bildung und Entwicklungsförderung berücksichtigt werden?
- Überblicken die pädagogischen Fachkräfte im Sinne individueller Förderung, ob die Kinder Angebote wahrnehmen? Werden die Kinder gezielt zu Angeboten in Bildungsbereichen eingeladen, in denen eine Förderung für sie wichtig ist?
- Sichern die pädagogischen Fachkräfte, dass die Kinder nach Beendigung geschlossener Angebote den Raum im Sinne eines offenen Angebots weiter nutzen können?

Zeit für Freispiel

Kinder, die zur Selbstständigkeit befähigt werden, brauchen Freiräume, in denen sie sich völlig ungesteuert und selbst organisiert bewegen können. Sollen Kinder darin gefördert werden, dass sie aus eigenem Interesse lernen, ist dafür zu sorgen, dass sie sich auch gegen die Teilnahme an Lernangeboten entscheiden können. Selbst in Tagesphasen mit vollem Programm muss **Freispiel** möglich sein. Deshalb ist bei der Planung der offenen Angebote darauf zu achten, dass nicht alle pädagogischen Fachkräfte eingespannt sind.

Gerade in **Freispielphasen** machen Kinder intensive Lernerfahrungen: Hier können sie sich Wissen und Kompetenzen auf eine Art und Weise erschließen, die eine Erzieherin nicht planen kann. Daher darf das Freispiel nicht als pädagogisch geringwertig aufgefasst werden. Je weniger die Pädagoginnen und Pädagogen selbst in Freispielphasen agieren, desto mehr können sie auf die Rahmenbedingungen achten: Können die Kinder möglichst viel Raum für ihr Spiel nutzen? Stehen möglichst viele Materialien zum Einbauen in das Spiel zur Verfügung? Freiräume für Freispiel müssen gerade in den Tageszeiten, in denen geplante Aktivitäten stattfinden, zur Verfügung stehen. Auch wenn aus organisatorischen Gründen wenig Platz und Material vorhanden sind, brauchen die Kinder einen attraktiven Raum für das freie Spiel, der möglichst keinem hohen Lärmpegel ausgesetzt ist.

Überprüfungsfragen

- Finden die Kinder zu jeder Tageszeit mit Ausnahme des Morgenkreises Raum für Freispiel?
- Gibt es Tagesphasen, in denen alle Räume des Kindergartens für Freispiel offen stehen?
- Finden die Kinder auch in Angebots-, Ruhe- und Essensphasen ausreichend Raum für Freispiel?
- Können die Kinder in Freispielphasen alle vorhandenen Materialien für ihr Spiel nutzen?

Mittagessen

Heute sind Essstörungen, Übergewicht und Fehlernährung zur Volkskrankheit Nummer Eins geworden. Nicht allein die Frage, was man isst, muss bei der Förderung gesunder Ernährung beachtet werden, sondern auch die Frage, wie man isst. Hastige, Fast-Food-artige Essenssituationen, wie sie in vielen Familien Alltag geworden sind, fördern Fehlernährung. Dem Kindergarten und der Schule obliegt es, mit der **bewussten Gestaltung der Hauptmahlzeit** einen Gegenpol zu schaffen. Bei der Gestaltung der Mittagsmahlzeit steht der Pädagoge vor der Aufgabe, zwei gegenüberstehende Forderungen miteinander in Einklang zu bringen: Individualität und Gemeinschaft.

Auf der einen Seite ist es der Grundsatz, die Individualität jedes Einzelnen zu respektieren und zu unterstützen. Also wird die Essenssituation individuelle Geschmacksvorlieben, Esstempi, Essmengen zulassen. Jedes Kind kann nach seinen Bedürfnissen speisen. Andererseits soll Gemeinschaftlichkeit gefördert werden. Also bedarf es klarer Regeln und Rituale: ein gemeinsamer Beginn in einer überschaubaren, festen Gruppe, ein gemeinsamer Schluss, eine ruhige Atmosphäre, in der Essen als etwas Angenehmes erlebt wird.

Wie lässt sich dies verbinden? Das geschieht über drei wesentliche Arbeitsschritte der Pädagogen: **vorbereiten, einbeziehen** und **verkörpern.** Wenn es Ziel ist, eine möglichst störungsfreie Essenssituation zu bewirken, kann der Pädagoge vorab alles **vorbereiten,** was sonst durch dauerndes Aufstehen beim Essen nachgebessert werden muss. Die Speisen werden vorab in ausreichender Menge in Schüsseln bereitgestellt werden – so viel, dass Nachholen unnötig ist. Der Tisch wird im Sinne der **Einbeziehung** gemeinsam von den Kindern gedeckt oder auch einmal dekoriert. Je nach Alter der Kinder kann es sinnvoll sein, hierfür einen Tischdienst einzurichten, der täglich beim Morgenkreis ausgewählt wird. Kinder brauchen gedankliche Einstimmung, um von ihrer vorherigen Tätigkeit auf Essen „umzuschalten". Nachdem sich die Kinder selbst in einer von ihnen bestimmten Menge aufgetan haben, gilt es, nicht gleich los zu essen, sondern vorher noch ein Ritual in Form eines Tischspruchs oder Liedes durchzuführen. Erst danach kann gemeinsam mit dem Essen begonnen werden. **Verkörpern** meint: Die Pädagogin sitzt beim Essen mit den Kindern am Tisch. Während des Essens braucht sie dank guter Vorbereitung nicht aufzustehen, kann sich stattdessen mit den Kindern unterhalten, durch Gesten und Worte Appetit auf die Speisen machen, eine angenehme Atmosphäre schaffen. Ihre Rolle ist es, dabei zu sein, statt zu servieren. Ihr Platz ist zwischen den Kindern. Sie kann Esskultur im positiven Sinne vorleben: Nicht, indem sie die Kinder drängelnd auf Einhaltung von nicht kindgemäßen Benimm-Regeln anhält, sondern vormacht, wie jeder freundlich um das Durchreichen von Schüsseln bitten kann, wie miteinander in angemessener Lautstärke gesprochen wird. Kindgemäße Tischsitten können nur Regeln sein, die dem angenehmen Miteinander der Kinder beim Essen dienen. Altersunangemessen sind Benimmregeln, die kindlichen Bedürfnissen zuwiderlaufen, wie etwa Einnehmen einer unnatürlichen Haltung, motorisch überforderndes Hantieren-Müssen mit Besteck sowie auch Regeln, die für Linkshänder ungeeignet sind – nach dem Motto: „Das Messer hält man rechts!"

Es empfiehlt sich, das Essen gemeinsam zu einem festen Zeitpunkt zu beenden, wobei Langsamesser noch sitzen bleiben dürfen. Als Abschlussritual steht das Ausfüllen der Essensbewertung an. Jedes Kind deckt danach seinen Teller und sein Besteck ab, entsorgt Reste, gibt das Geschirr zum Spülen. Das Reinigen der Tische ist Aufgabe des Tischdienstes.

Wie es im Familienleben neben alltäglichen „normalen" Mahlzeiten auch Festessen gibt, stehen auch im Kindergarten ab und an besondere Essenssituationen an, mit denen der übliche Alltag unterbrochen wird. Das kann einmal ein „Kinderrestaurant" sein, bei dem die Pädagogen oder Kinder servieren, ein Büfett zum Fest oder auch ein Kochtag mit der Bezugsgruppe, bei dem die Speisen selbst hergestellt werden.

Aus gesundheitlichen, kulturellen oder sonstigen Gründen benötigen manche Kinder Sonderkost. Die Entscheidung, ob und in welcher Form ein Kind Sonderkost erhält, treffen die Eltern gemeinsam mit der Ernährungsberatung. Festgelegte Sonderkostformen werden in der Cafeteria ausgehängt.

Überprüfungsfragen

- Sprechen die Erzieher und Erzieherinnen Sonderkostformen – Diäten, Unverträglichkeiten, kulturell bedingte Vorschriften – für einzelne Kinder in jedem Fall mit der Ernährungsberatung ab?
- Hängen sie Sonderkostformen für einzelne Kinder an einer gut sichtbaren Tafel in der Cafeteria aus?
- Findet das Mittagsessen in der Bezugsgruppe, geleitet von der Bezugspädagogin statt?
- Decken die Kinder gemeinsam mit der Bezugspädagogin den Tisch? Bei Bedarf mit einem wechselnden Tischdienst
- Beginnt die Gruppe das Essen gemeinsam und erst nachdem sich alle Kinder aufgetan haben, indem ein Tischspruch oder ein ähnliches Ritual stattfindet?
- Erreicht es die Bezugspädagogin durch großzügiges Füllen der Schüsseln und Vorbereitung des Nachtischs, dass sie während des Essens nicht aufstehen muss, sondern sich ganz dem Tischgespräch widmen kann?
- Entscheiden die Kinder selbst, was und wie viel sie essen möchten? Können sie sich selbst aus den Schüsseln auf dem Tisch auftun, um die Speisemenge selbst zu bestimmen?
- Sitzen die Pädagoginnen und Pädagogen beim Essen am Tisch der Kinder? Heben sie dabei die Qualität des Essens mimisch und verbal hervor, um den Kindern Appetit zu machen?
- Wird kein Kind gezwungen, etwas zu essen, das es nicht mag?
- Beobachten die Pädagoginnen und Pädagogen das Essverhalten der Kinder? Thematisieren sie es gegebenenfalls im Elterngespräch?
- Entwickeln die Pädagoginnen und Pädagogen gemeinsam mit den Kindern Regeln für die Essenssituation, die sich weniger an Konventionen als an Kinderbedürfnissen orientieren?
- Wird die Mahlzeit gemeinsam beendet? Können Langsamesser dennoch sitzen bleiben?
- Sind die Kinder an der Nachbereitung des Essens (Geschirr einräumen, Reste entsorgen) verantwortlich beteiligt? Wischt der Tischdienst die Tische ab?

- Haben die Kinder die Möglichkeit, unter Begleitung der Erzieherin Mahlzeiten selbst zuzubereiten?
- Gibt es mehrmals im Jahr besonders gestaltete Essen-Events wie „Restaurant-Spiel“, Kinderbüfett?
- Überblicken die Pädagoginnen, ob die Kinder sich nach dem Essen die Zähne regelmäßig putzen? Wirken sie auf unwillige Kinder ein?

Frühstück, Vesper, Obstbüfett

„Ich habe plötzlich so einen Hunger!“ Kinder haben nicht immer nur zu den Zeiten der Hauptmahlzeiten Hunger. Um diesem körperlichen Bedürfnis nachzukommen, sollten im Kindergarten den ganzen Tag über Möglichkeiten bestehen, etwas zu essen und zu trinken. Neben **Frühstück, Vesper, Spätbüfett** und Mittagessen steht deshalb ein **ständiges Büfett mit Snacks und Getränken** bereit, an dem sich die Kinder jederzeit selbst bedienen können. Durch regelmäßige Überprüfung im Verlauf des Tages wird sichergestellt, dass das Büffet immer vollständig ist und appetitlich aussieht. Ebenso gibt es ganztägig Getränke: Tees und Wasser vom Wasserspender.

Frühstück, Vesper und bei Bedarf das Spätbüfett sind als offenes Angebot gestaltet: Eingeladen ist jeder, teilnehmen muss keiner. Im Gegensatz zum Mittagessen ist hier ein offener Rahmen möglich und es muss keinen gemeinsamen Anfang und Schluss geben. Insbesondere beim Frühstück, um den Kindern das Ankommen in der Gruppe zu erleichtern, ist es sinnvoll, alle herzlich dazu einzuladen. Generell werden Frühstück und Vesper zu gleitenden Zeiten angeboten, bei denen die Kinder je nach Hunger dazustoßen können. Frühstück wird von 8.00 bis 9.00 Uhr angeboten, Vesper von 14.00 bis 15.00 Uhr und das Spätbüfett ab 17.00 Uhr. Eltern sind in Eingewöhnungszeiten eingeladen, mitzumachen.

Überprüfungsfragen

- Können die Kinder bei Frühstück und Vesper frei wählen, ob, mit wem und wann sie die Mahlzeiten einnehmen?
- Werden zwischen den Hauptmahlzeiten Obst und Gemüse, Brot und Getränke angeboten? Wird das Angebot von Erzieherinnen und Kindern gemeinsam vorbereitet?
- Stehen ein Wasserspender und Teekannen in der Cafeteria bereit, damit die Kinder jederzeit Zugang zu Getränken haben?
- Haben die Eltern die Möglichkeit, sich am Frühstück oder an anderen Mahlzeiten der Kinder zu beteiligen? Gilt dies insbesondere für Eingewöhnungssituationen oder schwierige Phasen?
- Verfügen die Kinder bei jeder Mahlzeit und beim Snackbüfett über die gesamte jeweilige Angebotspalette an Speisen und Getränken? Richten die Pädagoginnen und Pädagogen gegebenenfalls Tische wieder her, um eine ansprechende Essensatmosphäre zu schaffen?

Pflegesituationen

In **Pflegesituationen** wie Wickeln, Reinigen und Einkremen ist die vertrauensvolle Beziehung zwischen dem Kind und der pädagogischen Fachkraft zentral. Auch wenn solche Tätigkeiten für Erwachsene oft unangenehm sind, sollten sie die Kinder das nicht spüren lassen, sondern durch freundliche Ansprache und sanfte Berührung eine angenehme Atmosphäre schaffen. Ein Wort zum Thema „Sauberkeitserziehung“: Noch immer sind viele Eltern davon überzeugt, man könne Kinder durch gezieltes Training dazu bringen, frühzeitig trocken und sauber zu werden, also schon als Kleinkinder regelmäßig und sicher auf die Toilette zu gehen. Diese Auffassung ist falsch: Kinder sind physiologisch frühestens im Alter von drei Jahren fähig, ihre Blase und den Schließmuskel zu kontrollieren. Wer versucht, Kinder unter drei Jahren zur Sauberkeit zu erziehen, verlangt etwas von ihnen, das sie nicht leisten können. Frustrationen und Rückschläge sind die Folge.

Das Sauberwerden der Kinder ist ein ganz normaler Entwicklungsprozess, der sich im Laufe der ersten drei Lebensjahre in der Regel von selbst und ohne erzieherische Bemühungen einstellt. Erst wenn Kinder ihre Blase und den Stuhlgang körperlich kontrollieren, also spüren, benennen und herauszögern können, ist es sinnvoll und richtig, sie dabei zu unterstützen. Auch bei der Sauberkeitsentwicklung steht im Vordergrund, dass Kinder über Erfahrungen lernen. Dementsprechend geht es nicht darum, das Einkoten und Einnässen möglichst zu vermeiden, sondern darum, diese Situationen als Anlass zur Vermittlung von Verdauungsvorgängen zu nutzen: sachlich und wertschätzend, nicht angeekelt oder fordernd.

Pflegemaßnahmen wie Wickeln und Einkremen bedürfen der Absprache mit den Eltern, um zu vermeiden, dass Kinder auf bestimmte Windeln, Sonnenkrems und Feuchttücher allergisch reagieren. Aus diesem Grund sieht der Betreuungsvertrag vor, dass Eltern kindbezogene Pflegeprodukte wie Windeln und Feuchttücher, Windelkrems und Zahnbürsten mitbringen. Haben die Eltern besondere Ansprüche an weitere Pflegeprodukte wie Zahnpasta, Taschentücher oder Sonnenkrems, die normalerweise vom Kindergarten gestellt werden, werden diese Wünsche berücksichtigt.

Überprüfungsfragen

- Versuchen die pädagogischen Fachkräfte beim Wickeln und Reinigen dem Kind die Situation durch Ansprache und liebevolle Zuwendung so leicht wie möglich zu machen?
- Gummihandschuhe sind aus hygienischen Gründen unnötig, werden von Kindern als unpersönlich und unangenehm erlebt. Werden deshalb keine Gummihandschuhe verwendet?
- Wickeln die Erzieher und Erzieherinnen die Kinder in den ersten beiden Lebensjahren? Verzichten sie auf Sauberkeitserziehung, auch wenn die Eltern eines Kindes dies fordern?
- Begleiten sie die Kinder beim Sauberwerden individuell und entsprechend ihrer Entwicklung?

- Üben und vermitteln die Pädagoginnen und Pädagogen Gelassenheit in Bezug auf Sauberkeitsentwicklung? Vermeiden sie es in allen Phasen der Sauberwerdung Erwartungsdruck auf das Kind auszuüben?
- Erinnern die pädagogischen Fachkräfte die Kinder an offensichtlichen Harn- oder Stuhldrang, um sie beim rechtzeitigen Gang auf das Töpfchen oder zur Toilette zu unterstützen? Vermeiden sie es jedoch, sich mit ihrer Sicht über das Kind zu stellen?
- Unterstützen die pädagogischen Fachkräfte ein positives Verhältnis des Kindes zu seinen Ausscheidungen, damit es sich nicht dafür schämt? Äußern sie Wertschätzung, nicht Ekel?
- Antworten die pädagogischen Fachkräfte im Elterngespräch auf übertriebene Erwartungen an die Sauberkeitserziehung fachgerecht? Erarbeiten sie mit den Eltern sinnvolle Alternativen?
- Werden Windeln, Feuchttücher, Windelkrem und Zahnbürste zur Vermeidung von Unverträglichkeiten und aus hygienischen Gründen von den Eltern mitgebracht?

Dokumentation

Beobachtungsbogen, Entwicklungsbogen

Erkrankungen und Medikamentenvergabe

Erkranken Kinder im Kindergarten, sind die Eltern sofort zu informieren und zu beauftragen, das Kind umgehend abzuholen. Das Kind kann erst wieder den Kindergarten besuchen, wenn es vollständig genesen ist. Es liegt eindeutig im Ermessen der Pädagogen zu entscheiden, ob sie ein Kind aufgrund seines Gesundheitszustandes für fähig halten, den Tag im Kindergarten zu verbringen. Falls Eltern ihr **erkranktes oder nicht vollständig genesenes Kind** gegen das Anraten der Pädagogen in die Einrichtung bringen wollen, kann der Kindergarten die Vorlage einer Bescheinigung des Kinderarztes verlangen.

Erzieherinnen haben keine medizinische Ausbildung. Aus diesem Grund ist es rechtlich problematisch, wenn von ihnen erwartet wird, Medikamente an Kinder zu verabreichen: Sie können das Risiko einer fehlerhaften **Medikamentenvergabe** nicht einschätzen. Trotzdem kann es in Notfallsituationen unumgänglich sein, einem Kind ein rettendes Medikament zu geben, um es vor gesundheitlichem Schaden zu bewahren. Bei **Medikamenten,** die Kinder **zur Genesung von einer akuten Erkrankung** verabreicht bekommen, verweigern die Pädagogen die Verabreichung des Medikaments. Es ist den Eltern zuzumuten, das Kind bis zur vollständigen Heilung zu Hause zu betreuen, bis es keine Medikamente mehr benötigt. Das Kind kann also erst wieder den Kindergarten besuchen, wenn es das Medikament nicht mehr braucht. Wenn das Kind einen augenscheinlich gesunden Eindruck macht und es möglich ist, das Medikament vor und nach dem Besuch des Kindergartens zu verabreichen, darf es die Einrichtung besuchen. Möglich ist im Einzelfall außerdem, dass Eltern zur Verabreichung eines Medikaments das Kind im Kindergarten besuchen. Bei **Notfallmedikamenten** oder **Medikamenten, die laut ärztlicher Verschreibung dauerhaft benötigt werden,** ist ein anderes Vorgehen zu wählen: Es ist Kindern, die beispielsweise zu Asthma oder Fieberkrämpfen neigen oder eine dauerhafte Tabletteneinnahme benötigen, zu ermöglichen, einen Kindergarten zu besuchen. In diesem Fall muss die Medikamentenvergabe schriftlich beantragt und mit einer Bescheinigung des Arztes belegt werden. Mit der Erklärung verzichten die Eltern ausdrücklich auf die Haftung durch den Kindergarten oder die Erzieher, falls es zu Personenschäden kommt. Es ist Aufgabe der mit der Verabreichung der Medikamente beauftragten Erzieherinnen (Bezugserzieherin und eine Vertreterin!), die Aktualität der Bescheinigung regelmäßig zu überprüfen – am besten in Zusammenhang mit dem Elterngespräch.

Wie verhält es sich bei nicht als Arzneimitteln registrierten Heilmitteln, etwa **Naturheilmitteln** und **nicht verschreibungspflichtigen Medikamenten?** Hier wird die Vergabe abgewiesen, da auch diese Stoffe unerwünschte Nebenwirkungen haben können. Und es kann im Interesse der Gesamtgruppe nicht erwartet werden, dass die Erzieherin auch noch daran denken muss. Selbstverständlich ist außerdem, dass Pädagogen nicht von sich aus Medikamente an Kinder verabreichen.

Überprüfungsfragen

- Veranlassen die Erzieher und Erzieherinnen die Eltern zum Abholen eines erkrankten Kindes in möglichst kurzer Zeit?
- Beauftragen sie Eltern bei Zweifeln über die Genesung eine ärztliche Bescheinigung über die Gesundheit des Kindes vorzulegen?
- Hängen sie von Eltern gemeldete Infektionskrankheiten eines Kindes in der Einrichtung gut sichtbar aus?
- Verabreichen sie keinerlei Medikamente (auch keine Inhalationen, Salben), sofern kein Notfall vorliegt?
- Raten sie Eltern von Kindern, die in Genesungsphasen Medikamente benötigen, das Kind bis zur vollständigen Gesundung zu Hause zu lassen?
- Verabreichen sie Notfallmedikamente nur, wenn eine gültige Bescheinigung des Arztes und die Einverständniserklärung der Eltern (beides nicht älter als ein halbes Jahr) vorliegt?
- Wird bei einem vereinbarten Fall von Notfallmedikamentenvergabe neben der dafür zuständigen Bezugserzieherin immer auch noch eine Vertreterin benannt und dies schriftlich festgehalten?

Dokumentation

Einverständniserklärung zur Medikamentenvergabe

Ruhephasen

Die Kinder können zu jeder Zeit entscheiden, ob sie eine **Ruhephase** einlegen möchten. Sie finden dafür einen Ruheraum, der den Rückzug aus der Gruppe ganztägig erlaubt. Der Raum lädt die Kinder zum Träumen und Ruhen ein. In seiner stimmungsvollen Atmosphäre werden alle Sinne so angesprochen, dass sich Wohlbefinden und Entspannung einstellen können. Absprachen mit den Kindern stellen sicher, dass sie im Ruheraum leise sind.

Gewiss ist nach dem Mittagessen eine Ausruhzeit für viele Kinder physiologisch sinnvoll. Aber es gilt: Kein Kind wird gezwungen, Mittagsschlaf zu halten. Schließlich ist es das Ziel, Kinder ihre Bedürfnisse – auch das nach Schlaf – selbst erkennen zu lassen, statt von außen zu verordnen. Auch wenn die Eltern dies wünschen: Es ist den Kindern freigestellt, ob sie sich in den Ruheraum begeben. Immer muss es möglich sein, sich zur Ausruhzeit in den anderen Räumen des Kindergartens in angemessener Lautstärke zu beschäftigen.

Überprüfungsfragen

- Entscheiden die Kinder selbst, ob und wann sie schlafen oder eine Ruhephase benötigen? Wird ihnen die Entscheidung, sich hinzulegen, selbst überlassen (Ausnahme: offensichtliche Bedürftigkeit eines Kindes)?
- Haben die Kinder jederzeit Zugang zum Ruheraum? Steht den Kindern die Entscheidung für dieses Angebot sowie über den Zeitpunkt grundsätzlich frei?
- Beobachten die pädagogischen Fachkräfte die Kinder und deren Aktivitäten im Ruheraum? Greifen sie gegebenenfalls fördernd ein?
- Ergänzen die Pädagoginnen und Pädagogen das Angebot im Ruheraum durch spezielle Entspannungsübungen (Fantasiereisen, autogenes Training für Kinder)?

Der Aufenthalt im Freien

Im Unterschied zu Landkindern haben Großstadtkinder nur eingeschränkte Möglichkeiten, sich im Freien aufzuhalten. Verfügt der Kindergarten über eine angemessen große und vielgestaltige Freifläche, ist es schon aus kompensatorischen Gründen wichtig, Kinder so oft wie möglich zum **Aufenthalt im Freien** zu bewegen. Die Pädagoginnen und Pädagogen haben die Aufgabe, alle Barrieren zu beseitigen, die Kinder an ihrem natürlichen Drang ins Freie hindern. Ziel ist, dass Kinder zu jeder Jahres- und Tageszeit gern und häufig draußen spielen, toben, experimentieren und Orte finden, um sich zurückzuziehen.

Es gibt kein schlechtes Wetter, nur unpassende Bekleidung. Um sich jederzeit im Freien bewegen zu können, benötigen die Kinder Regenbekleidung. Sie wird an einem gut erreichbaren Ort aufbewahrt, damit die Kinder sich selbst umkleiden können. Ferner wird ihnen die Entscheidung darüber zugebilligt, ob sie es draußen zu kalt oder zu warm empfinden. Auf offensichtliche gravierende Fehler in der Bekleidung reagieren die Pädagoginnen und Pädagogen zurückhaltend und begründen dem Kind sachlich, was es verändern muss. So befähigen sie das Kind, sich zunehmend angemessener anzuziehen.

Damit die Kinder im Außengelände nicht nur herumtoben, halten die pädagogischen Fachkräfte im Garten Aktionsangebote in jeder Form bereit. Um diesem Anspruch Rechnung zu tragen, ist der Garten, ähnlich dem Raumgefüge des Kindergartens, in unterschiedliche Funktionsbereiche (→ S. 220 ff.) gegliedert. Wie die einzelnen Räume des Kindergartens (→ S. 203 ff.) sind diese Bereiche im Regelfall allen Kindern zugänglich. Sie können sie selbstständig nutzen. Angebote der pädagogischen Fachkräfte ergänzen lediglich die selbstständige Nutzung.

Überprüfungsfragen

- Haben die Kinder jederzeit Zugang zum Freigelände (Ausnahme: starke Witterungsbeeinträchtigungen wie Sturm und Gewitter)?
- Finden pädagogische Angebote aus den Angebotsphasen bei geeigneter Witterung täglich im Freien statt?
- Liegen für jedes Kind Regenbekleidung und Sonnenschutz im Kindergarten bereit? Befinden sich diese Dinge an einem gut erreichbaren Ort?
- Fördern die pädagogischen Fachkräfte die Kinder gezielt, sich selbsttätig geeignete Bekleidung anzuziehen? Führen sie mit Eltern und Kindern Gespräche über angemessene Kleidung, damit die Kinder sich jederzeit im Freien aufhalten können?

- Verfügen die Kinder über Regeln zur Benutzung der unterschiedlichen Bereiche des Freigeländes? Respektieren sie die Grenzen des Geländes?
- Finden die Kinder im Freigelände vielfältige Möglichkeiten der Umgestaltung? Können sie in geeigneten Bereichen des Geländes Hütten bauen, graben, Pflanzen ziehen?
- Sorgen die Pädagoginnen und Pädagogen dafür, dass die für Gartenarbeit und Hüttenbau benötigten Werkzeuge und Spielmaterialien aller Art ständig zur Verfügung stehen?
- Beobachten sie die Kinder und deren Aktivitäten? Greifen sie gegebenenfalls fördernd ein?

Dokumentation

Wochenkalender, Beobachtungsbogen, Entwicklungsbogen

Ausflüge

Der Aufenthalt im Freien bietet eine Alternative zum Leben in den Räumen des Kindergartens. Dies gilt auch für **Ausflüge** zum Fleischer um die Ecke, in einen nahe gelegenen Park oder in ein weiter entferntes Museum. Solche Unternehmungen ermöglichen es den Kindern, sich mit der alltäglichen Lebenswelt außerhalb des Kindergartens auseinander zu setzen und dabei etwas völlig Neues zu erleben und zu lernen. Ausflüge mit Kindergruppen bedürfen der präzisen organisatorischen Vorplanung und erfordern guten Überblick, besonders wenn Busse und Züge benutzt werden oder größere Menschenansammlungen am Zielort zu erwarten sind. Es muss abgewogen werden, welche Wege und Umstände den Kindern zuzumuten sind. Die Vorbereitungen sollten rechtzeitig stattfinden, damit alle wichtigen Details schon im Vorfeld sorgfältig erwogen und geplant werden können. Aus rechtlichen Gründen ist es nicht gestattet, Kinder in Privatautos zu transportieren.

Überprüfungsfragen

- Wird bei der Planung bedacht, dass die Anzahl der Erwachsenen der Gruppenstärke, dem Alter und dem Entwicklungsstand der Kinder sowie dem Ziel des Ausflugs entspricht?
- Wurde im Vorfeld des Ausflugs abgesprochen, welche pädagogischen Fachkräfte an diesem Tag für welche Kinder verantwortlich sind? Ist die genaue Zuteilung der Kinder zu einem Erwachsenen gewährleistet?
- Werden bei der Auswahl des Zielortes Massenveranstaltungen vermieden? Werden geringer besuchte, überschaubare Plätze vorgezogen, damit die Sicherheit der Kinder gewährleistet ist?
- Tragen die Kinder Namenskarten, jeweils ein Schildchen mit dem Namen des Kindes und der Anschrift des Kindergartens? Sind diese Karten so platziert, dass sie nicht von Unbefugten zu sehen, im Notfall aber für das Kind sofort (z. B. in der Jackentasche) erreichbar sind?
- Werden mit den Kindern schon im Vorfeld Aufklärungsgespräche geführt, in denen sie erfahren, wie sie sich verhalten können, wenn sie die Gruppe nicht mehr sehen? Wissen die Kinder, wozu die Namenskarten dienen?
- Wird eine Gruppenliste mitgeführt, auf deren Grundlage immer wieder Zählungen (z. B. beim Verlassen des Hauses, beim Wechsel des Standorts, beim Ein- und Aussteigen im Nahverkehr, beim Betreten des Hauses) möglich sind?
- Wird auf jeden Ausflug mindestens ein Handy mitgenommen?
- Werden die Kinder bei Exkursionen aus rechtlichen Gründen grundsätzlich von mehr als einer Person begleitet?

Dokumentation

Wochenkalender, selbst aufgestellte Gruppenliste

Feste, Bräuche und Geburtstage

Feste und damit verbundene Bräuche sind Höhepunkte im Alltag und gleichzeitig wesentlicher Bestandteil der Kultur eines Landes. Sie gehören damit auch zur Lebenswelt der Kinder. **Feste und Bräuche** sind Ausdruck menschlicher Ordnung und Lebensorientierung. Da Kinder in den Einrichtungen unterschiedliche Kulturen erleben, bieten sich vielfältige Möglichkeiten, neue Feste, Sitten und Gebräuche kennen zu lernen. Gemeinsames Feiern schafft Kontakte und kann zur prägenden Erinnerung werden. Dabei steht das gemeinsame Erleben im Vordergrund, nicht das Konsumieren von Angeboten.

Geburtstage haben große Bedeutung für Kinder, weil sie dabei das eigene Älterwerden bewusst erfahren. Außerdem spielen sie an diesen Tagen eine besondere Rolle in der Gruppe. Deshalb werden Geburtstage so gefeiert, dass auch kleineren Kindern ihre Bedeutung bewusst werden kann. Dazu gehören bestimmte Rituale und die aktive Teilnahme der Eltern.

? Überprüfungsfragen

- Feiern die pädagogischen Fachkräfte mit den Kindern und für sie persönliche, jahreszeitliche und traditionelle Feste?
- Bereiten sie Feste mit Kindern und, je nach Anlass, auch mit Eltern vor?
- Werden Feste und Bräuche unterschiedlicher Kulturen thematisiert?
- Bleibt die Festgestaltung jederzeit überschaubar? Sind die Kinder größtenteils selbstständig daran beteiligt? Steht die Aktivität der Kinder im Mittelpunkt, nicht die Perfektion der Gestaltung?
- Tragen Gestaltung und Durchführung von Festen zur Öffnung nach außen bei? Werden Nachbarn, andere Einrichtungen und Bewohner des Stadtteils bei entsprechenden Gelegenheiten einbezogen?
- Gibt es für die Gestaltung der Geburtstage eine Verantwortliche, die den Eltern als Ansprechpartnerin dient und die Feier koordiniert? Nimmt die Bezugspädagogin oder eine benannte Geburtstagsbeauftragte diese Aufgabe wahr?

- Werden Geburtstage mit wieder erkennbaren Ritualen (z. B. Geburtstagsstuhl, Blumen, Dekorationen, Lieder) begangen?
- Erhalten die Geburtstagskinder ein Geschenk, das den Materialansprüchen entspricht?
- Wird für die Geburtstagskinder gemeinsam ein Kuchen gebacken?
- Erhalten die Kinder zur Einschulung eine Schultüte?

Dokumentation

Monatsplanungsbogen, bei Bedarf Bescheinigung zur Ernährungsumstellung

Der Abschlusskreis

Der **Abschlusskreis** am Ende eines Kindergartentages dient dazu, einen Ausklang zu schaffen und Revue passieren zu lassen, was der Tag den Kindern gebracht hat und welche weiteren Projekte oder Angebote sinnvoll wären. Er wird im Sinne einer kurzen Zusammenkunft mit den Bezugskindern stattfinden, bevor die Bezugspädagogin die Einrichtung verlässt. Der Abschlusskreis kann auch mit allen Kindern durchgeführt werden, die am Ende der Angebotszeit noch in der Einrichtung sind. In beiden Fällen ist es sinnvoll, den Abschlusskreis mit geringerer Verbindlichkeit für die Kinder zu versehen, da manche von ihnen vielleicht noch intensiv mit Tätigkeiten beschäftigt, die sie ungern abbrechen möchten. Als offen gestaltetes Angebot eignet sich der Abschlusskreis auch, die Eltern dazu einzuladen.

Nachdem im Morgenkreis gemeinsame Aktivitäten abgesprochen wurden, kann der Abschlusskreis genutzt werden, um herauszufinden, wie diese den Kindern gefallen haben, ob ihre Erwartungen erfüllt wurden oder einige von ihnen unzufrieden waren. Die pädagogischen Fachkräfte können in diesem Gespräch feststellen, wie ihre tägliche Arbeit angekommen ist. Kindern bietet der Kreis die Möglichkeit, Rückschau zu halten und ihre Eindrücke zu sortieren. Darüber hinaus fördert der Abschlusskreis das

Entstehens eines Zeitgefühls: „Schon wieder ist ein Tag vorbei ...“ Sinnvoll ist es, beim Abschlusskreis das pädagogische Tagebuch des Kindergartens zu ergänzen und die Eintragung vorzulesen.

Überprüfungsfragen

- Beenden die Erzieher und Erzieherinnen jeden Tag mit einem gemeinsamen Abschlusskreis?
- Ist der Abschlusskreis als offenes Angebot gestaltet, trägt er den Charakter der Freiwilligkeit?
- Sprechen die Pädagogen mit den Kindern im Abschlusskreis darüber, ob die Tagesangebote oder Projekte gefallen haben?
- Wird Eltern die Möglichkeit geboten, sich dazuzusetzen?

Dokumentation

Pädagogisches Tagebuch

Elternarbeit im Sinne von Erziehungspartnerschaft

Im folgenden Kapitel geht es um die Ausgestaltung der **Zusammenarbeit mit den Eltern.** Es wird beschrieben, in welch unterschiedlichen Formen die Pädagoginnen und Pädagogen Elternarbeit anbieten, um Familien bei ihren Erziehungsaufgaben zu unterstützen. Erläutert wird, auf welche Weise die Erzieherinnen ihre fachliche Kompetenz einbringen, um die Entwicklung des Kindes gemeinsam mit den Eltern zu beobachten und fördernde Maßnahmen zu erarbeiten.

Grundsätze der Zusammenarbeit mit Eltern

Elternarbeit ist Kommunikation. **Erfolgreiche Elternarbeit** erfordert es, grundsätzliche Regeln und Ziele dieser Kommunikation festzulegen. Der wichtigste Grundsatz beinhaltet: Die Pädagoginnen und Pädagogen müssen als professionelle Fachkräfte wahrgenommen werden. Sie vermitteln den Eltern in jeder Situation, dass fachliches Wissen, genaue Beobachtung und gezielte Planung die Grundlagen ihres Handelns sind. Das ist nicht leicht, denn auf Grund ihrer Erfahrung mit dem eigenen Kind glauben viele Eltern, jederzeit am besten zu wissen, was es benötigt. In solchen Situationen sind die Pädagoginnen und Pädagogen besonders gefordert, ihre Handlungen fachlich und ausführlich zu begründen.

Viele Probleme in der Elternarbeit entstehen, weil Eltern das Gefühl haben, nichts oder zu wenig über das Befinden ihres Kindes im Kindergarten zu erfahren. Gerade bei Eltern kleiner Kinder, die von sich aus noch wenig erzählen können, erzeugt dieses Gefühl Unsicherheit. Deshalb sind die Pädagoginnen und Pädagogen gefordert, aktive Information zu betreiben, d. h. ausführlich und detailreich von den Erlebnissen der Kinder zu berichten. Sie sollten das nicht nur tun, wenn die Eltern nachfragen, sondern auch aus eigenem Interesse und um die Eltern einzubeziehen. Diese Informationen können die pädagogischen Fachkräfte nicht nur mündlich vermitteln, sondern unterschiedliche Formen der Veranschaulichung nutzen: Video-Filme, Fotodokumentationen, Mitschriften von Kreisgesprächen.

Elternarbeit muss aktivieren. Statt lediglich den Gesprächsbedarf der Eltern zu erfüllen, interessieren die Pädagoginnen und Pädagogen Eltern für ihre Arbeit. Dies lässt sich erreichen, indem sie Mütter und Väter gezielt zur Teilnahme an Elterngesprächen und Elternabenden oder zum Lesen der ausgehängten Dokumentationen einladen. Professionalität verlangt sicheres Auftreten. Als Fachkräfte, die eine anspruchsvolle Tätigkeit im Bereich der Erziehung und Bildung von Kindern ausüben, werden Pädagoginnen und Pädagogen nur wahrgenommen, wenn sie diese Rolle auch verkörpern. Dazu gehört: Sie wahren Distanz zu den Eltern, statt sich vorschnell auf unangemessene Vertraulichkeit einzulassen. Um als Autoritäten in Erziehungsfragen wahrgenommen zu werden, verzichten sie darauf, die Eltern unbegründet zu duzen. In schriftlichen Dokumentationen äußern sie sich nicht aus kindlicher Perspektive, sondern behalten die Perspektive des Erwachsenen bei und beleuchten pädagogische Hintergründe. Sie kommunizieren sachlich und vermeiden Verniedlichungen.

Überprüfungsfragen

- Nehmen die Pädagoginnen und Pädagogen grundsätzlich eine aktive Rolle in Gesprächen mit Eltern ein? Signalisieren sie, dass sie etwas mitteilen wollen?
- Berichten die Pädagoginnen und Pädagogen nicht nur von Erlebnissen der Kinder, sondern lassen pädagogische Begründungen für ihr eigenes Handeln einfließen?
- Können die Pädagoginnen und Pädagogen elterliche Erfahrungen mit dem Kind annehmen? Legen sie in Diskussionen ihren fachlich begründeten Standpunkt dazu dar?
- Motivieren sie die Eltern, sich aktiv am Informationsaustausch mit dem Kindergarten zu beteiligen? Laden sie die Eltern zu Gesprächen und zum Lesen von Dokumentationen ein?
- Bemühen sich die Pädagoginnen und Pädagogen um eine professionelle Distanz zu den Eltern? Grenzen sie sich sicher von Vereinnahmung ab?

Informationsgespräch und Anmeldung

Erfolgreiche Elternarbeit beginnt mit dem **Informationsgespräch vor der Anmeldung.** Hier gilt es, herauszufinden, ob sich die Wünsche der Eltern mit dem Konzept grundsätzlich decken und demzufolge eine fruchtbare Zusammenarbeit zu erwarten ist. Viele Missverständnisse über die pädagogischen Auffassungen des Kindergartens können vermieden werden, wenn Eltern schon vor der Anmeldung umfassend über das Konzept und dessen Ausgestaltung in der praktischen Arbeit informiert werden.

Beim Informationsgespräch erhalten die Eltern eine Handreichung, die alle wesentlichen Informationen über den Kindergarten enthält und als Vertragsbestandteil bei der **Anmeldung** gilt. Die Hauptpunkte dieser Handreichung werden mit den Eltern besprochen. Darüber hinaus kann die Handreichung auch bei Präsentationen des Kindergartens in der Öffentlichkeit genutzt werden.

Überprüfungsfragen

- Werden Eltern vor der Anmeldung zu einem ausführlichen Einzelgespräch eingeladen? Führt die Kindergartenleiterin das Gespräch?
- Zeigt die Leiterin den Eltern bei einem Rundgang durch den Kindergarten die Räume? Stellt sie die anwesenden Mitarbeiter kurz vor?
- Übergibt die Leiterin interessierten Eltern die Handreichung? Bespricht sie Schwerpunkte des Konzepts mit ihnen? Befragt sie die Eltern, ob sie die pädagogischen Grundauffassungen teilen?
- Prüft die Leiterin, ob eine Anmeldung sinnvoll ist, wenn die Eltern mit dem Konzept nicht übereinstimmen?
- Informiert die Leiterin bei der Anmeldung über den Ablauf der Eingewöhnungsphase? Trifft sie verbindliche Absprachen mit den Eltern?
- Füllt die Leiterin bei der Anmeldung den Aufnahmebogen gemeinsam mit den Eltern aus? Legt sie das Kinderentwicklungsbuch an?

Dokumentation

Checkliste zum Aufnahmegespräch, Aufnahmebogen, Hausordnung

Gespräche zwischen Tür und Angel

Tür-und-Angel-Gespräche sind wohl die häufigste Art der Kommunikation zwischen Eltern und pädagogischen Fachkräften. Sie dienen dazu, aktuelle Informationen über das Befinden des Kindes auszutauschen und organisatorische Fragen zu klären. Darüber hinaus haben **Tür-und-Angel-Gespräche** enorme Bedeutung für die Gestaltung der Beziehungen zwischen Eltern und pädagogischen Fachkräften, da sie oft die einzigen Momente darstellen, in denen Eltern etwas über die Menschen erfahren, die ihre Kinder betreuen. Demzufolge muss es im Interesse der Pädagoginnen und Pädagogen liegen, sich in diesen Situationen den Eltern als verlässliche Ansprechpartner zu präsentieren. Als Anbieter einer Dienstleistung werden die pädagogischen Fachkräfte solche Gespräche aktiv suchen.

Weil Tür-und-Angel-Gespräche meist in ungünstigen Situationen stattfinden – die Erzieherin wird von den Kindern gebraucht, die Eltern haben es eilig, das gebrachte Kind erwartet Zuwendung –, kann die Erzieherin sich mit den Eltern bei Fragen, die in der Kürze der Zeit nicht zu beantworten sind, zu einem Elterngespräch verabreden.

Überprüfungsfragen

- Geht die Pädagogin oder der Pädagoge auf Kinder und Bezugspersonen zu, begrüßt sie und lädt sie in die Cafeteria ein?
- Führt die pädagogische Fachkraft das Gespräch aktiv und bittet die Eltern zu berichten, wie es dem Kind geht?
- Schlägt sie den Eltern vor, bei umfangreichen Anliegen einen gesonderten Gesprächstermin zu vereinbaren?
- Weist die pädagogischen Fachkraft Anliegen der Eltern, die in der Tür-und-Angel-Situation unangebracht sind, in sachlicher Form ab?
- Bietet sie den Eltern an, kurze Informationen per e-mail zu senden?
- Fördert sie den Kontakt der Eltern untereinander, indem Eltern einander vorgestellt und auf gemeinsame Themen hingewiesen werden?

Das halbjährliche Entwicklungsgespräch

Pädagoginnen und Eltern teilen sich eine große Aufgabe: Jedes Kind soll optimal in seiner Entwicklung gefördert werden. Aufgabenteilung kann nur gute Ergebnisse bringen, wenn sich beide Seiten miteinander absprechen. Gemeinsame **Gespräche von Pädagoginnen und Eltern über die Entwicklung des Kindes** haben eine hohe Bedeutung für erfolgreiche pädagogische Arbeit. Beide Seiten, Pädagoginnen und Eltern, können in die gemeinsame Aufgabe der Entwicklungsförderung einen wichtigen Anteil einbringen: Von den Eltern kommen intensive Erfahrungen über das Wesen des Kindes, das sie wie kein anderer kennen. Die Pädagoginnen bringen neben ihren Alltagserfahrungen fachliches Wissen ein, mit dessen Hilfe sie die Vielfalt der Eindrücke über das Kind gewichten können.

Für die Eltern stellen die Erzieherinnen im Kindergarten in der Regel die ersten pädagogischen Fachleute dar, die die Entwicklung ihres Kindes überblicken. Wie kaum jemand anders verfolgen die Pädagoginnen im Kindergarten automatisch mit, ob die Eltern ihre Sache gut machen, und aufgrund ihrer fachlichen Kenntnisse können sie bedeutsame Ratschläge über den richtigen Weg geben. Diese Rolle gestalten die Pädagogen aktiv, indem sie mit den Eltern regelmäßige Gespräche über die Entwicklung des Kindes führen.

Folgende Grundsätze gelten für Elterngespräche: Die Pädagogen vermitteln den Eltern, wie wichtig im beiderseitigen Interesse regelmäßige Gespräche sind. Nicht auf nur Wunsch der Eltern, sondern aus berechtigtem pädagogischem Anspruch der Mitarbeiter des Kindergartens soll mindestens halbjährlich ein solches Gespräch stattfinden. Im Gespräch geht es darum, die Entwicklung des Kindes zu beleuchten und heraus zu finden, welche Förderung und Unterstützung ihm gerade besonders gut tun könnten. Dazu sind Vorarbeiten nötig: Von den Pädagogen wurden Beobachtungen gemacht und die Entwicklung mit Hilfe des Rasters des Entwicklungsbogens eingeschätzt. Auch den Eltern wird angeboten, einige Tage vor dem Gespräch den Bogen auszufüllen, wobei bei erstmaliger Nutzung eine kurze Einführung zu manchen Fachbegriffen sinnvoll sein kann. Ebenso können die Eltern auch zur Durchführung einer gezielten Beobachtung im Kindergarten eingeladen werden. Gemeinsam wird im Gespräch auf Basis dieser Fakten besprochen, was in der nächsten Zeit in pädagogischer Hinsicht für das Kind gut sein könnte.

Um als fachlich versierte Pädagogin wahrgenommen zu werden, darf der Ablauf des Gespräches nicht dem Zufall überlassen werden. Stattdessen besteht die Aufgabe für die Pädagoginnen, das Gespräch im Vorfeld zu strukturieren, um gleichermaßen Phasen des Berichtens wie auch des Klären von Fragen einzuplanen. Die Bezugspädagogin bereitet die Gespräche gezielt vor, indem sie die Dokumentation über den Entwicklungsverlauf des Kindes im Portfolio auswertet. Die eigene Entwicklung muss vor dem Kind nicht geheim gehalten werden. Wenn es der Entwicklungsstand zulässt, werden die Kinder zum Entwicklungsgespräch mit eingeladen. Spätestens im Vorschulalter können sie selbst anhand ihres Portfolios die aktive Rolle im Gespräch übernehmen und vorstellen, wie sie sich entwickelt haben.

Überprüfungsfragen

- Bieten die Bezugspädagoginnen den Eltern regelmäßige monatliche Einzelgespräche an? Haben Eltern monatlich die Möglichkeit, mit der Bezugspädagogin einen Gesprächstermin zu vereinbaren?
- Sichern die Bezugspädagoginnen durch gezielte Einladung mit Terminsetzung ab, dass mindestens halbjährlich Eltern- und Elternkindgespräche über die Entwicklung des Kindes stattfinden?
- Nutzen sie zur Vorbereitung des Gesprächs das Portfolio, um auf dieser Grundlage eine Struktur für das Gespräch zu erarbeiten?
- Bietet die Bezugspädagogin bei der Verabredung des Gesprächstermins den Eltern an, eine Entwicklungseinschätzung vorab zu Hause auszufüllen, um im Gespräch die Einschätzungen beider Seiten vergleichen zu können?
- Ist gesichert, dass diese Gespräche an einem ungestörten Ort im Kindergarten stattfinden können, ohne dass andere Personen zuhören?
- Wird im Entwicklungsgespräch das Portfolio gemeinsam durchgesehen und weiter bearbeitet?
- Werden der Verlauf des Gespräches sowie getroffene Vereinbarungen kurz im Protokoll festgehalten? Wird den betroffenen Eltern ein Exemplar des Protokolls ausgehändigt?
- Begegnen die Pädagoginnen den Eltern mit hoher Akzeptanz und sprachlicher Fachkompetenz? Tragen sie Sorge für eine gelungene Kommunikation?
- Verfügt der Kindergarten über eine Kartei mit Anschriften von Fachstellen (Logopäden, auf Kinder spezialisierte Krankengymnasten, Therapeuten, Beratungsstellen), in welche die Eltern Einsicht erhalten?

Dokumentation

Portfolio, Protokoll: Elterngespräch

Hospitation von Eltern

Einmal im Halbjahr sind die Eltern jedes Kindes eingeladen, den Alltag ihres Kindes zu hospitieren. Diese **Hospitation** dient dazu, dass sich Eltern ein vertieftes Bild von der pädagogischen Arbeit mit ihrem Kind machen können, anstatt nur auf Fotos und Berichte angewiesen zu sein. Sie können regelmäßig miterleben, wie sich der Alltag ihres Kindes „anfühlt", an welchen Momenten es besonders intensiv bei der Sache ist, wo es wann und wie lernt, wann es aber auch besonders schutzbedürftig und sensibel ist.

Um eine möglichst alltäglichen Eindruck zu erhalten, müssen Eltern sehr zurückhaltend ihrem Kind gegenüber auftreten, damit nicht eine Ausnahmesituation erlebt wird: „Papa spielt heute mit mir im Kindergarten." Ziel der Hospitation von Eltern ist immer das Verhalten und Erleben ihres Kindes. Hospitationen sind ungeeignet, um die Qualität der pädagogischen Arbeit stichprobenartig zu überprüfen. Das würde das Vertrauensverhältnis zu den Erziehern und deren tägliche Routine erheblich stören. Gespräche über Dinge, die während der Hospitation aufgefallen sind, werden immer im Nachhinein zu einem vereinbarten Termin geführt. Eltern greifen als unbeteiligte Beobachter nicht ungefragt in das Geschehen ein. Sie signalisieren ihrem und den anderen Kindern, dass sie zuschauen möchten und nicht zum Mitspielen gekommen sind. Eltern können sich Dokumentationen während der Hospitation machen. Nicht erlaubt ist es aus Gründen des Persönlichkeitsrechts, Fotos und Tonmitschnitte zu machen sowie Eltern Eindrücke von fremden Kindern oder Unbeteiligten zu berichten.

Sinnvoll ist es, Hospitationen im zeitlichen Zusammenhang zu den halbjährlichen Elterngesprächen anzubieten. Entweder, um beim Elterngespräch eine gemeinsame Gesprächsgrundlage zu haben, oder um beim Elterngespräch aufgekommene Eindrücke durch die Hospitation zu vertiefen.

? Überprüfungsfragen

- Werden den Eltern halbjährlich Hospitationen angeboten?
- Finden Eltern-Hospitationen während der Kernzeit (9–14 Uhr) statt?

- Werden den Eltern vor Beginn der Hospitation die Regeln für Elternhospitationen erläutert und zur Unterschrift vorgelegt?
- Wird vor Beginn der Hospitation ein zeitnaher Termin mit der Bezugserzieherin vereinbart, um gemeinsam die gewonnenen Eindrücke auszuwerten?
- Behält sich die Leitung des Kindergartens vor, Elternhospitationen bei Nichteinhaltung der Regeln abzubrechen?
- Wird den Eltern das Formular „Elternhospitation" ausgehändigt?
- Wird sichergestellt, dass Eltern während der Hospitationen keine Bild-/Tonmitschnitte machen?

Dokumentation

Formular: Hospitation von Eltern

Elternversammlungen

Elternversammlungen dienen dem Austausch von allgemeinen Informationen über das Kindergartenleben, dem Erörtern von Fachfragen und der Wahl der Elternvertretung. Ziel der Pädagoginnen und Pädagogen ist es, die eigene pädagogische Arbeit sichtbar zu machen und Verständnis für ihre pädagogischen Handlungen bei den Eltern zu wecken. **Elternversammlungen** bedürfen gründlicher Vorbereitung, bei der die Ziele festgelegt und die methodische Gestaltung geplant werden. Im Vorfeld wird besprochen, welche aktuellen Vorhaben und Fragen behandelt werden sollen, auf welche Weise sie veranschaulicht werden können und wer welchen Part übernimmt. Sinnvoll ist, dass alle pädagogischen Fachkräfte zu Wort kommen, um ihre Arbeit darzustellen – nicht nur die emotionale oder heitere Seite, sondern auch die pädagogischen Absichten, die sie verfolgen, und die Beobachtungen oder Überlegungen, die diesen Absichten zu Grunde liegen. Je engagierter und fundierter die Pädagoginnen und Pädagogen von ihrer Arbeit berichten, desto leichter können sie vermeiden, dass Eltern sie in eine unangenehme Verteidigungsposition bringen. Intensiver Einblick in die Arbeit des Kindergartens kann den Eltern vermittelt werden, wenn die pädagogischen Fachkräfte nicht nur mündlich berichten, sondern Videofilme und Fotodokumentationen zeigen.

Elternversammlungen dienen auch den Elternsprechern als Forum, um Meinungen der Gesamtelternschaft des Kindergartens einzuholen. Bei der Planung werden dafür Tagesordnungspunkte reserviert, und im Kindergartenausschuss wird beizeiten mit den Elternvertretern besprochen, welche Themen sie ansprechen möchten.

Überprüfungsfragen

- Findet mindestens drei Mal jährlich eine Kindergarten-Elternversammlung statt?
- Informieren die Pädagoginnen und Pädagogen die Eltern durch schriftliche Einladungen und den Aushang der geplanten Tagesordnung mindestens zwei Wochen vor der Elternversammlung?
- Sprechen die pädagogischen Fachkräfte Eltern in Tür-und-Angel-Gesprächen gezielt an und motivieren sie zur Teilnahme?
- Planen sie die Elternversammlung auf der Monatsplanungssitzung? Legen sie einen angemessenen Zeitrahmen, eine aktivierende Methodik und Verantwortlichkeiten fest?
- Wurde die Planung der Elternversammlung im vorausgehenden Kindergartenausschuss mit den Elternvertretern besprochen?
- Nehmen alle pädagogischen Fachkräfte und Praktikantinnen an der Elternversammlung aktiv teil? Berichten sie über ihre pädagogische Arbeit?
- Verschaffen die Pädagoginnen und Pädagogen den Eltern intensiven Einblick in die pädagogische Arbeit, indem sie ihr Handeln und ihre Planung in sachlicher Form darlegen?
- Ist ein Tagesordnungspunkt für die Elternvertreter vorgesehen, in dem sie die vorher im Kindergartenausschuss besprochenen Anliegen vortragen?

- Nutzen Pädagoginnen und Pädagogen Fotodokumentationen, Videofilme und Gesprächsmitschriften, um den Eltern umfassenden Einblick in die pädagogische Arbeit des Kindergartens zu geben?
- Protokollieren sie die Elternversammlung und erfassen die Anwesenheit der Eltern? Reflektieren sie die Ergebnisse in der Monatsplanungssitzung?
- Wird allen Eltern ein Exemplar des Protokolls angeboten? Wird das Protokoll ausgehängt?

Dokumentation

Sitzungsprotokoll

Veranstaltungen für Eltern

Durch tagtägliche Begegnungen im Kindergarten entstehen nicht nur unter den Kindern Verbindungen und Freundschaften. Auch Eltern legen Wert darauf, sich im Kindergarten mit anderen Müttern und Vätern auszutauschen, andere Kinder und das eigene Kind im Umgang mit ihnen zu erleben. Gerade beim ersten Kind ist der Kindergarten für viele Mütter und Väter der zentrale Ort, um soziale Beziehungen aufzubauen, die ihnen in ihrer neuen Rolle als Eltern helfen. Dass der Kindergarten darüber hinaus für viele Eltern emotional bedeutsam ist, lässt sich auch daran erkennen, mit welcher Aufmerksamkeit sie alle Aktivitäten der pädagogischen Fachkräfte und des Trägers verfolgen und bewerten.

Die Pädagoginnen und Pädagogen setzen diesen Anspruch der Eltern aktiv um und entwickeln gezielt Angebote, die die Kommunikation der Eltern untereinander fördern und positive Erlebnisse mit den Kindern ermöglichen. Um Eltern miteinander ins Gespräch kommen zu lassen, werden regelmäßig **Elterncafés** eingerichtet. Es werden **Ateliernachmittage** geplant, an denen Eltern mit Kindern kreativ arbeiten und einander beim praktischen Tun erleben. Trotz des Trubels im Kindergarten wird eine entspannte und kommunikative Café-Atmosphäre geschaffen, die zum Bleiben einlädt. Bei allen **gemeinsamen Festen mit Eltern und Kindern** werden Aktionen geplant, bei denen Mütter und Väter aktiv und kreativ mitwirken können. Gelingt es, durch attraktive **Elternveranstaltungen** ein positives Gemeinschaftsgefühl unter den Eltern zu erzeugen, entsteht ein Vertrauensvorschuss in der Elternschaft, der auch bei Konfliktsituationen hilfreich ist.

Überprüfungsfragen

- Lädt das pädagogische Fachpersonal die Eltern regelmäßig zum Elterncafé in die Cafeteria des Kindergartens ein?
- Finden die Elterncafés in einer Atmosphäre statt, die sich vom Alltag des Kindergartens abhebt?
- Finden regelmäßig Ateliernachmittage für Eltern und Kinder statt?
- Werden am Ateliernachmittag Aktionsangebote gemacht, auf die sich Eltern wie Kinder gleichermaßen gern einlassen?
- Wird regelmäßig zum Elterntreff in der Cafeteria eingeladen?
- Werden bei allen gemeinsamen Festen mit Eltern und Kindern Aktionsangebote eingeplant, bei denen die Eltern praktisch tätig werden können?
- Gibt es im Jahresverlauf mindestens eine gesellige Veranstaltung (z. B. Grillabend, kleines Büfett nach dem Elternabend, Gartenaktion) für die Eltern?

Elterninformation

Eltern erfahren von ihren Kinder in der Regel wenig darüber, was diese im Kindergarten erlebt, wie sie sich gefühlt, welche pädagogischen Angebote sie genutzt haben. Folge ist, dass viele Eltern kein realistisches Bild von der pädagogische Arbeit im Kindergarten haben: „Da wird nicht mal gebastelt ...“ Schwierige Situationen, die Eltern manchmal im Kindergarten miterleben, wenn sie ihre Kinder bringen oder holen, werden so leicht überbewertet: „Beim Abholen war mein Sohn völlig fertig. Was die wohl mit ihm gemacht haben ...“

Um den Eltern zu zeigen, an welchen Lern- und Bildungsprozessen ihre Kinder den Tag über teilhaben, können **Dokumentationen** angefertigt werden. Auf **Fotos,** in **Gesprächsprotokollen** oder in **Video-Mitschnitten** erkennen die Eltern, was ihre Kinder tun, welche Fragen sie bewegen, wie vertieft sie Dinge untersuchen, wie glücklich und entspannt sie tagsüber aussehen. Dokumentationen – egal ob Foto, Film oder Text – dürfen nicht nur Höhepunkte wie Feste und Geburtstage aufzeichnen; vor allem die alltäglichen Angebote und Lernsituationen werden festgehalten. Dafür eignen sich zum Beispiel **Bilderserien.** Interessante Gesprächssituationen auf Kinderkonferenzen können in Form von **Gesprächsprotokollen** wiedergegeben werden. Beliebte Lieder und Spiele werden den Dokumentationen angefügt. Sind Kopien in ausreichender Anzahl vorhanden, können die Eltern sie mitnehmen.

? Überprüfungsfragen

- Dokumentieren die Pädagoginnen und Pädagogen regelmäßig den Verlauf einzelner pädagogischer Prozesse und Entwicklungen anhand von Fotos und Texten, im Einzelfall auch mit Video?
- Erläutern und begründen die Texte der Dokumentationen die dargestellten Situationen und Aktionen pädagogisch? Werden verniedlichende Formulierungen vermieden?
- Werden die Dokumentationen archiviert?
- Nutzen die Pädagoginnen und Pädagogen Dokumentationen (z. B. Dia-Präsentationen, Videofilme), um Entwicklungsprozesse in Elterngesprächen zu verdeutlichen und sie in Elternversammlungen zu zeigen?
- Führen die pädagogischen Fachkräfte ein Tagebuch, in dem kurze Beobachtungssequenzen den Alltag der Kinder festhalten? Wird dieses Tagebuch gemeinsam mit den Kindern geführt?
- Ist das Tagebuch allen Kindern und Eltern frei zugänglich? Liegt es auf dem Infotisch aus?
- Werden aktuelle Liedtexte und Spiele ausgehängt, sodass Eltern die Bildungsarbeit des Kindergartens nachvollziehen und sie zu Hause begleiten können?

Konflikte mit Eltern

Eltern und pädagogische Fachkräfte teilen sich die Verantwortung für das optimale Aufwachsen der Kinder im Sinne einer Erziehungspartnerschaft. Das bedeutet, dass beide Partner ihre Ansprüche und ihr Wissen in die Erziehung einbringen können und müssen. Zwar besteht das Gebot zur **konstruktiven Zusammenarbeit,** aber in der Erziehungspartnerschaft werden wie in jeder Partnerschaft **Meinungsverschiedenheiten und Konflikte** immer wieder einmal auftauchen. Deshalb haben die pädagogischen Fachkräfte die Aufgabe, sich anbahnende Konflikte möglichst frühzeitig zu erkennen und engagiert nach Lösungswegen zu suchen, um zu verhindern, dass aus kleinen Meinungsverschiedenheiten und Befürchtungen der Eltern große Verstimmungen werden, die den Frieden in der Einrichtung ernsthaft gefährden.

Grundsätzlich gilt: Je direkter und offener ein Konflikt angegangen wird, desto leichter ist er beizulegen. Demzufolge ist es Aufgabe aller Mitarbeiterinnen und Mitarbeiter, Probleme der Eltern sofort aufzunehmen und mit ihnen nach Lösungswegen zu suchen, statt gleich die Leitung einzuschalten und die Eltern auf ein „Kanzlerwort" zu vertrösten. Erst wenn abzusehen ist, dass ein Konflikt vor Ort nicht gelöst werden kann, wird die Leitung zur Schlichtung einbezogen. Ist abzusehen, dass ein Konflikt mit Eltern nicht vom Team des Kindergartens zu lösen ist, kann die Teamleitung die Durchführung eines **Mediationsverfahrens** beantragen. Auch Eltern können dies beantragen, wenn trotz mehrfacher Versuche keine einvernehmliche Lösung für einen ernsten Konflikt gefunden wird.

In manchen Fällen entstehen Konflikte dadurch, dass Eltern grundsätzliche Probleme mit Schwerpunkten des Konzepts haben. Auch gründliche Information im Aufnahmegespräch schließt das nicht aus. Ziel ist in solchen Fällen immer die Trennung „in Frieden". Damit sich die Unzufriedenheit einer Familie nicht auf andere Eltern ausbreitet, wird in sachlicher Form klargestellt, dass bestimmte Erwartungen nicht erfüllt werden können und sich daher die Kündigung empfiehlt. Um solch eine für Eltern, Kind und Team gleichermaßen schwierige Situation zu entschärfen, kann es sinnvoll sein, scheidenden Eltern durch Information und Adressenweitergabe bei der Suche eines ihren Ansprüchen gerechter werdenden Kindergarten-Trägers zu helfen.

Überprüfungsfragen

- Gehen die Pädagoginnen und Pädagogen bei sich anbahnenden Konflikten direkt und offen auf die entsprechenden Eltern zu? Thematisieren sie den Konflikt und erarbeiten Lösungswege?
- Schalten die pädagogischen Fachkräfte erst dann ihre Leitung ein, wenn abzusehen ist, dass keine einvernehmliche Lösung gefunden werden kann? Versucht die Leitung zu schlichten und gemeinsam mit den Eltern eine Lösung zu finden?
- Meldet die Leitung Konflikte, die vor Ort nicht einvernehmlich geklärt werden können, dem Reklamationswesen? Werden gegebenenfalls weitere Lösungsschritte vorgeschlagen?
- Beantragt die Leitung bei verhärteten Konflikten, in denen sich das Team und eine Elterngruppe gegenüberstehen, beim Reklamationswesen die Einleitung eines Mediationsverfahrens?
- Informiert sie die Eltern über die Möglichkeit und die Bedingung der Einleitung eines Mediationsverfahrens über das Reklamationswesen?
- Wird Eltern bei Konflikten, denen grundsätzliche Probleme mit dem Konzept zu Grunde liegen, die Kündigung nahe gelegt? Werden Empfehlungen für Kindergärten gegeben, die den Ansprüchen der Eltern besser entsprechen?

Dokumentation

Formular für Kundenreklamationen, Formular zur Meldung und Beseitigung interner Arbeitsstörungen

Kooperation mit der Elternvertretung

Jeder Kindergarten ist dazu angehalten, eine Elternvertretung wählen zu lassen. Laut Gesetz haben **Elternvertretungen** die Aufgabe, die Leitung der Einrichtung zu beraten. Sie können vom Träger und seinem Fachpersonal Auskunft über wesentliche, die Einrichtung betreffende Angelegenheiten verlangen. Im KLAX-Kindergarten findet die Zusammenarbeit mit der Elternvertretung hauptsächlich im Kindergartenausschuss statt. In diesem Gremium, das neben den regulären Terminen auch im Bedarfsfall einberufen werden kann, sitzt neben den Elternvertretern und der Teamleitung ein Mitarbeiter-Vertreter, bei Bedarf auch die Bereichsleitung oder Fachanleitung. Diese Zusammensetzung ermöglicht es, unterschiedliche Interessen und Sichten in die Diskussion einzubringen. Im Alltagsbetrieb des Kindergartens ist eine gute Kooperation des Teams mit der Elternvertretung vor allem dann hilfreich, wenn Veränderungen und neue Entwicklungen in der pädagogischen Arbeit zu erwarten sind.

Viele Elternvertretungen stehen vor der Frage, wie sie sich ein Bild über die Meinung der zu vertretenden Eltern verschaffen können. Wünsche wie Kritiken der Eltern können beim Elternabend mit dem Team offen besprochen werden. Vertrauliche Anliegen der Eltern werden im Einzelgespräch mit dem Elternvertreter behandelt. Damit Elternvertreter zu treffenden Einschätzungen der Meinung der Elternschaft kommen, werden ihnen die Ergebnisse von Kundenbefragungen und Reklamationen im Kindergartenausschuss dargelegt. Ihre Vorschläge zur Verbesserung der Fragebögen sind willkommen.

Überprüfungsfragen

- Tagt der Kindergartenausschuss laut Richtlinie und regelmäßig mit allen Beteiligten?
- Wird der Kindergartenausschuss zusätzlich einberufen, um die Elternvertreter vorab einzubeziehen, wenn sich unvorhergesehene Veränderungen für den Kindergartenalltag ergeben?

- Werden im Kindergartenausschuss die Jahresplanung, die Maßnahmenplanung, die Planung von Elternveranstaltungen, Schließtage und wichtige weitere Themen besprochen?
- Werden den Elternvertretern Ergebnisse aus der Kundenbefragung, der Evaluation und dem Reklamationswesen – mit dem Hinweis auf bedingte Vertraulichkeit – dargestellt?
- Wird den Elternvertretern bei Bedarf vermittelt, warum die Durchführung eigener Elternbefragungen und Fragensammlungen in Abwesenheit pädagogischer Fachkräfte nicht geduldet wird?
- Werden auf Wunsch der Elternvertreter zusätzlich zu den regulären Mitgliedern des Ausschusses Vertreter des Trägers (Bereichsleiter, Fachanleitung) eingeladen?

Dokumentation

Richtlinie: Elternmitarbeit, Sitzungsprotokoll

Qualitätsstandards für Räume und Materialien

Sollen Kinder zur selbstbestimmten Aneignung der Welt befähigt werden, gehört es zur pädagogischen Arbeit im Kindergarten, ihnen **optimale Räume und Materialien** bereitzustellen. Gerade weil Kinder einen Großteil ihrer Zeit im Raumgefüge des Kindergartens verbringen, müssen sie hier möglichst viel von der Welt wiederfinden.

Kindergartenräume sind Räume für Kinder

Der oberste Grundsatz der Raumgestaltung besagt: Das **Maß der Dinge sind die Kinder.** Die Kinder erleben: „Das sind unsere Räume – und deren Gestaltung ergibt sich nach unseren Bedürfnissen, nicht nach den Vorlieben der Erwachsenen." Das bedeutet nicht, dass die Kinder über jedes Detail der Gestaltung der Räume bestimmen können. Vielmehr ist damit gemeint, dass Gestaltung und Ordnung immer Ergebnis der genauen Beobachtung der Kinder und der Ortung ihrer individuellen Bedürfnisse sind.

Vieles, was Kinder gern tun möchten, wird ihnen verboten, weil es die Räume nicht zulassen: Zu Hause darf zum Beispiel nicht großflächig gemalt werden, weil sonst Wände und Teppiche leiden. In den Räumen des Kindergartens wird hingegen angestrebt: Alle Tätigkeiten, Experimente oder Spiele, für die Kinder sich interessieren, müssen in den Räumen Platz finden. Räume und Materialangebot dürfen die Vorhaben nicht behindern, sondern sie befördern. Um den sich wandelnden Interessen der Kinder aktuell optimale Bedingungen zu bieten, wird das Raumkonzept immer wieder überdacht und gegebenenfalls verändert. Räume für Kinder müssen flexibel, Möbel verrückbar sein und genügend Platz für die Spiele und Aktionen der Kinder lassen. „So wenig Mobiliar wie möglich", lautet die Devise.

Auch die Dekoration der Räume ist auf die Kinder abgestimmt und nicht auf die Erwachsenen. Gestaltungselemente wie Bilder, Objekte oder Pflanzen befinden sich in einer Höhe, die den Kindern angemessen ist. Die Dinge haben für die Kinder eine Bedeutung und müssen nicht dem Schönheitsempfinden der Erwachsenen entsprechen. Das heißt: Kinderbilder werden in Kinderhöhe aufgehängt. Objekte, die ausgestellt werden, sind – der Wahrnehmungsweise von Kindern adäquat – ganzheitlich wahrnehmbar, dürfen also angefasst, bedient und verändert werden. Sie sind von Kindern hergestellt worden und entsprechen ihrer Ausdrucksweise.

Insgesamt empfiehlt sich die zurückhaltende Gestaltung der Räume, um Reizüberflutung vorzubeugen und einen Kompromiss unterschiedlicher ästhetischer Empfindungen zu ermöglichen. Fülle entsteht nicht durch Dekoration, sondern durch die Vielfalt der Aktionen der Kinder.

Überprüfungsfragen

- Ermöglicht das Mobiliar flexible Nutzung, die sich am Bedarf der Gruppe orientiert?
- Bezieht sich die Gestaltung der Kinderräume auf die Tätigkeiten der Kinder?

- Überprüft das pädagogische Fachpersonal die Raumordnung den sich verändernden Bedürfnisse und Vorlieben der Kinder entsprechend immer wieder und verändert sie gegebenenfalls?
- Können die Möbel ohne großen Aufwand umgestellt werden, um Veränderungen im Raumkonzept kurzfristig umzusetzen?
- Sind die Räume so sparsam möbliert, dass die Kinder optimal große Spielflächen vorfinden? Werden überflüssige Möbel umgehend weggeräumt?
- Dienen gerahmte Kinderbilder und Kinderobjekte als Gestaltungselemente? Werden sie in Kinderhöhe präsentiert?

Raumgestaltung und Bildung

Kinderräume können **bilden und erziehen.** Gerade weil Kindern im KLAX-Kindergarten viel Zeit eingeräumt wird, in der sie ihre Beschäftigungen selbstbestimmt wählen können, bieten die Räume und ihre Gestaltung ihnen förderliche Bedingungen, Anreize und Impulse. Die Räume sind so gestaltet, dass sie Kinder bei der Wahl sinnvoller und ihren Bedürfnissen entsprechenden Tätigkeiten unterstützen. Dabei kann es sich um Aktionen und Spiele, aber auch um Phasen des Rückzugs und des Genießens handeln.

Raumgestaltung ist besonders im Zusammenhang mit dem Anspruch der **Kreativitätsförderung** von hoher Bedeutung. Kreativität wird gefördert, indem Kinder eine Umgebung vorfinden, in der vielfältige Anreize für unterschiedliche Tätigkeiten vorhanden sind: Schon beim Betreten eines Raums muss man Lust haben, all die Dinge auszuprobieren, die in gut sichtbaren, offenen Regalen angeboten werden – eine breite Palette an Materialien, Sachen zum Staunen und Untersuchen. Förderlich ist außerdem, wenn Kinder alle Materialien zur Umsetzung ihrer Ideen schnell finden. Deshalb zielt die Raumgestaltung darauf ab, ein Optimum an Übersichtlichkeit zu bieten. Die Kinder können selbsttätig und über längere Zeit an angefangenen Projekten arbeiten. Und das ist nur möglich, wenn sie Dinge, die sie brauchen, von selbst finden und auch immer wieder finden. Deshalb liegen alle Materialien, die die Kinder ohne Anleitung Erwachsener verwenden können, deutlich sichtbar und in Griffhöhe – im offenen Regal und nicht hinter verschlossenen Türen. Ausnahmen bilden die Dinge, deren Handhabung ohne Unterstützung Erwachsener zu gefährlich ist. Ein Beispiel: Kinderscheren dürfen ausliegen, aber eine große, scharfe Papierschere wird für die Kinder unerreichbar gelagert. Auch hochwertige und teure Materialien werden offen in Kinderhöhe ausgelegt und nicht im Schrank versteckt. Aufgabe der Pädagoginnen und Pädagogen ist es, Kinder zum verantwortungsvollen Umgang mit solchen Materialien zu erziehen, statt sie vor ihnen wegzuschließen.

Räume sind so geordnet, dass Kinder sie unkompliziert benutzen können. Schließlich sind Kinder motorisch leicht überfordert, wenn sie Dinge beispielsweise vorsichtig über weite Strecken tragen müssen. Eine Experimentierecke befindet sich in Wasseranschlussnähe, der Platz zum Bildertrocknen möglichst nahe dem Ort, an dem die Bilder entstehen. Wer Kinder beim Tun beobachtet, erkennt in der Regel schnell, welche Orte für welche Tätigkeiten sinnvoll sind. Bei der Raumgestaltung müssen die Sicherheitsbestimmungen beachtet werden, die in den Blättern des Gemeindeunfallversicherungsverbands (GUV) verbindlich festgelegt sind.

Überprüfungsfragen

- Sind die Räume mit offenen und niedrigen Regalen möbliert?
- Lagern die Erzieherinnen und Erzieher alle Spielmaterialien, die die Kinder gefahrlos benutzen können, in offenen Regalen und in Kinderhöhe?
- Werden nur gefährliche Werkzeuge in geschlossenen Schränken gelagert? Ist den Kindern bekannt, dass und wo es diese Werkzeuge gibt?
- Bieten alle Räume durch eine Fülle von interessanten Materialien in den Regalen intensive Anreize zu selbst gewählten Beschäftigungen?
- Finden die Kinder in allen Räumen Orte, um angefangene Bauten, Kunstwerke oder Spiele abzulegen, damit sie später wieder darauf zugreifen können?

- Präsentiert das pädagogische Fachpersonal Spiele, Werkzeuge und Materialien in einer einfachen und überschaubaren Ordnung, sodass die Kinder schnell den richtigen Platz für jeden Gegenstand finden?
- Beobachten die pädagogischen Fachkräfte die Kinder beim Tun, um ständig überprüfen zu können, ob die Raumordnung den kindlichen Tätigkeiten optimal entspricht?
- Halten sie die festgelegten Sicherheitsbestimmungen ein?

Dokumentation

Beobachtungsbogen

Mitgeltende Unterlagen

Produktliste, GUV-Vorschriften

Kindgerechte Materialien

Wie die überlegte Raumgestaltung kann auch **gezielte und durchdachte Materialauswahl** Kindern Anreize verschaffen, das Entstehen von Ideen bewirken und intensive Erfahrungen ermöglichen. Voraussetzung ist die Qualität des Materials. Alles Material im Kindergarten wird als didaktisches Material wahrgenommen. Demzufolge dürfen sich Materialien nicht im Kindergarten ansammeln, ohne dass über ihren pädagogischen Wert nachgedacht wird.

In vielen Kindergärten ist es leider üblich, Restbestände von Spielzeug oder Material anzunehmen, die Eltern anbieten. Das ist in mehrerlei Hinsicht verkehrt: Zum einen zeugt es von geringer Wertschätzung Kindern gegenüber, wenn ihnen solche Altmaterialien offeriert werden. Zum anderen widerspricht es dem Erziehungsziel, Kindern den verantwortlichen Umgang mit Gegenständen und deren Wertschätzung zu vermitteln. Vor allem aber ermöglichen solche Spenden es nicht, gezielt ausschließlich pädagogisch hochwertiges Material im Kindergarten anzubieten, das vielfältig benutzbar, erfahrbar und wahrnehmbar ist.

Hochwertige Spiel- und Lernmaterialien zeichnen sich dadurch aus, dass sie vielfältige Handlungsmöglichkeiten zulassen, möglichst ganzheitlich erfahrbar sind und Entwicklung auf unterschiedliche Weise fördern. Einige Beispiele: Holzbausteine und Naturmaterialien erlauben mehr ganzheitliche Erfahrungen als Plastiksteine, weil sie sich interessanter anfühlen, schmecken und riechen. Im Vergleich zu Plastik-Bausteinen trainieren sie die Feinmotorik stärker, da sie wesentlich vorsichtiger aufeinandergesetzt werden müssen, wenn eine stabile Konstruktion entstehen soll.

Alle Materialien, die im Kindergarten angeboten werden, werden – durch Beobachtung der Kinder – daraufhin überprüft, wie viele Handlungsmöglichkeiten sie zulassen. Auch die Möblierung entspricht diesen Ansprüchen: Naturmaterial statt Plastik, ungiftige Lackierung, einfache Formen, vielseitige Benutzbarkeit. Von hoher Bedeutung sind Sicherheit und gesundheitliche Unbedenklichkeit der Materialien. Zertifikate, die den Herstellern von unabhängigen Institutionen verliehen werden, weisen pädagogische Qualität, Sicherheit und gesundheitliche Unbedenklichkeit aus. Bei Spielmaterialien orientiert sich KLAX am „spiel gut"-Siegel, das auf mindestens 70 Prozent der im Kindergarten angebotenen Materialien zu finden sein muss. Bei der Überprüfung der gesundheitlichen Unbedenklichkeit dienen zur Orientierung regelmäßig die Angaben von Öko-Test.

Überprüfungsfragen

- Werden im Kindergarten ausschließlich Spiel-, Lern-, und Kreativmaterialien angeboten, die von der Einrichtung beschafft wurden? Wird die Annahme von Spielzeugspenden abgewiesen?
- Ist es den Kindern möglich, eigene Spielzeuge mitzubringen?
- Sorgen die pädagogischen Fachkräfte für die sachgemäße Beschaffenheit des Mobiliars und des Spielmaterials sowie für angemessene Pflege?
- Werden Naturmaterialien zum Spielen und Lernen Materialien aus Kunststoff vorgezogen?

- Zeichnen sich die Spiel- und Lernmaterialien im Kindergarten durch einen hohen Anregungsgrad aus?
- Wird mindestens jährlich in gezielten Beobachtungen überprüft, wie häufig und auf welche Art und Weise die Kinder Spiel- und Lernmaterialien nutzen, um uninteressant Gewordenes auszusortieren und neuen Bedarf zu ermitteln?
- Sind die Spiel- und Lernmaterialien vielseitig verwendbar, sodass sie in verschiedenen Spiel- und Lernsituationen kombiniert werden können?
- Sind die Möbel, Spiel- und Lernmaterialien stabil und sicher?
- Umfasst die Palette der angebotenen Spiel- und Lernmaterialien alle Bereiche der ganzheitlichen Förderung der kindlichen Entwicklung?
- Verfügen mindestens 70 Prozent der Spiel- und Lernmaterialien über das „spiel gut"-Siegel?
- Sind alle Möbel, Spiel- und Lernmaterialien nachweislich schadstofffrei? Belegen Öko-Test oder Herstellerzertifikate den Nachweis?

Mitgeltende Unterlagen

Produktliste, GUV-Vorschriften

Medien im Kindergarten

Kinderbücher vermitteln Kindern ein Bild von der Welt; sie können ethische und moralische Wertvorstellungen prägen. Hier geht es darum, die Qualität der Bücher zu überprüfen und zu sichern, dass nur pädagogisch hochwertige Bücher im Kindergarten angeboten werden. Um **Medienkompetenz** zu fördern, besuchen die pädagogischen Fachkräfte mit den Kindern öffentliche Bibliotheken. Bei solchen Gelegenheiten können die Kinder Bücher ausleihen und sie im Kindergarten aufbewahren. Für die rechtzeitige Rückgabe sowie für eventuelle Mahngebühren oder Beschädigungen der Bücher haftet die ausleihende Erzieherin. Sie überprüft außerdem, ob die Bücher inhaltlich geeignet sind. Darüber hinaus können die Kinder Bücher von zu Hause mitbringen, um sie den anderen zu zeigen oder daraus vorlesen zu lassen. In solchen Fällen haftet die Einrichtung bei Verlust oder Zerstörung nicht.

Für die **Qualität der Medien im Kindergarten** garantieren **Siegel und Empfehlungslisten.** Bei der Auswahl von **Büchern, CDs** oder **Videos** wird in den KLAX-Kindergärten die Broschüre „Die besten Medien für ihr Kind" von der Stiftung Lesen herangezogen, bei der **Software-Auswahl** „Der Kinder-Software-Ratgeber" von Thomas Feibel, bei **Spielen** die Empfehlungen von „spiel gut", bei **Musik-CDs** und **Hörbüchern** die Veröffentlichung des Verbandes deutscher Musikschulen „Gute Musik für Kinder – Leopold". Einmal jährlich wird die pädagogische Aktualität des Bibliotheksbestandes überprüft.

Überprüfungsfragen

- Werden im Kindergarten ausschließlich Bücher und andere Medien aus der Einrichtungs-Bibliothek aufbewahrt und bereitgehalten?
- Können Kinder eigene und entliehene Bücher in den Kindergarten mitbringen?
- Verfügen 70 Prozent der Bücher, CDs und der Software über Siegel oder Empfehlungen?

Freispielmaterial und didaktisches Spielmaterial

Alles **Spielmaterial im Kindergarten** wird angeboten, um damit eine bestimmte Zielsetzung zu erreichen. Die entscheidenden Fragen lauten: Zu welchem Zweck wird speziell dieses Material im Kindergarten eingesetzt? Welche Aktion soll sich daraus ergeben, und was ist der erwünschte Effekt bei den Kindern? Aufgrund der Unterschiedlichkeit der möglichen Antworten lassen sich die Spielmaterialien im Kindergarten zwei Kategorien zuordnen: **Freispielmaterialien** und **didaktische Materialien.** Für diese beiden Kategorien gelten unterschiedliche Regeln der Benutzung.

- **Freispielmaterialien** eignen sich für das ungelenkte Spiel der Kinder, egal ob alleine, zu zweit oder in Gruppen. Typische Spielformen sind: Rollenspiele, Als-Ob-Spiele, improvisierte und spontan entstandene Bewegungsspiele. Mit Freispielmaterial soll und darf alles möglich sein – ausgenommen natürlich grobe Verschmutzung und Zerstörung.
- **Freispielmaterialien** sollten immer offen ausliegen, damit sich die Kinder selbstständig bedienen können.
- **Freispielmaterialien** können unabhängig von ihrem zugedachten Zweck verwendet, bei Bedarf auch umgenutzt werden.
- **Freispielmaterialien** können den ganzen Tag benutzt werden, sollten aber spätestens abends wieder an ihren Platz geräumt werden, damit sie gut wiederzufinden sind.

Typische **Freispielmaterialien** sind **Autos, Spielpuppen, Puppenmöbel, einfache Bälle.**

- **Didaktische Spielmaterialien** haben einen konkreten Einsatzzweck. Mit ihnen soll der Erwerb einer bestimmten Kompetenz gefördert werden. Anders als bei den Freispielmaterialien gibt es eine vorgesehene Verwendungsweise.
- **Didaktische Materialien** sollten deshalb getrennt von Freispielmaterial aufbewahrt werden, auf eine Weise, die Verwechslung ausschließt. Es wird mit den Kindern besprochen, welche Regeln der Benutzung für das jeweilige Material gelten, gegebenenfalls empfiehlt sich das Anbringen eines Symbols oder Regelfotos.
- **Didaktische Materialien** werden in jedem Fall nach Benutzung wieder vollständig an ihren Platz geräumt, um eine Benutzung als Freispielmaterial auszuschließen.
- **Didaktische Materialien** sollen unabhängig von Spielzeugfreien Projekten angeboten werden.

Zu den wichtigsten **didaktischen Spielmaterialien** zählen:

Handpuppen: Sie werden in erster Linie von den Erzieherinnen eingesetzt, um zum Beispiel soziale Situationen zu veranschaulichen oder an Stelle der Erzieherin etwas mitzuteilen. Sinn ist, dass bestimmte schwer überschaubare Alltagssituationen von Kindern besser verstanden werden, wenn sie in Form des Puppenspiels von der Pädagogin nachgespielt werden (z.B. ein schwieriger Streit). Es ist zu vermeiden, abschreckend wirkende Handpuppen zu verwenden. Sie dürfen und sollen auch für die Kinder zum Puppenspiel an einer entsprechenden Bühne eingesetzt werden können – immer als besonderes Angebot, für das die Puppen von der Pädagogin geholt und später wieder von ihr auf den entsprechenden Platz zurückgeräumt werden. Handpuppen werden sichtbar aufbewahrt, damit die Kinder wissen, dass es sie gibt, jedoch oberhalb der Kinderhöhe. Diese Art der Aufbewahrung gilt auch für die hochwertigen Biegepüppchen des Puppenhauses.

Aktionstabletts: Aktionstabletts für feinmotorische Übungen werden angeboten, um die Feinmotorik und das Mengenverständnis der Kinder zu trainieren. Dazu muss den Kindern durch besprochene Regeln und den logisch erkennbaren Aufbau des Tabletts klar sein, auf welche Übungsform jedes Tablett zielt. Um die Tabletts benutzbar zu halten, achten Kinder auf Vollständigkeit und vermeiden das Vermischen mit anderen Tabletts. Die Aktionstabletts werden ganztätig zugänglich im offenen Regal angeboten. Sie können prinzipiell ganztägig alleine oder zu zwei benutzt werden; jedoch müssen die Kinder verstehen, dass gerade während hektischer Freispielphasen dafür nur ruhige Sitzecken an Tischen geeignet sind.

Gesellschaftsspiele: Gesellschaftsspiele fördern Gemeinschaftssinn, logisches Verständnis und zumeist mathematisches Auffassungsvermögen. Sie sollten entweder als Angebot der Pädagogin für kleinere Gruppen eingesetzt oder während ruhiger Tageszeiten (z.B. Mittagsruhe) älteren Kindern zur selbstständigen Benutzung herausgegeben werden, wenn das Spiel dem Alter und Verständnis der Kinder angemessen ist und diese sowohl die Spielregeln als auch die Regeln des Umgangs mit dem Spiel beherrschen. Um eine Zerstörung der Spiele durch den Verlust von Spielfiguren zu vermeiden, werden diese in einem Regal aufbewahrt, von dem die Kinder wissen, dass Selbstbedienung nur in Absprache mit der Erzieherin erlaubt ist.

Überprüfungsfragen

- Werden alle Freispielmaterialien jederzeit für die Kinder frei zugänglich und erreichbar aufbewahrt?
- Werden alle didaktischen Materialien an einem von den Freispielmaterialien getrennten Ort aufbewahrt?
- Werden besonders sensible didaktische Materialien oberhalb der Kinderhöhe aufbewahrt, sodass Kinder die Pädagogin vor Benutzung fragen, ob sie diese herausgibt?
- Gelten für didaktische Materialien wie Gesellschaftsspiele, Handpuppen, Aktionstabletts besondere Regeln der Benutzung, die allen Kindern bekannt sind?

Pflegeartikel im Kindergarten

Pflegeartikel wie Windeln, Feuchttücher, Krems oder Sonnenschutzmittel sind gesondert zu betrachten. Zum einen müssen sie höchsten Ansprüchen genügen, um Hautreizungen oder andere Unverträglichkeitsreaktionen generell auszuschließen. Zum anderen muss gewährleistet sein, dass Eltern gegebenenfalls auch eigene Produkte mitbringen können, die sie für besonders geeignet halten. Um diese Ansprüche zu vereinbaren, gilt folgende Regel: Es wird zwischen **kindbezogenen Pflegeartikeln** wie Windeln, Feuchttücher, Windelkrem oder Zahnpasta und **anderen Pflegeartikeln** wie Sonnenkrem oder Feuchtigkeitskrem unterschieden. Während letztere vom Träger gestellt werden, bringen die Eltern die kindbezogenen Produkte mit. Auf Wunsch können auch von den Eltern mitgebrachte Zahn- und Sonnenkrems verwendet werden, wenn sie in einer beschrifteten Packung abgegeben werden. Als Notreserve liegen kindbezogene Pflegeprodukte wie Windeln oder Feuchttücher im Kindergarten bereit. Aus hygienischen Gründen und um das Risiko von Keimübertragungen zu mindern, wird vermieden, Feuchttücher und Krems für mehrere Kinder gleichzeitig zu nutzen.

Überprüfungsfragen

- Werden von den Eltern kindbezogene Pflegeprodukte mitgebracht und für jedes Kind einzeln aufbewahrt?
- Liefert der Bereich Versorgung alle weiteren Pflegeprodukte? Garantiert er gesundheitliche Unbedenklichkeit und Schadstofffreiheit (Nachweis: Öko-Test und Herstellerzertifikate)?
- Berücksichtigen die Erzieher und Erzieherinnen die Wünsche von Eltern, weitere mitgebrachte Pflegeprodukte für ihre Kinder zu verwenden?
- Nutzen sie kindbezogene Pflegeprodukte nur für jeweils ein Kind und nicht für mehrere Kinder gleichzeitig?
- Ist eine Notreserve vorhanden? Informieren sie die Eltern rechtzeitig, wenn bei einem Kind Windeln oder Feuchttücher ausgehen? Weisen sie sie darauf hin, dass es ihre vertragliche Pflicht ist, solche Pflegeprodukte mitzubringen?

Funktionsräume im Kindergarten

Mit dem **Konzept der Funktionsräume** wird versucht, unterschiedlichen Tätigkeiten der Kinder im Kindergarten optimalen Raum bereitzustellen. Alle Tätigkeiten und Bedürfnisse der Kinder finden in entsprechend gestalteten und ausgestatteten Räumen förderliche Entfaltungsfelder. Grundsätzlich sind Raumbereiche miteinander kombinierbar, sofern die jeweiligen Tätigkeiten der Kinder sich gut miteinander vereinbaren. Dies wird bereits bei der räumlichen Zuordnung von Tätigkeiten beachtet: Gut miteinander kombinierbare Tätigkeiten werden in benachbarten Räumen angesiedelt.

Das Grundprinzip bei der Raumordnung in den KLAX-Kindergärten besagt: Die Funktionsräume gruppieren sich um einen zentralen Raum – die Cafeteria (→ S. 205). Sie trägt den Charakter einer Wohnküche, in der die Gemeinschaft zusammentrifft. Von dort aus erschließt sich das gesamte Raumgefüge des Kindergartens.

Kindergartenbüro

Das **Kindergartenbüro** hat zwei zentrale Aufgaben: Zum einen können an diesem Ort Elterngespräche in ruhiger und angemessener Atmosphäre geführt werden. Zum anderen erledigen die Pädagoginnen und Pädagogen hier anfallende Verwaltungsaufgaben, ohne die Räume ihrer Kindergruppe verlassen zu müssen. Sie bleiben für die Kinder weiter ansprechbar. Gleichzeitig erleben die Kinder Tätigkeiten von Erwachsenen wie Schreibtischarbeit, Arbeit am PC, Organisation von Vorhaben und Telefongespräche. Auf diese Weise wird ein Stück Berufsalltag sichtbar.

Überprüfungsfragen

- Ist das Kindergartenbüro mit Telefonanschluss und Anrufbeantworter ausgestattet?
- Ist das Kindergartenbüro mit einem Computer und einem Anschluss an das Intranet ausgestattet, damit Informationen abgerufen und Verwaltungsaufgaben erledigt werden können?
- Ist das Kindergartenbüro mindestens mit einem Schreibtisch oder Computertisch und einem Regal ausgestattet?
- Ermöglicht eine Beratungsecke mit einem kleinen Tisch und bequemen Stühlen Elterngespräche? Bietet sie ein entsprechend professionelles Setting?
- Trägt das Kindergartenbüro einladenden Charakter? Ist es durch eine Tür zu verschließen, damit Elterngespräche in Ruhe geführt werden können?
- Sind die Wände in hellen Pastelltönen gestrichen? Hat der Raum Teppichboden?

Archiv

Lernen beginnt und endet damit, dass Lernende erfahren: Sie lernen. Diesem Grundsatz folgend, gibt es im Kindergarten einen **Aufbewahrungsort für alle Zeugnisse wichtiger Lern-Erlebnisse** der Kinder: Projektmappen,

Projektdokumentationen, Fotos und Schriftstücke. Ihrer Aufbewahrung dient ein offenes Regal, das Kindern und Eltern zugänglich ist. Es ist sinnvoll, dieses „Lernmuseum" in der Nähe eines Sofas oder eines anderen gemütlichen Leseplatzes einzurichten, damit Kinder und Eltern möglichst oft Lust bekommen, sich beim Durchblättern an vergangene Lernerlebnisse zu erinnern. Kinder werden sich dadurch der eigenen Fortentwicklung und des Vergehens von Zeit bewusst.

Überprüfungsfragen

- Gibt es ein Archiv-Regal für Erinnerungsstücke aus vergangenen Projekten?
- Ist das Archiv-Regal der Leseecke oder der Cafeteria benachbart?
- Ist das Archiv-Regal für Kinder und Eltern gut zugänglich?
- Werden Projektmappen und andere Erinnerungsstücke in einladender und wiederzuerkennender Weise dargeboten?

Cafeteria

Die **Cafeteria** ist der **zentrale Raum** eines jeden KLAX-Kindergartens. Hier kommen die Kinder und Eltern an, treffen die Kinder ihre Freundinnen, Freunde und Spielgefährten. Hier finden kurze Gespräche zwischen Eltern und pädagogischen Fachkräften statt, in denen sie sich über das Befinden des Kindes und andere aktuelle Themen kurz austauschen. Die Cafeteria lädt zum gemeinsamen Einnehmen der Mahlzeiten ein. Eltern haben die Möglichkeit, sich mit Kindern und pädagogischen Fachkräften beim Frühstück oder bei anderen Mahlzeiten zu treffen.

Die Raumgestaltung ist auf den Themenbereich „Ernährung" ausgerichtet. Ein Ort für Gesellschaftsspiele und der Küchenbereich (→ S. 206) sind in die Cafeteria integriert.

Überprüfungsfragen

- Ist die Cafeteria mit geeigneten Tischen und Stühlen für alle Altersgruppen ausgestattet? Lädt sie zum gemeinsamen Einnehmen der Mahlzeiten und zu anderen gemeinschaftlichen Aktivitäten ein?
- Hat der Raum einen Holzfußboden oder einen anderen ansprechenden Fußbodenbelag, der abwaschbar ist? Sind die Wände in Pastellfarben gehalten?
- Werden die Ergebnisse von Aktionen und Projekten der Kinder (Bilder, Skulpturen, Fotodokumentationen) in der Cafeteria ausgestellt?
- Schaffen leise Hintergrundmusik aus einer fest installierten Musikanlage und angenehmes Licht eine gemütliche Atmosphäre?
- Ist die Cafeteria – anders als die übrigen Räume des Kindergartens – für die Eltern ohne vorherige Rücksprache zugänglich?

Küchenbereich

In die Cafeteria des KLAX-Kindergartens ist eine Küchenzeile eingebaut. Dadurch werden Vor- und Nachbereitung der Mahlzeiten normale, miterlebbare Bestandteile des Tagesablaufs, und die Kinder können sich daran beteiligen. Um das Personal des Kindergartens nicht unnötig zu belasten, sind die Küchen so gestaltet, dass Kinder wie Erwachsene alle Verrichtungen möglichst leicht bewältigen können. Das Ein- und Ausräumen des Geschirrs aus der Spülmaschine läuft unkompliziert und störungsfrei ab. Über dem Koch- und dem Spülbereich befinden sich Hängeschränke, in denen Lebensmittel, Küchengeräte und Geschirrtücher gelagert werden. Prinzipiell ist vorgesehen, so wenig Material wie möglich aufzubewahren, um den Umfang der Küchenzeile auf das Nötigste zu reduzieren.

Die Kombination verschiedener **Funktionen im Küchenbereich** erfordert es, Hygienemaßnahmen konsequent einzuhalten. Deshalb wird der Küchenbereich in zwei räumlich getrennte Einzelbereiche geteilt: Im „reinen" Bereich werden Speisen zubereitet oder ausgegeben und das saubere Geschirr gelagert. Um zu verhindern, dass Keime in die Lebensmittel gelangen, ist besondere Hygiene notwendig. Im „unreinen" Bereich werden Speisereste entsorgt und das Geschirr zur Reinigung gesammelt. Er befindet sich in einer Ecke der Cafeteria und wird mittels einer Barriere deutlich getrennt.

Überprüfungsfragen

- Gibt es im Küchenbereich zwei Spülmaschinen, um jederzeit Geschirr einstellen zu können?
- Gibt es einen Herd, der aus Sicherheitsgründen mit herausfahrbarem Wagen und versenkbaren Herdknöpfen ausgestattet ist?
- Arbeiten die Kinder an Tischen, deren Höhe ihnen entspricht?
- Stehen der Kühlschrank und ein Arbeitstisch im „reinen" Bereich an der Wand?
- Werden Lebensmittel im Kühlschrank in folgender Reihenfolge sortiert? – von oben nach unten: Reservefach für Backzutaten, Babygläser und Diätkost, Margarine und Butter, verpackter Belag, verpackte Aufstriche, verpacktes Brot, geschlossene Trockenware, über Nacht aufbewahrte Knabberbox, Obst und Gemüse.
- Sind die Fächer in der Kühlschranktür folgendermaßen sortiert? – oben im verschlossenen Fach: namentlich beschriftet Medikamente; untere Fächer: Milch und Saft.
- Wird die Kühlschranktemperatur täglich kontrolliert und auf dem Formular „Messung der Kühltemperatur" dokumentiert?
- Befinden sich zwei unterschiedliche Thermometer zur Messung im Kühlschrank, um zu sichern, dass die Messung korrekt ist?
- Gibt die Erzieherin die Lebensmittel aus dem Kühlschrank und das Geschirr über die Ablagefläche der Geschirrschränke heraus? Steht der Essenwagen mit dem Mittagessen seitlich an dieser Stelle?
- Stehen zwei Geschirrschränke gegenüber dem Kühlschrank – mit der Türseite dazu, um den „reinen" Bereich abzugrenzen?
- Befinden sich ein Wagen für schmutziges Geschirr und Besteck, ein Abfalleimer mit Deckel für Essenreste und ein Mülleimer im „unreinen" Bereich?

- Ist die Mülltrennung durch mehrere gekennzeichnete Mülleimer gesichert, um Kindern umweltgerechte Abfallentsorgung zu vermitteln?
- Ist gesichert, dass sich im Bereich der Küchenzeile und in deren Nähe keine erdhaltigen Pflanzen befinden?

Atelier und Werkstatt

Atelier und **Werkstätten** sind Funktionsräume, in denen Kinder selbstständig, aktiv und kreativ mit einer breiten Palette qualitativ hochwertiger Materialien und Handwerkszeuge experimentieren, Erfahrungen sammeln, sich und ihre Fertigkeiten ausprobieren, neue Techniken entwickeln sowie ihre Ausdauer und Konzentration schulen können. Die Vielfalt an Materialien im Atelier wird geordnet und sichtbar präsentiert, damit die Kinder schnell erkennen, was es gibt, wo man es findet und wohin es wieder zurückgelegt wird. Kreatives Chaos bei Malaktionen braucht Ordnung in den Regalen.

Beim Malen, Gestalten und Bauen benötigen die Kinder Platz. Deswegen beschränkt sich die Möblierung im Atelier auf das Nötigste: Tische und Hocker müssen stapelbar und leicht wegzuräumen sein, damit viel Bodenfläche zur Verfügung steht. Absolut störend ist es beim kreativen Tun, wenn Kinder darauf achten müssen, nichts zu verschmutzen. Deswegen sind Boden und Möbel im Atelier strapazierbar und können Verschmutzungen verkraften.

Überprüfungsfragen

- Hat das Atelier einen strapazierfähigen, abwaschbaren Fußboden (ideal: Industrieparkett)?
- Gehört ein Wasseranschluss für eine große Spüle mit Farbabscheider und Farbtisch zur Ausstattung des Ateliers oder eines Nebenraums?
- Können stapelbare Hocker und zusammenklappbare Tische je nach Bedarf aufgebaut und weggestellt werden?

- Bieten Klemmleisten oder Bilderrahmen und freie Regale an den Wänden genügend Abstell- und Ausstellungsmöglichkeiten?
- Werden Materialien in einem verschließbaren Schrank aufbewahrt, mit denen Kinder nur unter Anleitung von Erwachsenen arbeiten dürfen? Ist der Schrankinhalt übersichtlich angeordnet und den Kindern bekannt?
- Sind alle anderen Materialien in offenen, flachen Regalen angeordnet und somit für die Kinder jederzeit zugänglich?
- Bietet der Raum viel freien Platz, damit die Kinder auf dem Fußboden oder an der Staffelei großzügige Arbeitsflächen finden?
- Haben die Kinder im Atelier oder im Nebenraum ein persönliches Fach oder eine Mappe für ihre Kunstwerke? Haben Kinder und Eltern jederzeit Zugang dazu?
- Zur Grundausstattung an Material gehören: verschiedene Farben und Farbsorten; Pinsel, Mischpaletten, Wasserbehälter und Stifte aller Art; eine Auswahl an Naturmaterialien wie Muscheln, Wurzeln, Sand und Steine; Papier und Pappe unterschiedlicher Formate, Farben und Stärken; Stoffe, Wolle, Bänder, Schleifen, Knöpfe, Glitzer und Glimmer; verschiedene Arten von Klebstoff und eine Klebepistole; Materialien für verschiedene Techniken der Seidenmalerei, Töpferei, Druckerei und Speckstein; eine Werkbank mit Werkzeugschrank und verschiedenen Holzresten; Schatzkisten mit bunten Materialsammlungen; eine Ausstellung kurioser oder ästhetischer Dinge wie Steine, Wurzeln, Tannenzapfen, Maschinen, alte Puppen oder Ketten.

Schreibecke

Dieser Raumbereich vereint Funktionen, die dem Interesse der Kinder an Buchstaben und Zeichen entsprechen. In der **Schreibecke** finden die Kinder Tische zum Schreiben und verschiedene Stifte. An der Wand gibt es Möglichkeiten zum Anbringen von Schriftstücken und Zetteln (Achtung: Pinnwandnadeln dürfen nicht verwendet werden). Die Schreibecke kann die Stempeldruckerei sowie den Computer und Drucker mit entsprechendem Zubehör aufnehmen.

Überprüfungsfragen

- Hat der Raum helle Pastellfarben an den Wänden und Teppichbodenbelag oder Linoleum auf dem Fußboden?
- Gehören Arbeitstische und geeignete Stühle in richtiger Sitzhöhe zur Ausstattung?
- Hängen Buchstabenplakate und Anlauttabellen aus?
- Sind an den Wänden Magnet-Pinnwände oder Klemmschienen angebracht, an denen Kinder selbsttätig Schriftstücke anbringen können?
- Gibt es einen Schreibtisch mit Büromaterialien wie Hefter, Locher, Ablagekorb, Heftstreifen und Notizblock?
- Gibt es Eigentumsschränke mit Fächern für jedes Kind im Vorschulalter?
- Gibt es einen Computerarbeitsplatz für Kinder, bestehend aus ein bis zwei Rechnern, Bildschirm, Drucker, Scanner und digitaler Kamera?
- Steht der Monitor aus Gründen des Lichteinfalls an der im rechten Winkel zum Fenster befindlichen Wand? Steht der Monitor in Kopfhöhe der Kinder?
- Zur Grundausstattung an Material gehören: eine Stempeldruckerei; zwei große Wandtafeln; ein Regal für Papier in diversen Größen; Bleistifte, Fineliner und Buntstifte; eine alte Schreibmaschine; ein Kinderbriefkasten; ein Kinder-Buchregal für die von den Kindern hergestellten Werke.

Bewegungsraum

Der **Bewegungsraum** ist den verschiedenen Formen von Bewegungsangeboten sowie dem freien Herumtoben entsprechend eingerichtet. Dazu gehört auch seine unfallsichere Gestaltung. Nötige Möbel stehen im Randbereich. Ideal ist ein Nebenraum für die Aufbewahrung von Materialien. Das Inventar des Bewegungsraumes eignet sich zum Bauen von Bewegungsbaustellen, zum Beklettern, Herumrennen und Balancieren. Problemlos können die Kinder alle Materialien bewegen, um Bewegungsbaustellen zu errichten. Im Bewegungsraum ist auf ein ausreichendes Angebot im Bereich der kinästhetischen Wahrnehmung – Stellungssinn, Bewegungssinn, Kraftsinn und Spannungssinn – zu achten.

Überprüfungsfragen

- Ist der Bewegungsraum ein großer, freier Raum mit Holzfußboden oder Korkparkett und hellen, pastellfarbenen Wänden?
- Ist der Raum für die Kinder jederzeit zugänglich?
- Sind eine gute Musikanlage sowie CDs für die Bereiche Tanz, Rhythmik und Entspannung vorhanden?
- Hängen Vorhänge aus festem, blickdichtem Gewebe an den Fenstern?
- Ermöglichen großflächige Spiegel über eine ganze Wand die bewusste Form der Selbstbegegnung? Können Kinder ihre Körperlichkeit ungezwungen erleben?
- Enthält der Raum eine Klettermöglichkeit?
- Enthält der Raum eine große, freie Fläche zum Rennen, Tanzen und für Entspannungsübungen?
- Sind folgende Bewegungsmaterialien vorhanden? – ein Sportgeräteschrank oder -wagen, ein Mattenwagen, ein Ballkorb, ein Rhythmikwagen; verschiedene Matten und Großbausteine aus Schaumgummi zum Beklettern und Bauen; Geräte zum Schaukeln, Wippen, Balancieren, Drehen und Rollen.

Entspannungs- und Ruheraum

Das Angebot des **Ruheraums** ermöglicht den Kindern jederzeit den Rückzug aus der Gruppe. In stimmungsvoller Atmosphäre werden alle Sinne in einer ganz spezifischen Weise angesprochen, um **Entspannung und Wohlbefinden** zu vermitteln. Die Kinder können sich jederzeit in diesen Raum zurückziehen, vom Alltagsstress abschalten, entspannen, träumen, sich auf ihre innere Wahrnehmung konzentrieren oder schlafen.

Überprüfungsfragen

- Ist der Entspannungsraum ein vom Hauptgeschehen abgelegener Raum, ausgelegt mit Teppichboden und mit dunkleren, warmen Farben an den Wänden?
- Hat der Raum einen weichen Boden, der mit Matten oder Kuschelecken mit vielen Kissen und Decken ausgelegt ist, sodass die Kinder überall wie auf einem großen Sitzkissen Platz nehmen können?
- Ist der Raum durch dunklere Vorhänge oder Rollos stets in einem leichten Dämmerlicht gehalten?
- Ist der Raum durch leichte Vorhänge mehrfach geteilt? Sind die Vorhänge so flexibel angebracht, dass die Kinder die Teilung selbstständig vornehmen und sich so kleinere Ruhezonen oder Höhlen bauen können?
- Ermöglichen Lichtdimmer für verschiedene Lampen, die mildes und warmes Licht geben, den Raum in verschiedene Stimmungen zu tauchen? Können einzelne Lesespots von den Kindern als individuelle Lichtquelle genutzt werden?
- Ergeben Spiegelreflektoren und Sprudellampen sinnliche visuelle Anreize?
- Sorgen leise Glöckchen und Windspiele für angemessene akustische Reize?
- Laden weiche Wippkissen, zum Beispiel die Wippbanane, und eine Hängematte zur Entspannung bei sanfter Bewegung ein?
- Ermöglicht eine fest installierte Musikanlage von guter akustischer Qualität das Abspielen leiser, meditativer Musik?
- Können Licht- und Musikanlage von den Kindern selbst bedient werden?
- Werden in einem den Kindern frei zugänglichen Regal deren Bettrollen gelagert? Können sie bei Bedarf selbstständig geholt werden?

Musikraum

Der **Musikraum** verfügt über die zum Musizieren notwendige Ausstattung. Dort findet das **Angebot in musikalischer Früherziehung** statt. Die Kinder benutzen den Raum selbstständig oder unter Anleitung der pädagogischen Fachkräfte. Hier wird der zweckentsprechende und sinnvolle Umgang mit Instrumenten und Noten geübt. Ideal ist es, wenn der Musikraum die zeitweise ausschließliche Nutzung für musikalische Zwecke zulässt und andere Bereiche nicht beeinträchtigt.

Überprüfungsfragen

- Hat der Raum helle Pastellfarben an den Wänden und einen strapazierfähigen Fußbodenbelag?
- Liegt der Raum in einer abgeschiedenen Ecke, damit akustische Störungen vermieden werden können?
- Befindet sich ein Klavier im Raum, zu dem die Kinder jederzeit Zugang haben?
- Liegen in einem Regal Noten und Liederbücher aus?
- Sind die Musikinstrumente, vor allem Trommeln und Xylofone, für die Kinder leicht zugänglich untergebracht?
- Können die Kinder die Musikanlage selbstständig bedienen?

Universum

Im **Universum** können naturwissenschaftliche Experimente durchgeführt werden, zum Beispiel mit Pflanzen oder mit Wasser. Es gibt Möglichkeiten, mit Licht und Schatten spielerisch umzugehen. Für die Auseinandersetzung mit einfachen mathematischen Fragestellungen werden unterschiedliche Möglichkeiten zum Wiegen und Messen bereitgehalten. Um Beeinträchtigungen des Experimentierens gering zu halten, sind Möbel und Fußboden abwaschbar und müssen eine gewisse Verschmutzung oder Durchfeuchtung aushalten. Der Raum benötigt sinnvoll verteilte Steckdosen und einen Wasseranschluss.

Überprüfungsfragen

- Verfügt das Universum über genügend Regale, um die Materialien aufzubewahren?
- Gehört ein Sammelsurium in kleinen Plastikkästen zur Ausstattung? Es kann Folgendes enthalten: Naturmaterial, Gewürze, Mörser, Lupen, Lupengläser, Mikroskope, Prismen
- Stehen Materialien für Licht- und Schattenspiele zur Verfügung? Dazu gehören: Overheadprojektor, Leuchttisch, Standlupe, Transparentfolien und andere durchsichtige Materialien, Schattenwand
- Gibt es eine Wassermatschecke? Sie enthält: Fotoschalen DIN A 2, Trichter und Schläuche, Becher, Gläser und Krüge, Waagen und Eimer
- Gibt es einen Abakus, Messlatten und Gliedermaßstäbe?
- Gibt es Magneten, Kleber, Scheren, Lineale?
- Hat der Raum dunkle Rollos zum Abdunkeln bei Lichtexperimenten?
- Gibt es Magnetwände und Hängeschienen?
- Werden Experimentierkästen bereitgehalten?
- Gibt es Arbeitsplätze, bestehend aus Tischen und Stühlen oder Werkbänken mit Hockern, um Experimente durchzuführen?
- Verträgt der Fußbodenbelag Wasser? Kann er gewischt werden?

Bauraum

Das Bauen hat verschiedene Funktionen und Bedeutungen für Kinder: Sie schaffen sich reale und modellhafte Welten, in denen sie sich verorten und dabei ausdrücken, was sie in ihrem Lebensalltag beeindruckt hat oder was sie ihm hinzufügen wollen. Die Kinder setzen sich beim Bauen aktiv mit ihrer Umwelt auseinander, verändern Wirklichkeiten, schaffen neue Sichtweisen, experimentieren und finden neue Lösungswege. Durch die verschiedenen Größen der Materialien machen sie Körpererfahrungen, sie stellen Vergleiche an: größer als, kleiner als, genauso groß wie ... Im **Konzept des Bauraums** finden diese Bedürfnisse ihren Platz.

Bauen benötigt viel Raum und die Möglichkeit, Bauwerke über mehrere Tage stehen lassen zu können, statt immer wieder von neuem anfangen zu müssen. Also muss der Raum vor allem Fläche bieten. Die Möblierung beschränkt sich auf ein Mindestmaß. Baumaterial dagegen kann es nicht genug geben: Im Bauraum werden Bausteine unterschiedlicher Sorten angeboten – von Holzklötzen über Ziegel bis zu Lego-Steinen –, in so reichlicher Anzahl, dass es genügend Auswahl gibt, auch wenn die Kinder den Raum stark frequentieren.

Überprüfungsfragen

- Ist der Bauraum so groß, dass er verschiedene Ebenen mit Teppichbodenbelag und genügend freie Fläche auf dem Boden bietet, damit die Kinder großzügige Bauwerke errichten können?
- Steht in Holzkisten oder Körben vielfältiges Baumaterial zur Verfügung, das unterschiedliche Lernerfahrungen ermöglicht? Beispiele: genormte Holzbausteine, Steckbausteine wie Lego, ungenormtes Holz, Holzscheiben, andere Naturmaterialien, Pappkartons
- Wird die Ausstattung durch kleine Figuren ergänzt, die in die Bautätigkeit einbezogen werden können und Rollenspielerfahrungen fördern? Beispiele: Tiere, Autos, Eisenbahnen
- Wird das Baumaterial regelmäßig ausgetauscht, um das Interesse der Kinder wieder anzuregen?
- Können Zeichnungen der Kinder oder thematisch passende Bauzeichnungen und Abbildungen von Bauwerken an den Wänden aufgehängt werden?
- Stehen den Kindern in einem Regal diverse Nachschlagewerke über Baustile oder das Bauhandwerk zur Verfügung?

Rollenspielraum

Im Kindergarten gibt es einen **Rollenspielraum** mit Möglichkeiten zum „Hausbau“, um unterschiedliche häusliche Situationen oder Erlebnisse nachzuspielen. Dazu können die Kinder Puppen benutzen, aber auch selbst in verschiedene Rollen schlüpfen. Aus diesem Grunde ist die Kombination des Rollenspielraums mit der Verkleidungsecke sinnvoll.

Überprüfungsfragen

- Ist der Raum mit ausreichend Decken, Kissen, einem Tisch und zwei bis vier Stühlen ausgestattet?
- Finden die Kinder Materialien zum Puppenspiel wie Puppenwagen, -betten oder -küche und Puppen verschiedener Größe, Stofftiere, Kleider, Puppengeschirr sowie einen Arztkoffer vor?
- Runden ein Kaufmannsladen mit Waage sowie die dafür benötigten Requisiten wie Spielgeld, Waren und Einkaufsbeutel das Materialangebot ab?
- Animieren ein großer Spiegel und eine Garderobe mit unterschiedlichen Kostümen, Kleidern, Schuhen, Hüten, Tüchern sowie ein Regal mit Accessoires wie Handtaschen, Fächer oder Gürtel die Kinder zum Verkleiden?
- Ergänzen Requisiten in einer Truhe den Fundus?
- Sind eine Bühne und ein Vorhang zum Theaterspielen vorhanden oder improvisierbar?

Leseecke

In diesem Bereich finden Kinder optimale Bedingungen zum **Betrachten von Bilderbüchern** und zum **Vorlesen.** Geeignet ist ein Raum oder eine ruhige Ecke, die eine gemütliche und abgeschiedene Atmosphäre bieten und den Rückzug erlauben. Es gibt ein Sofa oder Polster, auf denen man nebeneinander sitzen und vorlesen kann. Eine Stehlampe spendet Leselicht. In unmittelbarer Nähe lagern die Bücher.

Überprüfungsfragen

- Ist der Raum in warmen, freundlichen Pastellfarben gehalten? Hat er einen strapazierfähigen Fußbodenbelag?
- Bildet ein großes Lesesofa oder eine Hängematte den Mittelpunkt der Leseecke?
- Ergänzen eine Stehlampe und Leselampen das Licht? Schafft die Beleuchtung Gemütlichkeit in der Leseecke?
- Sind die Bücher in ein bis zwei flachen Bücherregalen untergebracht und für die Kinder jederzeit zugänglich?
- Ermöglicht ein Kassettenrecorder mit CD-Player das gemeinsame Anhören von Hörbüchern?
- Sind Kopfhörer vorhanden, sodass Kinder, die Bücher betrachten, und Kinder, die Hörspiele hören, einander nicht stören?

Nestraum

Der **Nestraum** ist ein Teil des offenen Bereichs, in dem **Kinder im Alter von zwei Monaten bis etwa zwei Jahren** betreut werden. Die Gestaltung des Nestraums vereint die Funktionen Spielen und Schlafen für Kinder in diesem Alter. Im Sinne optimaler Förderung wird den Kindern im Nestraum ein reichhaltiges Spektrum an Sinnesreizen geboten. Es gibt Gegenstände zum Beklettern, Dinge, die sich interessant anfühlen, Vorhänge, durch die die Kinder hindurchkrabbeln, Materialkisten, die sie ein- und ausräumen, und Spiegel, in denen sie sich betrachten können. Wenn der Nestraum zum Essen genutzt wird, ist die für die Cafeteria geltende Sorgfalt hinsichtlich der Hygiene einzuhalten, weil die Kinder hier noch sehr anfällig für Keime aller Art sind.

Überprüfungsfragen

- Ist der Nestraum ein heller, freundlicher Raum mit viel natürlichem Licht?

- Befindet sich in den Regalen eine große Auswahl an Babyspielgeräten und Dingen zum Sortieren und Stecken?
- Werden durch Vorhänge, Spiegel, Taststrecken und Klettermöglichkeiten Anreize für alle Sinne geboten?
- Ist der Fußboden mit Teppichbelag zum Krabbeln und Spielen ausgelegt?
- Ist er in einer Ecke mit Linoleum belegt?
- Liegt der Nestraum in der Nähe eines Sanitärraumes mit Wickelmöglichkeit?
- Werden im Nestraum keinerlei Lebensmittel und Getränke gelagert? Befinden sich diese Dinge ausschließlich im Küchenbereich der Cafeteria?
- Werden Babyfläschchen, die von Nestraumkindern zum Trinken benötigen werden, sofort nach Benutzung gereinigt und erst zur abermaligen Benutzung neu gefüllt?
- Werden Nuckel der Nestraumkinder für jedes Kind einzeln in verschlossenen Gefäßen aufbewahrt? Werden die Sauger der Babyflaschen ebenfalls einzeln im Behälter oder auf der entsprechenden Flasche aufbewahrt?
- Werden Lätzchen und Waschlappen für die Nestraumkinder grundsätzlich im Bad aufbewahrt?
- Ist über dem Geschirrschrank im Nestraum eine Informationstafel angebracht, an der ausschließlich der aktuelle Speiseplan und Informationen zu Ernährungsbesonderheiten einzelner Kinder aushängen?
- Sind aus Gründen des Unfallschutzes oberhalb von Geschirrschränken keine Ablageregale angebracht?

Waschräume und Toiletten

Die Gestaltung der **Waschräume** und **Toiletten** der Kinder richtet sich nach geltenden Vorgaben der regionalen Kita-Aufsicht. Jederzeit haben die Kinder freien Zugang zu diesen Räumen.

Überprüfungsfragen

- Stehen jeweils zehn Kindern eine Toilette und ein Waschbecken zur Verfügung?
- Sind die Toiletten und Waschbecken in unterschiedlichen Höhen angebracht, sodass Kinder aller Altersgruppen sie benutzen können?
- Gibt es im Waschraum eine Dusche?
- Verfügt jedes Kind über ein eigenes Handtuch, eine eigene Zahnbürste und einen eigenen Zahnbecher?
- Befinden sich die Handtücher und Zahnputzutensilien an oder auf einem Badregal in einer Höhe, die Kinder gut erreichen können?
- Erkennen die Kinder ihre Handtücher und Zahnputzutensilien mittels eines kindgerechten Bildsystems?
- Wird Zahnpasta und Seife so bereitgestellt, dass die Kinder sich jederzeit selbst bedienen können?
- Befinden sich über den Waschbecken Spiegel in kindgerechter Höhe?
- Sind die Schränke für Utensilien ausschließlich in einer Höhe angebrachten, die die Kinder erreichen können?

Garderobe

Die **Garderobe** bietet Platz zur Aufbewahrung der Kleidung von Kindern und Erzieherinnen. Dazu gehören auch Arbeitsbekleidung für die Werkstatt, Kleidung für Tanz, Bewegung, Turnen und für Regenwetter sowie die tägliche Wechselwäsche. Nach Möglichkeit befindet sich die Garderobe in der Nähe des Ausgangs zum Garten, damit die Kinder sich beim Hinausgehen schnell geeignete Bekleidung anziehen können. Günstig ist es, in Garderobennähe das Ein- und Austragebrett für die Eltern sowie den Elternbriefkasten anzubringen.

Überprüfungsfragen

- Hat jedes Kind ein Fach mit Haken für die Jacke, eine Mützenablage und eine Schuhablage?
- Verfügt jedes Kind über einen Stoffbeutel für saubere Wäsche und einen für Schmutzwäsche?
- Stehen vor den Garderobenregalen für die Kinder Bänke zum Hinsetzen?
- Gibt es verschließbare Schränke für das Personal?
- Kann jedes Kind seinen Garderobenhaken und sein Fach erkennen? Existiert dafür ein kindgerechtes Bildsystem?

Funktionsbereiche im Garten

Wie die Innenräume der Kindergärten sind auch die **Gärten** der Kindertageseinrichtungen bewusst gestaltete **Lern- und Erfahrungsräume** – nicht nur Freiflächen, in denen jeder sich an frischer Luft austoben kann. Auch sie müssen dem Anspruch genügen, „dritter Erzieher“ zu sein, Kinder anregen, Material zur Selbstbetätigung bereithalten und Kreativität durch Anregung durch Material ermöglichen. Gärten dienen in mancher Hinsicht besser als Anregungs- und Erfahrungsraum als Innenräume. In Gärten können die Kinder besser toben, klettern, springen, sich verstecken, mit Wasser matschen. Es gibt Veränderungsprozesse der Natur zu beobachten und Tiere zu erleben.

Um diese Möglichkeiten auszuschöpfen und in der Bildungsarbeit des Kindergartens zu integrieren, bedürfen die Gärten einer bewussten Gestaltung. Es gibt Flächen, die zum Toben freigegeben sind, aber auch Nischen des Rückzugs, Sitzecken, Ecken, in denen Experimentiertische stehen oder sich schnell aufbauen lassen. Und es ist empfehlenswert, solche Raumbereiche erkennbar zu machen – ähnlich wie im Innenraum, wo die Cafeteria als Treffpunkt dient und das Universum als Ort für ungestörtes Experimentieren. So werden Gartenbereiche definiert, als wären es jeweils Räume. Doch solche „Räume“ muss es nicht als klar abgegrenzte Bereiche des Gartens geben – die Kinder sollen einfach nur wissen, was an welchem

Ort besonders gut möglich ist: Wo kann man gut malen, weil es einen Wasseranschluss gibt, weil Staffeleien aufgestellt werden können, weil dort nicht getobt wird, und wo ist der Tobeplatz?

Nur ein Teil der Kindergärten verfügt bereits über einen Garten, der diesen Ansprüchen entspricht. Für die anderen heißt es, zu improvisieren: mit einfachen Mitteln aus einer Freifläche Ecken und Nischen schaffen, Gartenbereiche akzentuieren, Abtrennungen errichten und Wege trampeln. Alle Umbauvorhaben bedürfen der Genehmigung durch die Bereichsleitung und das Objektmanagement, da zahlreiche Sicherheitsvorschriften zu beachten sind sowie Gewährleistungsansprüche oder die Eigentumsrechte des Landes bei öffentlichen Häusern.

Gemeinsame Nutzung eines Gartens durch mehrere Kindergärten oder getrennte Bereiche? Beides hat seinen Wert. Große Freiflächen zum Toben und Ballspielen können geteilt werden, während Ecken wie die Kinderbeete, die von einzelnen gepflegt werden, auch den einzelnen Kindergärten zugeordnet werden.

Freiluftatelier und Kinderbaustelle

Freiluftatelier: Möglichst nahe vor dem Innenatelier sollte sich auch das Freiluftatelier befinden. Diese Lage ist zweckmäßig, um Staffeleien, Materialien und Werkzeuge aus dem Haus ohne langen Transport nutzen zu können. Ein Freiluftatelier braucht eine möglichst befestigte Bodenfläche, auf der Staffeleien oder Tische aufgestellt werden können, sowie einen Bereich, auf dem bildhauerisch gearbeitet oder mit Ton gematscht werden kann. Ein stabiler Tisch zum Werken ist sinnvoll, da viele verschmutzungsintensive Tätigkeiten sich hier viel besser durchführen lassen als im Innenatelier.

Kinderbaustelle: Kinder lieben Hüttenbauen. Im Garten ist ein Bereich eingerichtet, in dem gebaut werden darf. Anders als im übrigen Garten dürfen hier Löcher in den Boden gegraben oder Konstruktionen errichtet werden. Ein wechselndes Angebot an Baumaterial steht bereit. Geeignet sind Hölzer in verschiedenen Größen, Steine mit für Kinder noch angemessenem Gewicht, Baumschnitt (dicke Äste, nicht über 50 cm lang und 10 cm dick) oder lange dünne Zweige/Äste, Sand und Kies, verbrauchter Ton oder Lehm.

Baustellen sind nicht ungefährlich: Um ein Höchstmaß an Sicherheit zu bieten, sind mit den Kindern klare Regeln zur Benutzung der Kinderbaustelle zu vereinbaren. Die Pädagogen überprüfen die Materialien kritisch auf mögliche Gefährdung: Holzkonstruktionen sollten geschraubt, nicht genagelt werden, Schrauben dürfen nicht über- oder herausstehen. Ebenfalls geeignet sind Verbindungen mit Stricken. Die Balken dürfen nicht zu groß und schwer sein, um zu verhindern, dass Kinder von umstürzenden Teilen verletzt werden oder sich zwischen Balken einklemmen. Rohholz ist wegen der Gefahr, sich übermäßig Splitter einzureißen, ungeeignet. Steine dürfen nicht zu schwer sein, damit sich Kinder beim Fallenlassen nicht verletzen. Tiefe „Fallgruben" und andere Stolperstellen müssen gut abgegrenzt werden. Mit den Kindern wird vereinbart, dass „gefährlichere" Baumaterialien nur auf der Baustelle verwendet und nicht über das Gartengelände verteilt werden dürfen. Der Bereich Kinderbaustelle eignet sich nicht für kaum beaufsichtigtes Freispiel. Je nach Aktion, die gerade auf der Kinderbaustelle läuft, wird überlegt, welche Altersgruppen schon mitmachen dürfen. Für Kinder unter drei Jahren ist die Baustelle ungeeignet.

Materialsammelplätze: Im Garten gibt es viel Material zu sammeln – Baumfrüchte, kleine und große Steine, Gräser, Blattsorten, Zweige. Es empfiehlt sich, eine Fläche auszuweisen, auf der solche Sammeleien ausgelegt und sortiert werden können. Geeignet ist ein einigermaßen wettergeschützter Tisch, am besten in der Nähe des Ateliers.

Skulpturengarten: Der Garten ist auch immer Aushängeschild für die Arbeit im Atelier. Empfehlenswert ist die Anlage eines kleinen Skulpturenparks, in dem eine wachsende Sammlung von im Atelier entstandenen Figuren und Objekten zu bestaunen ist.

Überprüfungsfragen

- Verfügt das Freiluftatelier über einen befestigten Untergrund aus Steinplatten? Ist ein Wasseranschluss vorhanden?

- Wird für das Freiluftatelier die Materialausstattung des Ateliers mitgenutzt?
- Werden an der Kinderbaustelle folgende Materialien bereitgehalten: Hölzer verschiedener Größe (Baumstamm-Abschnitte, Leisten, Dachlatten), kleinere Steine in verschiedenen Formen (Kiesel-, Ziegel-, Feldsteine), Sand und Kies, verbrauchter Ton oder Lehm?
- Werden zum Unfallschutz an der Kinderbaustelle folgende Materialien bereitgehalten: Arbeitshandschuhe in Kindergröße und Schutzbrille?
- Können die Werkzeuge des Ateliers mitgenutzt werden? Werden zusätzlich Spaten und Rechen bereitgehalten?
- Wird der Wasserabfluss des Freiluftateliers aus Umweltgründen nicht zum Auswaschen von Farbe genutzt?
- Wird die Kinderbaustelle nur unter Aufsicht einer pädagogischen Fachkraft besucht?
- Gibt es von den Kindern akzeptierte Regeln zur Nutzung der Kinderbaustelle, um die Sicherheit zu gewährleisten?
- Wird sichergestellt, dass die Kinder nur mit fester langer Hose und festen Schuhen an der Kinderbaustelle arbeiten?
- Ist die Kinderbaustelle nur älteren Kindern zugänglich?
- Wird vor dem Errichten größerer Bauten durch die Kinder auf der Baustelle immer die Bereichsleitung und der Bereich Objektmanagement einbezogen, um vorab Gefährdungen zu vermeiden?
- Gibt es einen Tisch zum Sammeln von Materialien?
- Gibt es einen Skulpturengarten, in dem große Objekte und Bauten der Kinder präsentiert werden?

Natur-Erfahrungsraum

Pflanzgarten: Im Garten gibt es Bereiche, in denen die Kinder Natur in direkter Anschauung erleben: Wie wachsen Pflanzen? Wie leben Tiere? Um das Wachstum der Pflanzen zu beobachten, braucht es Beete für die Kinder, in denen sie Gemüse und Kräuter aussäen, großziehen und später ernten können. Gerade dieser Bereich des Gartens sollte etwas abgegrenzt sein, damit die wachsenden Pflanzen nicht schnell zerrupft oder zertreten werden. Wenn möglich, stehen dort auch Obstbäume oder Obststräucher. Die Anlage von Hochbeeten ist empfehlenswert.

Naturgarten: Natur entsteht von selbst. Neben den angepflanzten Beeten soll es im Garten auch Teile geben, in denen die Natur sich selbst überlassen bleibt. In einer Ecke, in der Wildpflanzen hoch wachsen, können sich Insekten aller Art ansiedeln. Es gibt viel zu beobachten. Um einen solchen Naturgarten zu erhalten, wird der entsprechende Gartenbereich abgegrenzt, damit niemand durchläuft. Es ist sinnvoll, den Bodenbewuchs vorab umzugraben und passende Wildblumenarten auszusäen.

Tiergehege: Für ein kleines Tiergehege sind Kaninchen am besten geeignet. Wenn das pädagogische Ziel darin besteht, bei Kindern Verständnis für die Natur zu wecken, ist es unabdingbar, dass die Tiere artgerecht gehalten werden. Sie brauchen einen ausreichend großen Käfig, sollen nur zu zweit gehalten werden, der Käfig muss den Rückzug der Tiere erlauben. Regeln zur Behandlung der Kaninchen werden abgesprochen und von den Kindern akzeptiert.

Wasserspielplatz: Als Wasserspielplatz gibt es einen Ort im Garten, an dem die Kinder bei warmem Wetter duschen, baden, planschen und matschen können. Er steht das ganze Jahr zur Verfügung, und die Kinder führen – mit wasserfester Bekleidung – bei fast jedem Wetter Wasserspiele durch. Dazu gehört ein Wasseranschluss (fest oder mobil), Becken (Tonnen, Rinnen), in jedem Fall einen Abfluss(-graben), damit keine Sumpflandschaft im Garten entsteht. Eine Abgrenzung des Bereichs mit Feldsteinen oder Balken ist sinnvoll, um das Matschen nicht auf den ganzen Garten auszudehnen.

? Überprüfungsfragen

- Ist der Pflanzgarten wie ein Nutzgarten mit Beeten und Obstwiese gestaltet? Werden Gießkanne, Spaten und Harke bereitgehalten?
- Sind Pflanzgarten und Naturgarten deutlich vom Rest des Gartens abgegrenzt, um die Pflanzen zu schützen?
- Ist geregelt, wer im Team die alltägliche Gartenpflege übernimmt?
- Werden die Kaninchen artgerecht gehalten?

- Übernimmt die Kindergartenleitung die Verantwortung für die Einhaltung der Veterinär- und Hygienevorschriften?
- Kennen und akzeptieren die Kinder Regeln für den Umgang mit den Kaninchen?
- Befindet sich im Pflanzgarten ein Komposthaufen, der regelmäßig fachgerecht gepflegt wird?
- Befindet sich der Naturgarten in einer ungestörten, abgeschiedenen Ecke des Geländes? Ist nur ein schmaler Weg betretbar, um die Natur sich ungestört entwickeln zu lassen? Ist durch ein verstehbares Schild Toben, Verstecken, Herumkriechen untersagt?
- Erfährt der Naturgarten nur ein Mindestmaß an gärtnerischer Pflege (zweimal jährlich Schnitt von Wiesenstücken, nur Beschnitt wuchernder und sonnenraubender Büsche)? Können Nisthilfen angebracht sowie heimische Pflanzen angesiedelt werden?
- Verfügt der Wasserspielplatz über einen Wasseranschluss, an dem Gartenschlauch oder Campingdusche angebracht werden können?
- Ist durch eine geeignete Abflussmöglichkeit am Wasserspielplatz gesichert, dass sich keine dauerhaften Pfützen bilden?

Treffpunkt und Garten für die Sinne

Treffpunkt: Gibt es im Garten einen Platz, an dem man sich in der Gruppe hinsetzen kann? Gibt es auch kleine, abgeschiedene Ecken, an denen es gut zu zweit Sitzen und Plaudern ist? Gibt es eine Bank mit Tisch, vielleicht eine Hängematte oder eine kleine Liegewiese? Je mehr interessante Aufenthaltsbereiche ein Garten bietet, umso mehr werden die Kinder animiert, individuellen Bedürfnissen nachzugehen. Im Garten werden Bereiche ausgewiesen, an denen Tische und Bänke zum Lesen, Plaudern und Spielen gut stehen können. Es ist empfehlenswert, wenn Bänke und Tische leicht wieder weggeräumt werden können, um die Orte wechseln zu können. Daneben sind auch festgelegte Sitz- und Treff-Orte sinnvoll, etwa ein Platz für den Morgenkreis einer Gruppe. Für solche großen Treffpunkte kann ein Sitzkreis mit Baumstämmen, Steinsitzen oder festen Bänken geschaffen werden.

Sandspielplatz: Ein großer Sandspielplatz ist im Gartengelände unverzichtbar. Dazu gibt es ausreichend Buddelzeug – Förmchen, Gießkannen, vor allem größere, stabile Plastikschaufeln. Buddelzeug geht schnell verloren, deswegen wird das Einsammeln mit den Kindern als Lernsituation gestaltet. Eine Markierung aller Gartenspielgeräte mit dem Symbol der Einrichtung empfiehlt sich. Doch es muss nicht nur Sand sein: Am Rand des Sandspielplatzes können Zweige und Stöcke vom Baumschnitt, kleine Steine oder Kastanien bereitgestellt werden, um zusätzliches Baumaterial für die Sandkonstruktionen der Kinder zu haben.

Garten für die Sinne: Im Sinnesgarten können die Kinder intensive Tast-, Hör- und Riecherlebnisse erfahren: Dafür eignen sich Wegstücke mit unterschiedlichem Belag, etwa Hüpfsteine abwechselnd mit weichem Rindenmulch. Hier gibt es Pflanzen mit unterschiedlichen Farben und Düften. Selbstgebaute Klangspiele können das Wahrnehmungserlebnis vollenden.

Überprüfungsfragen

- Gibt es im Garten festgelegte und deutlich erkennbare Treffpunkte und Sitzplätze?
- Gibt es Gartenmöbel, mit denen die Kinder eigene kleine Sitzecken schaffen können?
- Gibt es einen großen abgegrenzten Sandspielplatz?
- Gibt es Ablageplätze für andere „Baumaterialien“ (Stöcke, kleine Kieselsteine) neben dem Sandspielplatz?
- Wird die Qualität des Sandes jährlich überprüft und verschmutzter Spielsand ausgewechselt?
- Gibt es einen Bereich, der als Sinnesgarten mit Fühlstrecke, Riech- und Klangerlebnissen gestaltet ist?
- Befindet sich dieser Sinnesgarten in einer ruhigeren Ecke des Gartens?

Bewegungsraum

Kletterbereich: Großstadtkinder haben ein „Kletter-Defizit". In Innenräumen und auf öffentlichen Spielplätzen fehlt es meist an Möglichkeiten, anspruchsvolle Kletterübungen zu starten. Klettern trainiert den ganzen Körper, die Geschicklichkeit, den Gleichgewichtssinn und auch das Selbstbewusstsein. Es ist pädagogisches Ziel, den Kindern im Garten ein Möglichstes an Klettermöglichkeiten zu verschaffen. Dafür werden geeignete Bäume ausgewählt und zum Klettern freigegeben. Unter solchen Bäumen muss sich ein weicher Untergrund (z. B. Mulch) befinden. Mit den Kindern wird vereinbart, wie weit jedes an den Bäumen in welchem Alter klettern darf. Am Boden befestigte Baumstämme oder ausgelegte Findlinge können als Balancierübung dienen. Auch solche Projekte bedürfen immer der Freigabe durch TÜV und Unfallkasse.

Platz zum Toben und Ballspielen: Trotz aller Betätigungsmöglichkeiten wollen Kinder im Garten auch einfach nur toben. Neben den Funktionsecken ist eine große Fläche zum Herumrennen, Toben, Roller- und Dreiradfahren unverzichtbar. Damit das sonstige Geschehen im Garten aber nicht von der eher wilden Atmosphäre in diesem Bereich gestört wird, ist zu überdenken, welcher Bereich für das Ausweisen der „Tobe-Ecke" und des Platzes zum Ballspielen geeignet ist. Auch hier ist eine klare Abgrenzung über wechselnde Bodenbeläge, kleine Anpflanzungen oder Markierungen im Boden sinnvoll.

? Überprüfungsfragen

- Gibt es Bäume im Garten, bei denen die (älteren) Kinder wissen, dass sie dort bis zu einer bestimmten Höhe klettern können?
- Hat der Fallbereich unter diesen Bäumen einen weichen Bodenbelag und keine Steine? Wurde der Fallschutz vom TÜV abgenommen?
- Gibt es durch Auslegen von großen Steinen oder Stämmen Möglichkeiten zum Balancieren und Springen?
- Werden die Kletter-, Spring- und Balancierbereiche regelmäßig auf Sicherheitsbedenken überprüft?
- Gibt es eine große Fläche, auf der Toben ausdrücklich erlaubt ist?

- Ist die Tobe- und Ballspielfläche genau abgegrenzt, damit sich das Geschehen nicht auf ruhigere Bereiche ausweitet?
- Gibt es mobile oder fest installierte Geräte für Ballspiele, etwa einen Streetballkorb oder Fußballtore?

Qualität sichern und entwickeln

Über einhundert Handlungsfelder zur pädagogischen Arbeit und Raumgestaltung im Kindergarten – zu jedem Handlungsfeld jeweils zwischen fünf und fünfzehn Überprüfungsfragen: Macht mindestens eintausend regelartige Festlegungen! Wie mag zwischen all diesen Regelungen ein spontanes, eigenverantwortliches Arbeiten noch möglich sein? Und wer soll auf welche Weise sicherstellen, dass diese wohlgemeinten Handlungsanweisungen überhaupt in der turbulenten Alltagspraxis des Kindergartens umgesetzt werden?

In der Praxis spielen die Regelungen höchstens eine indirekte Rolle. Es ist nicht so, dass Pädagoginnen täglich oder wöchentlich in langen Lesungen im Handbuch nachforschen, wie sie sich in einer bestimmten Situation verhalten sollen, ehe sie ihre tägliche Arbeit planen. Das wäre, als ob man jedes Mal vor der Benutzung der Waschmaschine in der Bedienungsanleitung nachschlagen würde: Wo kommt das Waschmittel rein, wie muss ich die Schalter bedienen?

Wie bei allen anderen mehr oder weniger detaillierten Regelsystemen gilt auch in Bezug auf die **Qualitätsstandards:** Festlegungen werden getroffen, um einen klaren Rahmen vorzugeben. Je mehr Erfahrungen die Pädagogen in diesem Regelsystem machen, desto selbstverständlicher werden die Regelungen für ihr Tun. Und umso selbstverständlicher sie werden, desto weniger müssen Pädagogen einzelne Regelungen nachschlagen.

Das Handbuch, dieser umfangreiche Katalog an Regelungen und Überprüfungsfragen, wurde geschaffen, um allmählich in den Hintergrund zu treten: Bei der Einführung von Qualitätsstandards war es eine detailliert umzusetzende Handlungsanweisung, bei neu eingestellten Mitarbeitern mag es das auch eine Weile bleiben. In der über Jahre entstehenden Routine wird es zu einem Vergleichsmaßstab, mithilfe dessen ab und zu überprüft werden kann, ob die Arbeit noch den gemeinsamen Ansprüchen entspricht oder wo sich Fehler eingeschlichen haben.

Evaluation

Auf welchem Qualitätsstand wird gearbeitet? Wie gut sind die einzelnen Einrichtungen? Wer benötigt welche Hilfe, um besser arbeiten zu können? Um die Umsetzung der festgesetzten Qualitätsstandards zu überprüfen, wird eine **turnusmäßige Evaluation** aller Kindergärten durchgeführt. Dazu wird im Sommer jeden Jahres festgestellt, welche Qualität jede Einrichtung hat und welche Verbesserungsschritte sinnvoll wären, um die Qualität auszubauen. Diese Qualitätsfeststellung ist quasi das Ende eines Evaluationsverfahrens, das sich über das gesamte, zu bewertende Jahr hinzieht.

Was bedeutet Evaluation?

Evaluation kommt vom lateinischen Wortstamm „valuere“ = bewerten. Als pädagogischer Fachbegriff meint Evaluation das **Erfassen und Bewerten** von Prozessen und Ergebnissen zur Wirkungskontrolle, Steuerung und Reflexion im Bildungsbereich.

Gegenstand von Evaluation können Prozesse (Untersuchungsfrage: Wie läuft etwas ab?) und Outcomes (Untersuchungsfrage: Was kommt heraus? Wie ist das Ergebnis?) sein. Für eine Evaluation werden Daten methodisch organisiert erhoben und systematisch dokumentiert, um die Untersuchung, das Vorgehen und die Ergebnisse nachvollziehbar und überprüfbar zu machen. Als gängige Standardverfahren zur Datenerfassung gelten Befragungen, Beobachtungen, Tests und Materialanalysen. Als Datenquellen stehen **interne** (Teile des evaluierten Systems) und **externe** (stehen außerhalb) zur Verfügung. Die Bewertung erfolgt durch den Vergleich der ermittelten Ist-Werte mit vorher explizit festgelegten und begründeten Soll-Werten. Anzustrebendes **Ergebnis der Evaluation** sind immer operationalisierte **Zielformulierungen** anhand nachvollziehbar festgelegter Indikatoren.

Befragen und Einschätzen: die Datengewinnung zur Evaluation

Evaluation kann an mehreren Seiten ansetzen, um verwendbare **Ergebnisse über die Qualität von Bildungsprozessen** zu erhalten.

- Prozesse können evaluiert werden, indem die tägliche Arbeit der Pädagogen begleitet und bewertet wird; indem die Pädagogen selbst einschätzen, wie erfolgreich sie ihre Prozesse gestalten.
- Ergebnisse der pädagogischen Arbeit werden evaluiert, indem der Bildungserfolg bei Kindern ermittelt und verglichen wird; indem Kinder und Eltern einschätzen, welche Qualität an Betreuung und Bildung sie im Alltag erleben konnten.
- Strukturen und Rahmenbedingungen für die pädagogische Arbeit werden evaluiert, um die Ausgangsbedingungen zu ermitteln, unter denen die Pädagogen arbeiten. Als Methode der Evaluation bietet sich eine strukturierte Befragung der an der Sicherstellung von Rahmenbedingungen beteiligten Mitarbeiter an.

Welche Verfahren werden angewendet, um **Material für die Qualitätseinschätzung** zu gewinnen?

- Prozesse werden in Form der **Selbsteinschätzung durch die Pädagogen** (→ S. 233) in den Kindergarten-Teams evaluiert: Die Mitglieder eines Teams beantworten einmal jährlich alle Überprüfungsfragen des Handbuches. Auf diese Weise schätzen sie ein, welche Prozesse sie schon vollständig nach Handbuch gestalten und wo andererseits noch Verbesserungspotenziale liegen.
- Prozesse werden weiterhin in Form der kontinuierlichen **Praxisbegleitung durch eine Fachanleitung** (→ S. 233 f.) eingeschätzt: Die Pädagogen eines Teams werden in Form von Hospitationen in ihrem Tun überprüft, beraten und bewertet. Grundlage der Einschätzung sind die Berichte über die im abgelaufenen Jahr stattgefundenen Hospitationen der Fachanleitung in den von ihr betreuten Kindergärten.
- Prozesse werden außerdem in Form von **Audits** (→ S. 234 f.) eingeschätzt, wenn ein Auditor in turnusmäßigem Abstand die Arbeit einer Einrichtung mit dem Blick auf die dort umgesetzten Verfahren überprüft.
- Ergebnisse werden durch **Befragungen der Eltern** (→ S. 235 f.) evaluiert: Welche positiven Ergebnisse der Arbeit der Pädagogen konnten die Eltern im Ablauf des letzten Jahres feststellen? Wo könnten sich möglicherweise Defizite zeigen, wo ist Unzufriedenheit aufgrund von Fehlern und Unterlassungen entstanden?
- Ergebnisse werden ebenso evaluiert, indem die **Kinder zu ihrer Einschätzung befragt** (→ S. 237 f.) werden: Welche Elemente im Tagesablauf, welche Highlights, welche Formen des Beisammenseins gefallen den Kindern gut, welche weniger?

Selbsteinschätzung im Team

Die vielen Überprüfungsfragen des Handbuches sind Dreh- und Angelpunkt für die Selbsteinschätzung des Teams. In der Regel treffen sich alle Teammitglieder dafür für mehrere Stunden vor einem Computer, auf dem die Überprüfungsfragen in Form einer Datenbank vorgestellt und direkt online beantwortet werden können. Wenn das Team zu einer Frage keine klare Ja- oder Nein-Antwort geben kann, wird dies kurz kommentiert, damit später der Auswertende weiß, aus welchem Grund dieser Punkt nicht in die Bewertung einfließen muss. Anschließend schätzt das Team die Qualität der pädagogischen Arbeit im jeweiligen Handlungsfeld ein, indem auf einer Skala mit sechs Stufen angegeben wird, wie hoch der Grad der Umsetzung ist.

Bewertungsmaßstäbe bei der Selbstevaluation

- 100% Die Umsetzung der pädagogisches Standards ist beispielhaft und zeigt Potenziale für die weitere Optimierung der Arbeit.
- 80% Der gesetzte Standard wird voll erfüllt.
- 60% Der Standard wird im Wesentlichen erfüllt. Es gibt jedoch Verbesserungsmöglichkeiten.
- 40% Der Standard wird teilweise erfüllt. Es gibt jedoch vieles an der Umsetzung zu verbessern.
- 20% In der Umsetzung des Standards zeigen sich gravierende Schwächen. Grundlegende Verbesserungen sind nötig.
- 0% Mit der Umsetzung des Standards wurde noch nicht begonnen.

Wenn das Team auf diese Weise sämtliche Überprüfungsfragen der Handlungsfelder des Handbuches durchgegangen ist, liegt eine differenzierte Selbsteinschätzung über Stärken und Schwächen vor, die für die spätere Erstellung eines Evaluationsauftrages grundlegend ist. Gleichzeitig aber bietet das zeitaufwändige Vorgehen den unschätzbaren Vorteil, dass sich das gesamte Team durch die Selbsteinschätzung einmal wieder durch das gesamte Handbuch gemeinsam „quergelesen“ hat. Das schafft Diskussionsstoff über Dinge, die noch besser gemacht werden könnten, lange bevor der Evaluationsauftrag eintrifft.

Einschätzung der Fachanleitung

Die Einschätzung der Fachanleitung bezieht sich auf eine Zusammenfassung der Ergebnisse von Hospitationen, die kontinuierlich im abgelaufenen Jahr durchgeführt wurden: Bei jeder Hospitation entsteht ein Hospitationsbericht mit Punktbewertungen. Er kann am Ende eines Hospitationszyklus, spätestens nach Ablauf eines Jahres, in einem vergleichenden Bericht zusammengefasst werden. Als Fachanleitungs-Einschätzung dient der Bericht nun dazu, die eher subjektiven Selbsteinschätzungen der Teams untereinander vergleichbar zu machen. Auch die Fachanleitung verwendet die bei der Selbsteinschätzung des Teams benannten Bewertungsmaßstäbe.

Hospitationen dienen nicht nur der Gewinnung von Evaluationsergebnissen, sondern geben der Praxis kontinuierlich Orientierung und dem Träger Gewissheit über eine hochwertige pädagogische Arbeit in jedem Team. Planvolles Vorgehen ist bei den Hospitationen unabdingbar, um nicht nur Zufallsfunde zu bearbeiten: Anhand der Vorgaben des pädagogischen Handbuches und der bisher in der Einrichtung stattgefundenen Hospitationen legt die Fachanleitung dafür mehrere Beobachtungsschwerpunkte pro Jahr fest. Im Zuge der Hospitationen und der sich daran anschließenden Beratungsgespräche mit der Leitung der Einrichtung verabredet die Fachanleitung konkrete Zielvereinbarungen. Sie legt darin fest, bis wann hinsichtlich der festgestellten Abweichungen vom Konzept eine Verbesserung zu erfolgen hat und bespricht mit der Leitung die Möglichkeiten der Umsetzung. Es wird vereinbart und schriftlich dokumentiert, wie und in welchen konkreten Schritten die Leitung der Einrichtung die Umsetzung erreichen will. Die Fachanleitung setzt einen verbindlichen Termin zur nochmaligen Hospitation der Einrichtung an, an dem die abgesteckten Verbesserungsschritte erreicht sein müssen.

Audit

Ähnlich wie die Einschätzung der Fachanleitung dient auch das Instrument des Audits dazu, die eher subjektiven Einschätzungen des Teams durch objektive Vergleiche zu ergänzen. Beim Audit besucht ein an der Arbeit der Einrichtung unbeteiligter interner Auditor einmal jährlich jede Einrichtung und überprüft anhand von Interviews, inwieweit geltende Qualitätsstandards eingehalten werden, Wissen über grundsätzliche Regelungen und pädagogische Zielsetzungen vorhanden ist. Sollten gravierende Abweichungen zu wichtigen formalen Regelungen oder pädagogischen Grundannahmen festgestellt werden, erteilt der Auditor einen terminierten Auftrag zur Behebung des Qualitätsmangels.

Interne Audits finden sowohl in einem halbjährlichen Turnus laut Auditrahmenplan statt als auch ungeplant, wenn deutliche Abweichungen zu den vorgegebene Standards vermutet werden. Nicht in die Qualitätsbewertung der Evaluation fließen hingegen die Ergebnisse eines weiteren Instruments der Qualitätsprüfung ein: Im jährlichen externen Audit werden jeweils nur eine Auswahl von Einrichtungen des Trägers wie auch einige von dessen Verwaltungsabteilungen überprüft. Auch hier wird – nun durch einen externen Auditor – anhand von Interviews zu Fallbeispielen aus dem Alltag überprüft, ob nach den aufgestellten und für verbindlich erklärten Regelungen tatsächlich gearbeitet wird. Kann dies festgestellt werden, steht einer weiteren Zertifizierung nach den aufgelisteten Normen nichts mehr im Wege. Hinter dem schwerfälligen Namen der Normen und Qualitäts-Fachwörter steckt eine ganz einfache Aussage: Durch das Zertifikat wird bescheinigt, dass alles Erforderliche und Mögliche getan wird, um das zu realisieren, was den Eltern und Kindern versprochen wurde.

Elternbefragung

Wie zufrieden sind die Eltern mit der pädagogischen Arbeit in den Kindergärten? Wenn einmal jährlich jedes Elternteil auf einem Fragebogen (→ S. 261 ff.) zur Einschätzung seiner Sicht auf den Kindergarten gebeten wird, wird zweierlei ermittelt: Welche der Bemühungen werden überhaupt von den Eltern wahrgenommen? Welche Qualität erleben die Eltern an der Arbeit?

Zu fünf Kategorien (Gestaltung des Alltags, Bildung, Elternarbeit, Raum und Material, Organisation) werden auf dem Fragebogen jeweils vier bis sechs Schlagsätze zur Diskussion (z. B.: „In der Bezugsgruppe fühlt sich mein Kind gut aufgehoben") gestellt und es wird darum gebeten, auf einer Skala mit fünf Auswahlfeldern einzuschätzen, wie hoch die Übereinstimmung ist: sehr hoch, hoch, mittelmäßig ... Wie bei den anderen Formen von Befragungen werden auch diese Einschätzungen quantifiziert, also in prozentuale Zustimmung umgerechnet. Als Ergebnis können mehrere Formen von aufschlussreichen Vergleichen angestellt werden:

- Welche Kategorie schneidet in der Wahrnehmung der Eltern einer Einrichtung im Vergleich zum Gesamtdurchschnitt der dort abgegebenen Umfragen am besten oder am schlechtesten ab?
- Bei welchen Schlagsätzen innerhalb einer Kategorie sind Zustimmung oder Ablehnung besonders deutlich?
- Nachdem der Durchschnitt pro Kategorie über alle befragten Einrichtungen ermittelt wurde: Bei welcher Einrichtung weichen einzelne Kategorien in der Bewertung deutlich vom Durchschnitt ab?

Bei der Interpretation der Elternbefragungsergebnisse ist eine grundsätzliche Problematik zu bedenken: Elternbefragungen geben in der Regel keinen direkten Einblick in die Qualität des Kindergartens wieder, da diese Einschätzung größtenteils durch kurze Eindrücke beim Bringen und Abholen der Kinder sowie durch deren Erzählungen bedingt ist. Eine große Rolle bei der Einschätzung spielen auch Gespräche von Eltern untereinander, in denen sie aus Einzeleindrücken ihr gemeinsames Bild zusammensetzten. Kein Wunder also, dass Eltern sich in ihrer Einschätzung, ob der Kindergarten gut oder schlecht arbeitet, oft überraschend einig sind: Sie haben dies ja im gemeinsamen Gespräch gerade erst festgestellt. Trotz dieser Schwierigkeiten darf in keinem Fall der Wert von Elternbefragungen gering geschätzt werden: Sie sind in jedem Fall ein exzellentes Stimmungsbarometer.

Kinderbefragung

Wie findest du es bei uns? Viel zu selten wurde im Zusammenhang mit Qualitätsentwicklung an die eigentlichen Betroffenen von guter oder schlechter pädagogischer Arbeit gedacht: die Kinder selbst. Dabei zeigen die Erfahrungen, dass die Kinder oft ein präzisieren Bild von den guten und weniger guten Ergebnissen der pädagogischen Arbeit abliefern als die Sichten der Eltern. Kein Wunder: Im Unterschied zu ihren Eltern erleben die Kinder Qualität hautnah.

Die Kinderbefragung (→ S. 265 ff.) ist ein zentraler Baustein für das Ziel, eine Qualitätseinschätzung aus möglichst unterschiedlichen Perspektiven zu gewinnen. Sinn der Kinderbefragung ist, den Kindern erlebbar zu machen, dass ihre Meinung und ihre Bedürfnisse von hoher Bedeutung sind. Die Kinderbefragung ist ein wichtiger Baustein der Partizipation innerhalb der Einrichtung. Bei der Erstellung des Fragebogens und der Befragung selbst muss bedacht vorgegangen werden: Zum einen sind Kindergartenkinder die Form der Befragung noch nicht gewohnt, zum anderen bringen es die enge Bindung zu Erwachsenen und ihre Weltsicht mit, dass Kinder eher Schwierigkeiten haben, negative Einschätzungen zu äußern, um damit nicht die Erwartungen der Erwachsenen zu enttäuschen.

Ab welchem Alter ist es sinnvoll und möglich, eine verwertbare Einschätzung der Kinder zu erhalten? Ab dem Vorschulalter kann durchgängig davon ausgegangen werden. Prinzipiell entscheidet der befragende Pädagoge, welche jüngeren Kinder in die Befragung einbezogen werden können. Je mehr Fragebögen zusammenkommen, umso aufschlussreicher ist die Auswertung. Inhaltlich ist deswegen die Kinderbefragung eng am Aufbau der Elternbefragung orientiert, wenn auch wesentlich direkter und anschaulicher formuliert. Aus dem Satz: „Auch in turbulenten Tagesphasen haben die Pädagoginnen das Wohl aller Kinder immer gut im Blick" wird in direkter Ansprache des Kindes: „Ist jemand da, wenn du Hilfe oder Trost brauchst?" Und um auch den Negativ-Fall vorstellbar zu machen, wird zusätzlich die Kontrastfrage gestellt: „Oder fühlst du dich oft allein gelassen?"

Damit die Kinder sich nicht gegenseitig beeinflussen, werden sie grundsätzlich im Einzelgespräch befragt. Als Interviewer treten dabei Mitarbeiter auf, die mit den Kindern nicht direkt zu tun haben: die Leiterin, eine Praktikantin. Das garantiert offenere Antworten auf heikle Fragen. Die Kinderbefragung lässt sich auf gleiche Weise in Form von Prozentwerten auswerten wie die Elternbefragung. Zu beachten ist lediglich, dass es im Vergleich zu den Erwachsenen kleinere Abweichungen gibt, da Kinder in der Regel hauptsächlich die Felder für höchste Zufriedenheit ankreuzen, was von Erwachsenen eher vermieden wird. Also bedeutet schon eine mittlere Zustimmung zu einem Punkt einen Hinweis darauf, dass die Kinder wohl nicht so recht zufrieden sind.

Im Unterschied zur Elternbefragung werden bei den Kindern zusätzlich konkrete Wünsche und Abneigungen ermittelt, zum Beispiel welche Speisen gut oder nicht gut schmecken oder welches Spielmaterial noch fehlt. Aufgrund der geäußerten Wünsche lassen sich weitere Schlussfolgerungen über Verbesserungsmöglichkeiten ziehen. Ein Beispiel: In einer Einrichtung werden mehr Klettergerüste gewünscht, und es wird mehrfach beklagt, dass man im Garten nicht auf die Bäume darf. Das Bewegungsangebot gilt als wenig beliebt. Klar für das Team: Wir müssen die Möglichkeiten der Kinder im Bereich Motorik verbessern.

Zusammenfassen und Gewichten: die Evaluationsdaten im Vergleich

Kurz vor Beginn eines Kindergartenjahres liegen die **vier Auswertungen** vor: **Eltern- und Kinderbefragung** sowie die **Einschätzung jedes Teams und der Fachanleitung.** An diesem Punkt der Evaluation gibt es zwei Berichte und Datensätze über die Gestaltung von Prozessen, zwei weitere über die Bewertung der Ergebnisse. Evaluation wäre folgenlose Nabelschau, würden daraus nicht konkrete Verbesserungsschritte entwickelt, die in tatsächliche Handlungen führen. Grundlage dafür ist eine **Zusammenfassung und Gewichtung der einzelnen Einschätzungen** durch eine übergeordnete Instanz.

Bei KLAX wurde dafür der Bereich „Pädagogische Entwicklung und Prozesssteuerung“, kurz PEP, geschaffen. Aufgabe des Bereichs ist es im Zusammenhang mit der Evaluation, die erhaltenen Einschätzungen miteinander in Bezug zu setzen und Schlüsse auf besonders deutliche Verbesserungspotenziale zu ziehen. Vom PEP werden die von den Teams vorgenommenen Selbsteinschätzungen auf folgende Weise ausgewertet: Für jede Einrichtung entsteht eine Leistungskurve, aus der ersichtlich wird, in welchem Handlungsfeld Stärken und Schwächen vorliegen. Diese wird mit den Auswertungen für andere Einrichtungen des Bereichs verglichen. Aus dem Vergleich kann erkannt werden, ob festgestellte Schwächen eher individuell bei einer Einrichtung auftauchen oder eine generelle Schwäche vorliegt, die sich bei vielen Einrichtungen zeigt. So wird deutlich, ob eher in einer bestimmten Einrichtung zu einem Handlungsfeld eine Verbesserungsmaßnahme ansteht oder genereller Handlungsbedarf für alle Einrichtungen in diesem Feld besteht.

Alle Ergebnisse der Selbsteinschätzung werden mit Hilfe eines einfachen Datenbank-Programms statistisch ausgewertet. Die Einrichtungen erhalten die Auswertungsergebnisse in zwei Varianten: Zum einen werden Diagramme erstellt, die die Bewertungen zu den jeweiligen Schwerpunkten des Handbuchs wiedergeben und es gestatten, auf einen Blick zu erkennen, in welchen Bereichen Stärken und Schwächen liegen. So kann ein Kindergarten im Bereich Bildung Schwächen aufweisen, während er bei der Ausgestaltung der Elternarbeit durchweg einen hohen Umsetzungsgrad erreicht. Zum anderen gibt es Diagramme, die dem Vergleich der Auswertungsergebnisse aller Einrichtungen des Trägers dienen und es jedem Kindergarten ermöglichen, sich – bezogen auf einzelne Handlungsfelder – mit den anderen Einrichtungen zu messen. Dem Träger gestattet diese Übersicht, Prioritäten zu setzen: Zeigt sich, dass ein Kindergarten besondere Defizite im Bereich Material und Raum hat, empfiehlt es sich, dort intensiver als anderswo zu investieren. Ermittelt die Übersicht, dass alle Kindergärten Schwächen im Bildungsbereich „Verkehrserziehung“ haben, ist es sinnvoll, eine Weiterbildung für alle pädagogischen Fachkräfte oder eine andere Bildungsmaßnahme zu planen.

Verglichen wird die Leistungskurve anschließend mit den auf ähnliche Weise zu Kurven aufbereiteten Ergebnissen aus dem zusammenfassenden Bericht der Fachanleitung. Typische Fragestellungen sind bei diesem Abgleich: Bewertet sich Einrichtung A zu kritisch, wenn sie nach Selbsteinschätzung nur geringe Qualität realisiert, aber von der Fachanleitung besonders hohe Qualität bescheinigt bekommt? Und hat Einrichtung B, die sich selbst durchgängig Spitzenqualität bescheinigt, eventuell ein Wahrnehmungsproblem, weil die deutlich kritischere Einschätzung der Fachanleitung dem zuwiderläuft?

Andere Fragestellungen wirft der Vergleich mit den Ergebnissen der Elternbefragung und der Kinderbefragung auf. Warum fehlen gute Ergebnisse, obwohl die Prozesse konsequent nach den Anforderungen des Handbuches gestaltet werden? Warum nehmen Eltern oder Kinder bestimmte positive Ergebnisse der Arbeit nicht wahr? Über die Auswertung der Kinderbefragung fließen dabei auch die Einschätzungen der Kinder über die Qualität ihres Kindergartens in die Gesamtbewertung ein. Es ist aufschlussreich, auf diese Weise die Selbsteinschätzung des Teams und die Ansichten der Eltern mit den von den Kindern vorgenommenen Einschätzungen zu konfrontieren. Dieses Verfahren ermöglicht es, bestimmte sichtbar werdende Tendenzen bei der Evaluation zu bestärken (z. B. Eltern, Pädagogen und Kinder sind gleichermaßen unzufrieden mit der Gestaltung des Gartens), erlaubt es aber auch, Einschätzungen einer Seite zu relativieren (wenn z. B. den Kindern das Essen überwiegend gut schmeckt, kann die negative Einschätzung der Eltern damit kritisch beleuchtet werden). Erst aus dem Vergleich unterschiedlicher Sichten entsteht ein scharfes Gesamtbild.

Einschätzungen erkennen und Ziele formulieren

Auch wenn Einrichtung C nach eigener und Fachanleitungs-Einschätzung hohe Qualität in Bezug auf die Bildungsarbeit erreicht, wird dies von den Eltern nicht wahrgenommen, sondern im Gegenteil überdurchschnittlich gering bewertet. Liegen Team und Fachanleitung beide daneben, oder ist nicht vielmehr ein Problem der Wahrnehmbarkeit dafür verantwortlich? Der Abgleich mit der Kinderbefragung zeigt, dass die Kinder überdurchschnittlich oft einschätzen, viele interessante Dinge im Kindergarten lernen zu können. Also liegt die Vermutung nahe, dass gute Ergebnisse der Bildungsarbeit zwar vorhanden sind, aber von den Eltern nicht wahrgenommen werden. Im Auftrag für das Team wird als Zielvorschlag formuliert: Wir überprüfen die Dokumentation unserer Bildungsarbeit und arbeiten gegebenenfalls an sichtbareren Dokumentationsformen, um den Eltern den Erfolg unserer Bildungsarbeit sichtbarer zu machen.

Qualitätseinschätzung und Auftrag zur Qualitätsverbesserung

Durch den Bereich Pädagogische Entwicklung und Prozesssteuerung (PEP) wird nach statistischer Aufarbeitung aller Evaluationsergebnisse eine **Qualitätseinschätzung** für jede Einrichtung erstellt, die Team, aber auch Eltern und Besucher informiert, welche **Stärken und Verbesserungspotenziale** sich die jeweilige Einrichtung bescheinigt hat: Es macht keinen Sinn, sich gerade im Interesse der Eltern um Qualitätsverbesserungen zu bemühen, aber nicht offen kommunizieren zu können, welche Schwächen selbst an der Arbeit erkannt wurden.

Am Ende der Qualitätseinschätzung findet sich jeweils ein vom PEP entwickelter Auftrag zur Qualitätsverbesserung in bestimmten, auf die Evaluationsergebnisse bezogenen Punkten. Diese Zielvorschläge werden nach der Evaluation Grundlage der Zielklausur, in der das Team der Einrichtung zusammentrifft, um **konkrete Schritte zur Qualitätsverbesserung** zu beraten. Ergebnis der eintägigen Klausur sind Maßnahmepläne, auf denen zu drei bis vier zentralen Zielen zeitlich terminierte Verbesserungsschritte festgeschrieben werden. Um zu überprüfen, ob das Ziel nach Ablauf des veranschlagten Zeitraumes – bis zur Evaluation im nächsten Jahr – erreicht wurde, werden Qualitätsindikatoren festgelegt, deren Vorliegen das Erreichen des Zieles bedeutet.

Auswertungsbericht zur Elterninformation als Aushang im Kindergarten

Liebe Eltern,

alle KLAX-Kindergärten haben sich anhand des pädagogischen Handbuchs und unter Anleitung des Referats Pädagogik selbst bewertet. Dabei ergab sich für unseren Kindergarten folgende Qualitätseinschätzung:

Ein hoher Wert der Umsetzung des Handbuches kennzeichnete nach Selbsteinschätzung des Teams die Arbeit der Glühwürmchen. Das Team sah seine Stärken in der Planung sowie der Gestaltung des Tagesablaufes nach KLAX-Standard. Schwächen wurden vor allem in der Raumausstattung gesehen, was bei dem Übergangsstadium, in dem sich das Haus befindet, wohl richtig eingeschätzt wurde. Potenziale lagen darüber hinaus beim Bildungsbereich „Musik“, in der Einführung der Elternhospitation, bei der Organisation der Einrichtung bezüglich der Umsetzung des Arbeitszeitmodells und der Überwachung der pädagogischen Arbeit durch die Leitung.

Die positive Einschätzung des Teams wurde von der Fachanleitung geteilt. Besondere Stärken sah diese in der Förderung der Individualität der Kinder sowie in der vernetzten Bildungsarbeit zwischen den Bildungsbereichen. Auch die Dokumentationen für Eltern wurden gelobt.

Aus der Elternbefragung wurde eine alle Fragen umfassende hohe Zufriedenheit deutlich. Die Eltern fühlten sich sehr gut informiert und sahen die Förderung ihrer Kinder als sehr gelungen an. Wenn überhaupt, wurden leichte Verbesserungspotenziale bei der Essensversorgung gesehen.

Wie sahen es die Kinder? Sie kamen offenbar alle sehr gerne in den Kindergarten. Hervorragend war die hohe Zustimmung zu der Frage, ob es im Kindergarten interessante Dinge zu lernen gibt: Das ist immer wieder ein Indiz für eine gelungene Bildungsarbeit, die bei den Kindern ankommt. Niedrig war der Wert für das „Miteinander Klarkommen", vor allem außerhalb der Bezugsgruppe. Hieran sollte gearbeitet werden.

Die Ziele des Teams für 2008:

Abteilungsziel 1: Wir verfügen über ein etabliertes Krippenmodell und setzen dieses vorbildlich um, damit der Standort erhalten bleibt.

Abteilungsziel 2: Wir entwickeln eine verbesserte Angebotsstruktur für den Bildungsbereich Musik und binden musikalische Themen verstärkt in unsere Projektarbeit ein.

Abteilungsziel 3: Wir erarbeiten gemeinsam mit den Kindern Regeln für ein konfliktärmeres Miteinander. Wir überprüfen, ob dieses Ziel durch eine Verbesserung der Raumstruktur befördert werden kann.

Wir wollen diese Ziele bis zum Sommer 2008 erreichen. Die Überprüfung der Ergebnisse findet durch interne und externe Audits im Rahmen des Qualitätsmanagementsystems statt und wird Thema bei den pädagogischen Teamtagen und Entwicklungskonferenzen sein.

Wir halten Sie auf dem Laufenden.

Ihr Glühwürmchen-Team

Personalentwicklung als Konsequenz der Evaluation pädagogischer Prozesse

Evaluation stellt im Idealfall die Übereinstimmung der Praxis mit den Forderungen der Qualitätsstandards fest. Überall dort, wo Abweichungen deutlich werden, hat sie Maßnahmen zur Folge, die ganze Teams betreffen können. Bei der Umsetzung von Verbesserungsschritten werden die Teams von der Fachanleitung unterstützt, die die Veränderungsprozesse begleitet. Abweichungen, die auf fachliche Defizite einzelner Mitarbeiterinnen und Mitarbeiter zurückzuführen sind, erfordern differenziertes Herangehen. Stellt sich ein Träger der Aufgabe der Qualitätsentwicklung, setzt er sich einem Prozess aus, in dem kontinuierlich neue Anforderungen entstehen. Er kann also nicht voraussetzen, dass jede pädagogische Fachkraft zu jeder Zeit jeder Neuerung ohne weiteres Zutun folgen kann. Deshalb ist **konsequent praktizierte Personalentwicklung** erforderlich. Sie beinhaltet, sowohl brachliegende Potenziale als auch Defizite jeder einzelnen Mitarbeiterin, jedes Mitarbeiters zu erkennen, um steuernd in die Entwicklungsprozesse der pädagogischen Fachkräfte wie der Teams eingreifen zu können und die Verbindung individueller Ziele mit den Unternehmenszielen zu fördern.

Die **Personalentwicklung** dient der

- Sicherung und Anpassung gegenwärtiger und zukünftiger Erfolgspotenziale der Mitarbeiterinnen und Mitarbeiter
- Schaffung des Einklangs zwischen Unternehmensentwicklung und Mitarbeiterentwicklung, um die Kundenbedürfnisse zu erfüllen
- Vermittlung von fachlichen, sozialen und persönlichen Kompetenzen an alle Mitarbeitergruppen des Unternehmens, um Kindern und Eltern kompetent und authentisch gegenüberzutreten.

Die **Instrumente der Personalentwicklung** dienen der Förderung und Steuerung von individuellen Entwicklungsrichtungen und der Sicherung von Teamprozessen. Dazu gehören **Fachberatung der Führungskräfte durch den Fachbereich Personalentwicklung** (Thematisierung aktueller Teamsituationen, mittelfristige Entwicklungsrichtungen der Teammitglieder und Reflexion vergangener Projekte), **Teamcoaching-Maßnahmen**

und Supervision (Auseinandersetzung der Teammitglieder mit Teamprozessen unter externer Begleitung), **jährliche Mitarbeiter-Vorgesetzten-Gespräche** (Überprüfung der individuellen Zielerreichung und Festlegung neuer oder fortführender Ziele und Maßnahmen im Gespräch zwischen Personal und direktem Vorgesetzten), **individuelle Entwicklungsanalysen** (Vergleich von Anforderungsprofilen mit aktuellen Ist-Zuständen zur Festlegung der Laufbahngestaltung im Unternehmen).

Erfahrungen mit Veränderungsprozessen im Kindergarten – ein Interview

Die Zertifizierung des Unternehmens KLAX nach Kriterien, die für die Wirtschaft entwickelt wurden, liegt mittlerweile zehn Jahre zurück. **Antje Bostelmann** und **Thomas Metze,** die die Geschäfte von KLAX führen, sowie **Michael Fink,** Fachbereichsleiter für die Qualitätsentwicklung der Kindergärten, halten Rückschau und geben Auskunft.

Was hat die Zertifizierung gebracht?

Thomas Metze: Die Zertifizierung hat uns zu klaren Vorstellungen darüber verholfen, wie man ein Unternehmen wie KLAX von den Verwaltungsstrukturen über die Betreuungsstrukturen in unseren Einrichtungen bis zu den Personalstrukturen entwickelt. Wir haben Festlegungen getroffen, die man jederzeit überprüfen und verbessern kann. Neue Mitarbeiterinnen und Mitarbeiter können sich mit Hilfe dieser Festlegungen sofort orientieren, was im Unternehmen wie umgesetzt wird. Deshalb lässt sich heute sagen: Die Zertifizierung, vor allem der Weg dahin, war zwar anstrengend, aber sinnvoll.

Antje Bostelmann: Wir haben Steuerungsinstrumente für unser Unternehmen geschaffen, die uns helfen, die Mitarbeiterinnen und Mitarbeiter an der Entwicklung des Unternehmens zu beteiligen, und die es ermöglichen, dass sie ihre Ideen einbringen. Wir verfügen über klare Vereinbarungen und Richtlinien, deren Einhaltung regelmäßig von unseren Mitarbeiterinnen und Mitarbeitern selbst wie von der Unternehmensleitung überprüft wird, damit die Kunden sich auf unser Produkt verlassen und sicher sein können, dass das, was im KLAX-Konzept steht, auch wirklich umgesetzt wird.

KLAX ist in Windeseile gewachsen, hat sich über mehrere Berliner Stadtbezirke ausgebreitet und besitzt verschiedene Standbeine. Welche Schritte waren nötig, in einem solch vielgestaltigen Unternehmen Kundenzufriedenheit zu garantieren?

Antje Bostelmann: Als das Unternehmen entstand, waren wir sicher, ein Konzept zu haben, nach dem sich die Leute reißen. Aber gute Inhalte und ein brauchbares Konzept sind nichts, worauf man sich ausruhen kann. Man braucht vor allen Dingen funktionierende Strukturen, wenn man sein Konzept umsetzen will.

Seit wir Qualitätsmanagement betreiben, wissen wir, dass es verschiedene Formen der Qualität gibt: Strukturqualität, Prozessqualität, Ergebnisqualität und die von Prof. Tietze erfundene Orientierungsqualität, die die Ebene der Mitarbeiter beschreibt. Anfangs wussten wir das alles nicht und tüftelten daran herum, welche Strukturen zu unseren Inhalten passen könnten und was wir im Unternehmen ändern müssen, um unsere Inhalte besser umzusetzen.

Später verstanden wir: Es geht darum, welche Leute in welchen Funktionen tätig sind, welche materiellen Rahmenbedingungen es gibt, welche räumlichen Bedingungen, welche Vereinbarungen abgeschlossen werden, zum Beispiel die Betriebsvereinbarungen oder die Verträge mit den Eltern.

Thomas Metze: Genau genommen lässt sich unter Strukturen alles zusammenfassen, was man benötigt, um ein Produkt anzubieten und es zu verändern.

Zu Ihrem Unternehmen gehören die Kitas, die Malschule, inzwischen auch eine Grundschule und viele verschiedene Kurse. In diesen Bereichen sind Erzieherinnen und Lehrerinnen tätig, Künstler und Handwerker, Köchinnen und Reinigungskräfte. Außerdem werden Fachkräfte gebraucht, die sich um die Verwaltung kümmern ...

Antje Bostelmann: Man darf sich das nicht alles getrennt voneinander vorstellen, nach dem Motto: Hier arbeitet die Erzieherin, da die Köchin, dort die Buchhalterin – und jede wurstelt in ihrer Ecke vor sich hin, nimmt die Interessen des eigenen Berufsstandes wahr und kaum etwas darüber hinaus. Der Arbeitsprozess läuft durch alle Strukturen hindurch, und sie müssen so gestaltet sein, dass sie diesen Prozess unterstützen, ihm nicht etwa entgegenwirken.

Michael Fink: Die einfachste Struktur kennt jeder: Einer ist für etwas zuständig, der andere nicht. Der Zuständige macht alles, der andere weiß nichts davon. Nach diesem Modell könnte ich sagen: Ich bin hier nur der Erzieher, alles andere regelt meine Chefin.

Je genauer man Arbeitsprozesse jedoch definiert, je flacher man die Hierarchien hält, desto besser können Mitarbeiterinnen und Mitarbeiter beteiligt werden – ein modernes und demokratisches Prinzip, das selbstständiges, reibungsloses Arbeiten und Kooperation ermöglicht. Entsteht Klärungsbedarf, hat man nicht mehr in erster Linie eine bestimmte Person vor Augen, sondern eine Funktion, also die Struktur. Das macht es den beteiligten Personen leichter.

Nun sind Strukturen ja kein Selbstzweck. Sie dienen der Umsetzung von Inhalten. Demzufolge mussten inhaltliche Prozesse, die Entwicklung der KLAX-Pädagogik, Bestandteile des Qualitätsmanagements werden.

Antje Bostelmann: Ja, aber das brauchte seine Zeit. Wir hatten 1995 begonnen, unsere Organisationsstrukturen und -prozesse zu definieren. Aufgrund dessen sind wir 1997 zertifiziert worden. Damals dachten wir noch, dass Qualitätsmanagement und Pädagogik einander scheuen wie der Teufel das Weihwasser. Wir merkten aber, dass die Mitarbeiterinnen und Mitarbeiter in unseren Kitas unsicher waren, woran sie erkennen können, ob sie zur Zufriedenheit der Kolleginnen, Leiterinnen und vor allem der

Kunden arbeiten. Uns wurde klar: Wir müssen die pädagogischen Prozesse in ihren Abläufen beschreiben und nach Kriterien suchen, mit deren Hilfe man erkennen kann, ob Festlegungen so umgesetzt werden, dass sie dem KLAX-Konzept einerseits und andererseits den Kundenerwartungen entsprechen.

Apropos KLAX-Konzept. Man kann pädagogische Prozesse doch nur von einem Ort aus definieren, von einem bestimmten Bild des Kindes beispielsweise. In aller Kürze: Was beinhaltet das KLAX-Konzept?

Michael Fink: Unser Ausgangspunkt war das selbstbestimmte Kind, das seine Entwicklung in die eigene Hand nimmt. Damit grenzten wir uns von einer Pädagogik ab, die dem Kind alles vorgibt.

In unserem Konzept spielt Kreativität eine große Rolle, denn unser Ursprung liegt im künstlerischen Bereich, der Malschule. Kreativität soll aber alle Bereiche prägen, in denen die Kinder leben und lernen. Kreatives Lernen soll möglich sein. Das bedeutet, Kindern die ganze Vielfalt des Lebens zugänglich zu machen und sich nicht auf einen Weg zu beschränken, sondern darauf zu vertrauen, dass die Kinder sich aus der Vielfalt des Angebots das für sie gerade Interessante oder Wichtige auswählen, sich ihren Weg selbst suchen.

Vor diesem Hintergrund wurde – mittelbar oder unmittelbar – jeder pädagogische Prozess definiert?

Antje Bostelmann: Ja. Inhaltliche Grundsätze hatten wir von Anfang an definiert und bestimmt, was wir für ideale pädagogische Arbeitsweisen halten. Natürlich war das alles noch grob gestrickt.

Außerdem wurde uns oft gesagt: Ihr geht vom selbstbestimmten Kind aus, einem Kind, das seinen Entwicklungsprozess selbst gestaltet. Und die Erwachsenen? Lasst das doch bitte auch für die Erwachsenen gelten.

Bei der Auseinandersetzung mit dem Qualitätsmanagement wurde uns klar, dass Selbstbestimmung immer auch heißt, Verantwortung zu übernehmen. Dazu müssen die Mitarbeiterinnen und Mitarbeiter die Möglichkeit haben, aber sie dürfen damit nicht allein gelassen werden.

Natürlich träumen wir nicht von einem Kind, das völlig aus sich heraus agiert, sondern wir gehen davon aus, dass Kinder und Erwachsene eine lebensweltliche Einheit bilden, ganz normal zusammengehören und den Alltag miteinander gestalten. Aber Erwachsene müssen sich gegenüber Kindern als Erwachsene verhalten, damit Kinder von ihnen lernen und in gesellschaftliche Regeln und Werte eingeführt werden können. Dem einen pädagogischen Rahmen zu geben, das ist sehr anspruchsvoll. Was den Arbeitsrahmen betrifft, die Strukturen also – das haben wir geschafft. Den pädagogisch-inhaltlichen Rahmen haben wir inzwischen auch definiert.

Ein für alle Mal? Sind solche Prozesse nicht ständigen Veränderungen unterworfen, die sich mal schneller, mal langsamer vollziehen?

Michael Fink: Qualitätsmanagement hat zuerst mal sehr viel mit Regeln und Festlegungen zu tun. Da denkt mancher, es gibt überhaupt keinen Spielraum mehr. Dem ist aber nicht so. Ein Beispiel: Will man Kindern Freiraum geben, sagt man nicht etwa, ihr dürft alles, sondern zeigt ihnen die Grenzen deutlich auf. Bis zum Zaun und nicht weiter. Kurz: Um einen Freiraum zu definieren, muss man klar sagen, wo er aufhört.

Freiraum beim Qualitätsmanagement setzt voraus, dass man Regel dafür aufstellt, wo das Terrain verlassen wird. Innerhalb des beschriebenen Terrains herrscht Freiraum für Kreativität, neue Ideen, Veränderungen. Anders gesagt: Innerhalb unseres Konzepts ist sehr viel möglich, in jede Richtung, aber bestimmte Grenzen dürfen nicht überschritten werden.

Wie haben Sie solche Möglichkeiten und Grenzen definiert?

Antje Bostelmann: Ganz einfach. Wir fragten die Experten. Nämlich diejenigen, die tagtäglich mit Kindern arbeiten. Wir fragten: Was müsste getan werden, damit der Grundsatz, dass die Kinder selbstständig essen, erfüllt wird? Da lassen sich bestimmte Punkte festlegen, auf die man sich natürlich mit den Experten einigen muss, sonst stehen sie nicht dahinter und setzen die Festlegungen nicht oder nur mechanisch um. Werden pädagogische Abläufe jedoch mechanisch umgesetzt, hat das nichts mit einer Pädagogik für starke Kinder zu tun, wie wir sie uns vorstellen.

Viele Mitarbeiterinnen und Mitarbeiter in Ihrem Unternehmen haben solche Arbeitsprozesse miterlebt und ihre Resultate geteilt. Aber nicht alle.

Neu Hinzugekommene mussten sich mit mehr oder weniger ausgefeilten Festlegungen auseinander setzen – abgesehen davon, dass Qualitätsmanagement ein immer währender Prozess ist. Wie wirkt sich das im Arbeitsalltag aus?

Thomas Metze: Wir haben heute 240 Mitarbeiterinnen und Mitarbeiter. Anfangs war es für alle schwierig, die neu zu uns kamen, ohne genau zu wissen, welcher Pädagogik wir folgen, wie im Unternehmen gearbeitet wird. Jede Erzieherin, die aus dem öffentlichen Dienst kam, hatte ihre Vorstellungen von dem, was sie umsetzen wollte. Keine kam ohne den Gedanken, sich selbst verwirklichen zu können, zu einem freien Träger, wie wir es sind.

Das war sowohl ein Problem als auch eine Chance. Wir konnten nämlich mit allen gemeinsam den Ist-Zustand bestimmen: Was macht ihr gegenwärtig wie? Welche Bedingungen braucht ihr dafür? Da kommt wieder die Strukturqualität ins Spiel, denn wenn sich die Inhalte ändern, müssen sich zwangsläufig auch die Strukturen ändern.

Während wir noch mit der Entwicklung der verschiedenen Systeme beschäftigt waren, begannen die ersten Prüfschleifen zu wirken: Funktioniert das wirklich so? Muss etwas verändert werden? Der Übergang von der Gruppenarbeit zur gruppenoffenen Arbeit beispielsweise war ja für alle eine neue Situation.

Antje Bostelmann: Als wir unser pädagogisches Handbuch geschrieben hatten, reagierten die meisten Mitarbeiterinnen und Mitarbeiter erleichtert: Endlich können wir dieses KLAX-Konzept, das wir emotional immer geteilt haben, auch schwarz auf weiß nachlesen, und zwar in allen Umsetzungsschritten. Endlich wissen wir genau, was wir zu tun haben. Und wenn es irgendwo klemmt, können wir daran mitwirken, das Problem zu beseitigen.

Mittlerweile übernehmen die Mitarbeiterinnen und Mitarbeiter, die in der Umsetzung geübt sind, Einarbeitungspatenschaften, sodass es neu Hinzukommenden leichter fällt, sich in die Arbeitsprozesse hineinzufinden.

Thomas Metze: Es war auch von Vorteil, dass die Mitarbeiterinnen und Mitarbeiter dadurch die Chance bekamen, sich mit sich selbst auseinander zu setzen. Vorher hatten sie in ihrer täglichen Arbeit eine festgelegte Rolle, Erzieherin oder Leiterin. Durch die Arbeit bei KLAX, die ein anderes Rollenverständnis erfordert, erkannten sie persönliche Stärken und Schwächen genauer oder überhaupt erstmalig. Inzwischen haben wir regelrechte Spezialistinnen bei uns, Mitarbeiterinnen, die sich zu Teamleiterinnen entwickelten oder zu Profis für bestimmte pädagogische Prozesse. Neue Perspektiven eröffneten sich für viele, und mittlerweile verzeichnen wir einen hohen Grad an Mitarbeiterzufriedenheit.

Michael Fink: Trotzdem ist es nicht leicht, damit umzugehen, dass Ansprüche vorgeschrieben, also auf einmal da sind. Ich hatte anfangs den Eindruck, dass sich manche Kolleginnen sehr eingeengt fühlten. Jetzt merke ich oft, wie froh die Mitarbeiterinnen sind, dass es über die verschiedensten Themen sachliche Diskussionen gibt, dass sie sagen können: Das setzten wir um, das noch nicht gänzlich, und damit haben wir Schwierigkeiten. Vielleicht muss die Festlegung anders formuliert werden, vielleicht war sie nicht bis zu Ende durchdacht. Es stellt sich heute auch schnell heraus, ob die Arbeit bei KLAX sich mit den eigenen Ansprüchen vereinbaren lässt oder nicht.

Seit KLAX sich mit Qualitätsmanagement beschäftigt, entstand eine Unmenge von Papieren. Jeder Schritt musste dokumentiert werden, damit er nachvollzogen werden kann. Im Zuge dieser Arbeit kam es wohl auch zu der eben beschriebenen Versachlichung der Vorgänge. Alles, was vorher sehr theoretisch und abstrakt erschien, stutzte sich auf sein irdisches Maß zurecht und wurde handhabbar ...

Antje Bostelmann: Ja, wir brauchten diese vielen Festlegungen, um ein Unternehmensgrundwissen zu schaffen. Hat man dieses Wissen, benötigt man die Papiere nicht mehr. Jedenfalls nicht mehr alle. Der bürokratische Aufwand hat sich wirklich reduziert.

Festlegungen jedoch, die die pädagogische Qualität beschreiben, betrachten wir nicht als bürokratischen Aufwand, denn sie gehören zur pädagogischen Arbeit. Bis alle Mitarbeiterinnen und Mitarbeiter des pädagogischen Bereichs das auch so sehen, ist aber noch ein großer Schritt nötig. Manche meine: Dokumentationen schreiben, Berichte über Elterngespräche oder den Monatsplan – das ist doch alles Bürokratie. Nein, ist es nicht. Es ist die

Aufgabe der Erzieherin, festzuhalten, wie sich ein Kind entwickelt und was sie mit den Eltern vereinbart hat. Diese Dinge aufzuschreiben, das gehört zum Beruf und muss ganz normal werden.

Bis es so weit ist, wird sicherlich noch das eine oder andere Problem auftauchen. Wie steht es mit der Fehler- und Kritikkultur bei KLAX?

Thomas Metze: Natürlich bleiben Unzufriedenheiten nicht aus. Jede Kollegin, die zu uns kam, hatte ihre Vorstellungen von dem, was sie erwartet. Nicht alle konnte und wollte KLAX erfüllen. Im Nachhinein können wir nur sagen: Gott sei Dank, dass wir Strukturen hergestellt, nach Mitteln und Wegen gesucht haben, um mit den Mitarbeiterinnen und Mitarbeitern über Probleme zu reden, darüber, wie sie sich bei KLAX fühlen.

In der ersten Phase entschieden sich Mitarbeiterinnen und Mitarbeiter immer mal wieder dafür, bei KLAX auszuscheiden, weil sie feststellten: Das ist nichts für mich. Von anderen trennten wir uns, meist einvernehmlich.

Heute ist die Situation anders. Gibt es Unstimmigkeiten, ermöglicht es die Fehlerkultur, die wir im Unternehmen pflegen, zu sagen: Aha, wir haben ein Problem, und es taucht in einer bestimmten Situation auf. Wir prüfen also, wie es zu der Situation kam und wer daran Anteil hat. Dabei stellt sich heraus: Ist das Problem durch ein Versehen entstanden? Klemmt es im Getriebe, ist eine bestimmte Verfahrensweise nicht mehr sinnvoll? Oder wurde ein Fehler gemacht?

Mit dem Wort „Fehler" ist es so eine Sache. Ich benutze es nicht gern, denn ich finde, Fehler gibt es eigentlich nicht. Wo Menschen zusammenarbeiten, entstehen Missverständnisse. Die muss man beheben, und dabei muss im Mittelpunkt stehen, dass wir verlässlich ein gutes Produkt anbieten wollen. Und zwar alle.

Wenn man etwas Neues ausprobiert, passieren zwangsläufig Sachen, die man nicht vorhergesehen hat. Zu uns kommen viele Kinder, ihre Eltern, wir haben eine Menge Mitarbeiterinnen und Mitarbeiter. Wenn so viele Menschen täglich miteinander zu tun haben, in wechselnden Konstellationen, entstehen Schlingen und Fallstricke leicht. Die lassen sich nur beseitigen, wenn man darüber redet, und das muss man lernen.

Man muss lernen, nicht gleich emotional zu reagieren, sich angegriffen zu fühlen, sondern zu sagen: Gut, hier ist eine Situation entstanden, die nicht in Ordnung ist. Möglicherweise gab es sogar eine Beschwerde. Aber die kann man aus der Welt schaffen. Durch eine neue Regelung zum Beispiel, durch eine Entschuldigung ...

Du hast einen Fehler gemacht, dafür kriegst du eins drüber – das soll aus unserer Unternehmenskultur verschwinden. Aber leider sitzen solche Denk- und Verfahrensmuster ziemlich fest. Deswegen reden wir von „Fehlerkultur" und sagen: Legt die Probleme auf den Tisch, dann können wir sie gemeinsam lösen.

Antje Bostelmann: Wenn wir das als Basis für den Umgang mit Problemen in unserem Unternehmen praktizieren, dann können wir deutlich zwischen Fehlern unterscheiden, die entstehen, weil Menschen zusammenarbeiten, und Regelverstößen, die auftauchen, weil sich jemand nicht an die Regeln hält. Auf der Grundlage unseres Qualitätsmanagements können wir das sauber voneinander trennen und Probleme, die auftreten, für die Entwicklung des Unternehmens nutzen.

Im Übrigen: Wir sehen uns als ein lernendes Unternehmen. Wie soll man lernen, wenn man keine Fehler machen darf?

Das heißt aber nicht, dass jeder machen kann, was er will, weil er denkt: Wunderbar, hier betrachten sie Fehler als Entwicklungszündstoff, da kann ich ja alle Fünfe grade sein lassen. Wir erwarten schon, dass die Mitarbeiterinnen und Mitarbeiter sich am Unternehmensgrundwissen orientieren, dass sie, bevor sie etwas entscheiden, im Zweifelsfall nachlesen, was geschrieben steht, oder sich erkundigen, wie man eine Entscheidung KLAX-gemäß trifft.

Würden Sie aus heutiger Sicht sagen, dass sich – ob nach dem Modell, das Sie entwickelt haben, oder nach einem anderen – die Einführung von Qualitätsmanagement für Einrichtungen im sozialen Bereich lohnt? Ist sie nur bei großen Trägern sinnvoll oder auch in einer Elterninitiative mit 20 Kindern?

Antje Bostelmann: Dass man sich in der Bundesrepublik Deutschland so wenig Gedanken darüber macht, was Eltern kriegen, wenn sie einen

Kindergartenplatz – den ja auch Steuergelder finanzieren – bekommen, kann ich nicht begreifen. In jedem Bundesland, in jeder Stadt und in jedem Dorf wird das anders definiert. Deshalb finde ich es so wichtig, Qualitätsmanagement zu betreiben und wenigsten für sich selbst festzulegen, was einen Kindergartenplatz ausmacht, ihn so zu beschreiben, dass die Eltern sich gut informiert fühlen und entscheiden können, ob sie gerade diesen Platz für ihr Kind haben wollen oder nicht.

Geht man diesen Schritt, muss man auch den zweiten tun und fragen: Wie halte ich das, was ich den Eltern verspreche? Also muss man Qualitätsstrukturen aufbauen, Merkmale festlegen, ihre Einhaltung kontrollieren und darauf achten, wie zufrieden alle Beteiligten sind: die Kinder, die Eltern, die Mitarbeiterinnen und Mitarbeiter.

Michael Fink: Qualitätsmanagement ist immer sinnvoll, wenn es unter vielen Beteiligten etwas auszuhandeln gibt, wenn unterschiedliche Vorstellungen oder Ideen auf einen Punkt gebracht werden müssen, damit man gut arbeiten kann. Das ist in einer Elterninitiative mit 20 Kindern und drei Erzieherinnen genau so nötig wie in einer kommunalen Kita in Kleinkleckersdorf, von der der Bürgermeister eines Tages vielleicht wissen will, ob das Produkt, das den Eltern angeboten wird, klar definiert ist.

Hat man sich einmal darüber auseinander gesetzt, kann man jederzeit sagen: Darauf haben wir uns geeinigt, deshalb haben wir die und die Struktur. Also lohnt sich die Sache. Selbst wenn es nur eine Erzieherin gibt, die eine Gruppe von zehn Kindern betreut – sie hat es mit Eltern zu tun, die verschiedene Ansprüche haben. Letzten Endes muss auch sie bestimmen: Was ist mein Ziel? Was wünschen die Eltern? Welche Strukturen brauche ich, um die Bedürfnisse zu erfüllen? Wie schaffe ich es, das einzuhalten? Ums Aushandeln kommt niemand herum.

Gesprächsdokumentation: Erika Berthold, im August 2003

Anhang

KLAX im Überblick

KLAX ist ein pädagogischer Träger in Berlin und betreibt seit 1992 Kindergärten, Krippen, zwei Grundschulen und verschiedene pädagogische Dienstleistungsunternehmen wie zum Beispiel die Cateringfirma „Löwenzahn" für hochwertige Kindernahrung. KLAX beschäftigt 280 Mitarbeiter, davon 200 ausgebildete Erzieher, die 1.300 Kinder nach den Prinzipien der KLAX-Pädagogik betreuen. Die KLAX-Pädagogik wurde 1990 von Antje Bostelmann, einer ehemaligen Krippenerzieherin aus Pankow, etabliert und ist eine pädagogische Methodik, die auf die individuellen Talente des Kindes besonders intensiv eingeht und es befähigt, auf dem gesamten Bildungsweg bis zum Abitur alle wichtigen Lebenskompetenzen zu erwerben. KLAX ist bundesweit als Fortbildungsträger für Pädagoginnen und Pädagogen aktiv.

Weitere Informationen:

KLAX
Arkonastr. 45–49, 13189 Berlin
Tel.: 030/477 960, Fax: 030/477 962 04
E-Mail: klax@klax-online.de
www.klax-online.de

Die Autoren

„Das ist doch nur ein Klacks“, dachte sich *Antje Bostelmann*, ließ sich 1990 vom Chaos der Wendezeit in Berlin nicht irritieren, sondern nutzte die Gunst der Stunde, um einen lange gehegten Wunsch umzusetzen. In einer Pankower Altbauwohnung richtete die zielstrebige Erzieherin und bildende Künstlerin eine Kindermalschule ein: Staffeleien, Farben, Pinsel und Papiere, drum herum vier Wände und ein Dach darüber. Kinder und Eltern waren von dieser kreativen Nische begeistert.

Den ausgebildeten Kunstlehrer *Michael Fink* faszinieren auch heute noch, nach sechsjähriger Tätigkeit bei KLAX, die vielfältigen Möglichkeiten pädagogischer Arbeit. Als Mitverantwortlicher für die Weiterentwicklung und Qualitätssicherung des pädagogischen Konzeptes beschäftigt er sich intensiv mit der Umsetzung des KLAX-Konzeptes im Kindergartenalltag und ist unentwegt Optimierungen auf der Spur.

Antje Bostelmann ist heute Geschäftsführerin der KLAX gGmbH, zu der nun die KLAX-Malschule, 20 Kindergärten und eine Grundschule gehören. Neben den kreativen Angeboten wird vor allem der Bildungsarbeit, ihrer täglichen Umsetzung und Qualität besondere Aufmerksamkeit gewidmet, um den Kindergarten zu einem wirklichen Bildungsort werden zu lassen. Grundlage der Arbeit ist das von Antje Bostelmann entwickeltes Konzept, das den anfänglichen Idealen treu geblieben ist. Ihre umfangreichen Kenntnisse und Erfahrungen geben Antje Bostelmann und Michael Fink in Vorträgen und Seminaren weiter.

Entwicklungseinschätzung

Kind: Datum:

Einschätzung durch:

Bezugspädagogin?
Elternteil?

Allgemeines Befinden des Kindes:

Soziales Handeln:

Kontaktfähigkeit

Mitgestaltung von Aktivitäten

Sich der Gruppe und den Erziehern gegenüber behaupten können

Konfliktverhalten

Emotionale Entwicklung:

Gefühle ausdrücken und äußern

Gefühle anderer erkennen

Ja / nein sagen können

Kognitive Entwicklung:

Aufmerksamkeit und Aufnahmefähigkeit

Merkfähigkeit

Motorik:

Körperbeherrschung

Geschicklichkeit (Fein- und Grobmotorik, Händigkeit)

Sprachliches Handeln:

Vorlieben und Interessen:

Besonderheiten:

Elternwünsche:

Erstellt von:
(Unterschrift Pädagogin oder Elternteil)

Kenntnis genommen:
(Unterschrift Pädagogin oder Elternteil)

Fazit auf der Pädagogischen Entwicklungskonferenz am ....

Umsetzung des Fazits überprüft:

(Unterschrift Bezugspädagogin / Bezugspädagoge)

Beobachtungsbogen

Kinder: Welches Kind / welche Kinder habe ich beobachtet?

Frage: Warum wird die Beobachtung durchgeführt, was will ich wissen oder überprüfen?

Situation: Wann und wo wurde beobachtet, welche besondere Situation lag vor, welche Erwachsenen waren dabei?

Beobachtungen: (als Text oder in Stichworten, als Schemazeichnungen)

Eindrücke aus Sicht der Erzieher:

Fazit: Wie gehe ich mit den Beobachtungen um? Welche neuen Ziele stecke ich mir in Bezug auf die beobachteten Kinder?

Ausgefüllt von:
(Unterschrift / Datum)

Elterngespräch

Kind:

Bezugspädagogin:

Anwesende Eltern:

Datum:

Anlass für das Gespräch:

Ist es ein regelmäßiges Gespräch, oder liegt ein aktueller Anlass vor?

Das wurde besprochen und vereinbart:

Ausgefüllt von:

(Unterschrift Pädagogin / Pädagoge)

Kenntnis genommen:

(Unterschrift Eltern)

Elternbefragung

Liebe Familie,

wir möchten mit dieser Befragung Ihre persönliche Sicht auf unseren Kindergarten erfahren: Wie zufrieden sind Sie mit unserer pädagogischen Arbeit, wo sehen Sie Verbesserungspotenziale? Bitte nehmen Sie sich ein wenig Zeit für das Beantworten der Fragen, damit wir später wissen, an welchen Stellen wir den Kindergarten für Ihr Kind noch besser machen können. Bitte geben Sie auch an, ob Sie zu einzelnen Ihrer Einschätzungen in dieser Befragung ein Gespräch mit der Leitung unserer Einrichtung wünschen.

Vielen Dank,
Ihr KLAX-Kindergarten-Team Elements

Gestaltung des Alltags

Bitte ankreuzen!

	☺☺	☺	😐	☹	☹☹
1. Im Kindergarten herrscht eine angenehme Atmosphäre. Jedes Kind findet seinen Platz in der Gruppe.					
2. Mein Kind wird von den Pädagoginnen immer freundlich und respektvoll behandelt.					
3. Die Pädagoginnen gestalten den Tagesablauf entsprechend den Bedürfnissen der Kinder.					
4. Auch in turbulenten Tagesphasen haben die Pädagoginnen das Wohlergehen aller Kinder immer gut im Blick.					
5. Die Kinder genießen in unserem Kindergarten viele Freiräume, um sich selbstbestimmt entfalten zu können.					
6. In der Bezugsgruppe fühlt sich mein Kind gut aufgehoben.					

Bildungsangebote und Entwicklungsförderung

	☺☺	☺	😐	☹	☹☹
7. Mein Kind wird seinem Alter entsprechend gefördert					
8. Die Pädagogen schaffen es, jedes Kind auf eine individuelle Weise auf seinem Entwicklungsweg zu begleiten.					
9. Durch die Portfolioarbeit werde ich intensiv in die Entwicklungsförderung meines Kindes einbezogen.					
10. Die Bildungsangebote und Projektthemen sind kindgerecht und werden spannend aufbereitet.					
11. Mein Kind kann im Kindergarten täglich viele interessante Dinge lernen.					

12. Die pädagogische Arbeit in folgenden Bildungsbereichen schätze ich besonders:
❑ Atelier ❑ Musik ❑ Körper/Bewegung ❑ Gesellschaft ❑ Universum

Elternabend

	☺☺	☺	😐	☹	☹☹
13. Durch Dokumentationen und pädagogische Tagebücher fühle ich mich über die pädagogische Arbeit gut informiert.					
14. Die Elternabende sind gut strukturiert und geben mir ausreichenden Einblick in die pädagogische Arbeit.					
15. Ich werde in Elterngesprächen kompetent über die Entwicklung meines Kindes informiert.					

	☺☺	☺	😐	☹	☹☹
16. Für Familien werden interessante Veranstaltungen im Kindergarten angeboten.					

Raumgestaltung und Materialangebot

	☺☺	☺	😐	☹	☹☹
17. Die Gestaltung der Räume empfinde ich als angenehm und pädagogisch sinnvoll.					
18. Den Kindern stehen vielfältige anregungsreiche Materialien zum Spielen und Lernen zur Verfügung.					
19. Der Garten der Einrichtung ist abwechslungsreich und für die Entwicklung der Kinder förderlich gestaltet.					
20. Die Kinder erhalten eine abwechslungsreiche und qualitativ hochwertige Ernährung.					

Organisation und Leitung der Einrichtung

	☺☺	☺	😐	☹	☹☹
21. Die Leiterin der Einrichtung ist eine verlässliche Ansprechpartnerin für alle meine Fragen.					
22. Über aktuelle Entwicklungen in meiner Einrichtung fühle ich mich immer gut informiert.					
23. Die Mitarbeiter des Teams machen einen gut ausgebildeten und fachlich kompetenten Eindruck.					

	☺☺	☺	😐	☹	☹☹
24. Die Einrichtung macht auf mich einen geordneten und gepflegten Eindruck.					
25. Auf Sicherheit und Unfallverhütung wird im Kindergarten konsequent geachtet.					

Zuletzt

	☺☺	☺	😐	☹	☹☹
26. Ich würde für mein Kind jederzeit wieder diesen Kindergarten auswählen.					

Ich möchte noch weitere Anmerkungen zur Betreuung meines Kindes machen:

Ich wünsche, dass die Kindergartenleitung zu einzelnen kritischen Einschätzungen Kontakt mit mir aufnimmt: ja ❑, zum Thema:

Kinderbefragung

Dein Kindergarten heißt : ______________________ **Wie alt bist du?** ______

Junge oder Mädchen? ______________

Wir leben zusammen

Bitte ankreuzen!

Fühlst du dich wohl im Kindergarten?	☺☺	☺	😐	☹	☹☹
Findest du, dass die Erzieherinnen immer freundlich und nett zu dir sind?	☺☺	☺	😐	☹	☹☹
Wenn du einen Vorschlag hast, was wir zusammen machen können: Wird dein Wunsch meistens erfüllt? (Oder nimmt meistens keiner den Wunsch ernst?)	☺☺	☺	😐	☹	☹☹
Ist immer jemand für dich da, wenn du Hilfe oder Trost brauchst? (Oder fühlst du dich dann oft alleine gelassen?)	☺☺	☺	😐	☹	☹☹
Findest du, dass alle Kinder immer fair und gerecht behandelt werden? (Oder fühlst du dich oft ungerecht behandelt?)	☺☺	☺	😐	☹	☹☹
Bist du gerne in der Bezugsgruppe mit den anderen Kindern und deiner Bezugserzieherin zusammen? (Oder bist du lieber mit anderen Kindern / Erziehern zusammen?)	☺☺	☺	😐	☹	☹☹
Findest du, dass du am Tag im Kindergarten genug freie Zeit zum Spielen mit deinen Freunden hast?	☺☺	☺	😐	☹	☹☹
Darfst du selbst viele Dinge entscheiden, zum Beispiel ob du Mittagsschlaf machst und wie viel du isst?	☺☺	☺	😐	☹	☹☹

Welche Tageszeiten (Morgenkreis, Frühstück, Angebot, Freispiel, Mittag …) magst du besonders gerne?

Welche nicht? (Warum?)

Wir lernen zusammen

Findest du die Angebote und Projekte, die wir zusammen machen, spannend und interessant?	☺☺	☺	😐	☹	☹☹
Macht es dir Spaß, dein Portfolio anzusehen und selbst daran mitzumachen?	☺☺	☺	😐	☹	☹☹
Lernst du bei uns jeden Tag viele interessante Dinge?	☺☺	☺	😐	☹	☹☹

Welche Angebote magst du am liebsten?

❏ Atelier ❏ Musik ❏ Körper/Bewegung ❏ Gesellschaft ❏ Universum
… oder:

Unser Haus und unsere Sachen

Findest du unsere Räume schön und gemütlich?	☺☺	☺	😐	☹	☹☹

In welchen Räumen im Kindergarten bist du besonders gerne?
Welche Räume findest du nicht so gut? (Warum?)

Findest du, dass wir genug gutes Spielzeug im Kindergarten haben?	☺☺	☺	😐	☹	☹☹

Welche Spielzeuge im Kindergarten magst du besonders gerne?
Welche Spielzeuge könnten wir noch dazu kaufen?

Findest du unseren Garten schön, gibt es dort viele interessante Ecken?

☺☺	☺	😐	☹	☹☹

Welche Ecken im Garten magst du besonders gerne?
Hast du eine Idee, was wir noch im Garten brauchen könnten?

Schmeckt dir das Essen bei uns gut?

☺☺	☺	😐	☹	☹☹

Welche Speisen magst du bei uns besonders gerne?
Was schmeckt dir nicht so gut (Warum?)

Letzte Frage

Den Kindergarten haben bestimmt deine Eltern für dich ausgewählt! Würdest du auch von dir aus zu uns kommen?

☺☺	☺	😐	☹	☹☹

Das möchte ich unbedingt noch sagen:

Den Bogen hat mit mir ausgefüllt: ______________________ am ____________

Wochenkalender

Woche vom .... bis .... Projektthema: ....

	Montag	Dienstag	Mittwoch	Donnerstag	Freitag	Wochenende
Morgens						Samstag
Angebotszeit						
Mittags						Sonntag
Nachmittags						
Abends						
Bemerkungen						

Hilfreiche Abkürzungen:
VB = Vorbereitungszeit / A = Atelier / B = Körper, Bewegung / G = Gesellschaft / M = Musik / U = Universum / OA = Offenes Angebot / EG = Elterngespräch / Url = Urlaub

Literatur

Antje Bostelmann, Thomas Metze (Hrsg.): Der sichere Weg zur Qualität – Kindertagesstätten als lernende Unternehmen. Cornelsen Scriptor 2000

Antje Bostelmann, Heiko Mattschull: Bananenblau und Himbeergrün. Cornelsen Scriptor 2003

Antje Bostelmann, Thomas Metze (Hrsg.): Zwischen Himmel und Erde. Philosophieren und Nachdenken mit Kindern über Leben und Tod. Cornelsen Scriptor 2005

Antje Bostelmann (Hrsg.): Controlling in Kindertageseinrichtungen. Cornelsen Scriptor 2006

Antje Bostelmann (Hrsg.): Das Portfolio-Konzept in der Grundschule. Verlag an der Ruhr 2006

Antje Bostelmann (Hrsg.): Das Portfolio-Konzept für Kita und Kindergarten. Verlag an der Ruhr 2007

Antje Bostelmann (Hrsg.): Bildungsabenteuer Kindergarten. Verlag an der Ruhr 2007

Michael Fink, Antje Bostelmann (Hrsg.): Zauberschwert und Computerschrott – Geschichten aus der Bauwerkstatt. Luchterhand 2001

Michael Fink, Antje Bostelmann, Thomas Metze (Hrsg.): Rauchzeichen und Regentänze. Beltz 2002

Stefan Krüger, Antje Bostelmann, Thomas Metze (Hrsg.): Bambusbären-Blues und Regenbogen-Rumba. Eine praxisbezogene Einführung in die musikalische Früherziehung. Beltz 2003

Anette Muhrbeck, Antje Bostelmann, Thomas Metze (Hrsg.): Die Töpferwerkstatt für Kinder. Don Bosco 2004

Rudolf Seitz: Phantasie und Kreativität. Don Bosco 1998

Rudolf Seitz und das Münchner Team: Kinderatelier – Malen Zeichnen Drucken Bauen. Ravensburger 1986

Martin R. Textor (Hrsg.): Erziehungs- und Bildungspartnerschaft mit Eltern. Herder 2006

Agneta Zetterström: Individuelle Entwicklungspläne. Verlag an der Ruhr 2007

Petra Zinke, Antje Bostelmann, Thomas Metze (Hrsg.): Vom Zeichen zur Schrift. Cornelsen Scriptor 2005